A CRIANÇA
OTIMISTA

A CRIANÇA OTIMISTA

UMA ABORDAGEM REVOLUCIONÁRIA
PARA EDUCAR CRIANÇAS RESILIENTES

MARTIN E. P. SELIGMAN

com Karen Reivich, Lisa Jaycox e Jane Gillham

TRADUÇÃO
Ângelo Lessa

Copyright © 2007 by Martin E. P. Seligman, ph.D.
Copyright © 1995 by Martin E. P. Seligman, ph.D., Karen Reivich, M. A., Lisa Jaycox, ph.D.,
e Jane Gillham, ph.D.

*Grafia atualizada segundo o Acordo Ortográfico da Língua Portuguesa de 1990,
que entrou em vigor no Brasil em 2009.*

Título original
The Optimistic Child: A Proven Program to Safeguard Children Against Depression
and Build Lifelong Resilience

Capa e imagem
Helena Hennemann/ Foresti Design

Preparação
Emanoelle Veloso

Índice remissivo
Probo Poletti

Revisão
Huendel Viana
Márcia Moura

Dados Internacionais de Catalogação na Publicação (CIP)
(Câmara Brasileira do Livro, SP, Brasil)

A criança otimista : Uma abordagem revolucionária para educar
crianças resilientes / Martin E. P. Seligman...[et al.] ; tradução
Ângelo Lessa. — 1ª ed. — Rio de Janeiro : Objetiva, 2022.

Outros autores: Karen Reivich, Lisa Jaycox e Jane Gillham.
Título original: The Optimistic Child : A Proven Program
to Safeguard Children Against Depression and Build Lifelong
Resilience.
ISBN 978-85-390-0726-4

1. Crianças — Aspectos psicológicos 2. Otimismo — Aspectos
psicológicos 3. Psicologia positiva 4. Resiliência (Psicologia)
I. Seligman, Martin E. P. II. Reivich, Karen. III. Jaycox, Lisa.
IV. Gillham, Jane.

22-102659 CDD-155.4124

Índice para catálogo sistemático:
1. Otimismo em crianças : Psicologia infantil   155.4124

Eliete Marques da Silva — Bibliotecária — CRB-8/9380

[2022]
Todos os direitos desta edição reservados à
EDITORA SCHWARCZ S.A.
Praça Floriano, 19, sala 3001 — Cinelândia
20031-050 — Rio de Janeiro — RJ
Telefone: (21) 3993-7510
www.companhiadasletras.com.br
www.blogdacompanhia.com.br
facebook.com/editoraobjetiva
instagram.com/editora_objetiva
twitter.com/edobjetiva

Às Cinco Crianças Seligman

Primeiro a Darryl Zachary Seligman, nascido em 1993
A Nicole Dana Seligman, nascida em 1991
A Lara Catrina Seligman, nascida em 1989
A David Alexander Lavie Seligman, nascido em 1973
A Amanda Irene Seligman, nascida em 1969

Sumário

PARTE I: POR QUE AS CRIANÇAS PRECISAM DE OTIMISMO

1. A nota promissória 13
2. Do primeiro passo ao primeiro encontro 22
3. A construção da equipe 31

PARTE II: ONDE OS PAIS ERRARAM NA CRIAÇÃO DOS FILHOS

4. O movimento pela autoestima 39
5. A epidemia de depressão 49

PARTE III: SEU FILHO É OTIMISTA OU PESSIMISTA?

6. Os fundamentos do otimismo 61
7. Como medir o otimismo 79
8. De onde vem o otimismo? 104

PARTE IV: COMO EDUCAR OS FILHOS NO OTIMISMO E NA MAESTRIA

9. O Programa de Prevenção da Universidade da Pensilvânia 125
10. Como mudar o pessimismo automático do seu filho 143
11. Como mudar o estilo explicativo do seu filho 172
12. A contestação e a descatastrofização 203
13. Como reforçar as habilidades sociais do seu filho 239

PARTE V: AS CRIANÇAS DO SÉCULO XXI

14. A Pirâmide do Otimismo: bebês e crianças em idade pré-escolar... 283
15. Os limites do otimismo 302
Posfácio à edição original: Um relatório de progresso do otimismo...... 307

Agradecimentos 313
Notas 319
Índice remissivo.. 333

*O homem curvado sobre o violão,
como se fosse foice. Dia verde.*

*Disseram: "É azul teu violão,
não tocas as coisas tais como são".*

*E o homem disse: "As coisas tais como são
se modificam sobre o violão".*

Wallace Stevens, "O homem do violão azul"*

---

* Wallace Stevens, *O imperador do sorvete e outros poemas*. Trad. de Paulo Henriques Britto. São Paulo: Companhia das Letras, 2017.

Parte I

Por que as crianças precisam de otimismo

1. A nota promissória

Eu jogava beisebol na equipe Lake Luzerne Dodgers. Era um apanhador ruim, um apanhador que admirava Danny e Teddy. Danny jogava na primeira base, e Teddy, filho do técnico, era o defesa esquerdo. Os dois eram atletas inatos: rebatiam bolas rápidas (um pequeno milagre de coordenação entre mãos e olhos, um tipo de rebatida que nunca consegui dominar) e corriam pelas bases com habilidade. Para um garoto de dez anos que raramente rebatia uma bola, Danny e Teddy eram a personificação da beleza, do verão e da saúde. Quando eu ia dormir à noite, muitas vezes me lembrava de Danny virando o corpo para rebater a bola para longe ou de Teddy roubando as bases da equipe adversária.

Certo dia, em uma manhã fria de agosto no norte do estado de Nova York, meu pai me acordou com a notícia: "Danny está com poliomielite". Uma semana depois Teddy estava também. Meus pais me trancaram dentro de casa, longe das outras crianças. A Liga Infantil de Beisebol foi suspensa, e a temporada interrompida. Quando voltei a ver Danny, o braço que ele usava para arremessar estava definhado e ele não conseguia mexer a perna direita. Nunca mais vi Teddy. Ele morreu poucos meses depois.

Mas no verão seguinte, em 1954, já existia a vacina de Salk. Todas as crianças foram imunizadas contra a poliomielite. A Liga Infantil de Beisebol voltou. O Lake Luzerne Dodgers perdeu o primeiro jogo para o Hadley Giants. O medo que nos mantinha presos dentro de casa se dissipou, e a comunidade retornou à vida social. A epidemia tinha acabado. Nunca mais conheci ninguém que teve pólio.

Jonas Salk foi meu herói de infância, e mesmo quando eu já tinha muitos anos como psicólogo, a forma como ele fazia ciência me servia de modelo: o importante não era ter conhecimento só por ter, mas para curar. Ao expor o corpo das crianças a doses mínimas e suportáveis do vírus da poliomielite, Salk capacitou o sistema imunológico delas a combater o vírus real. Ele se apoiara na ciência pura e nova da imunologia e a aplicara com sucesso no combate à pior epidemia da nossa época.

Conheci Jonas Salk pessoalmente trinta anos depois, em 1984, em um encontro que mudou minha vida. A ocasião foi um debate acalorado entre psicólogos e imunologistas de renome, e o tema era o que fazer com mais uma disciplina recém-nascida, com o nome sem graça de psiconeuroimunologia (PNI). Como representante do P na sigla, fui convidado porque nos anos 1960 tinha ajudado a criar um campo chamado "desamparo aprendido".

Em 1964, no primeiro ano do meu doutorado em psicologia experimental na Universidade da Pensilvânia, ardia em mim a chama da ambição que eu tinha na época em que joguei beisebol pelo Lake Luzerne Dodgers, uma ambição que de lá para cá saiu de moda e hoje em dia é vista como mera ingenuidade. Eu queria entender os mistérios psicológicos que mantêm as pessoas acorrentadas e causam tantas misérias humanas. Eu tinha escolhido a psicologia experimental como o trabalho da minha vida porque estava convicto de que as pesquisas experimentais são a melhor forma de descobrir a raiz dos sofrimentos psicológicos, dissecando-os no laboratório e depois descobrindo como curá-los e preveni-los. Eu tinha escolhido trabalhar no laboratório de animais de Richard L. Solomon, um dos maiores teóricos da aprendizagem do mundo. Preferi trabalhar com animais porque considerava impossível fazer experimentos sobre as causas do sofrimento psicológico de forma ética com seres humanos.

Quando cheguei, os animais não se comportavam, e o laboratório estava tumultuado. Os estudantes de pós-graduação de Solomon estavam tentando descobrir como o medo potencializava o comportamento adaptativo. Para isso, conduziam experimentos de condicionamento pavloviano com cachorros (faziam um sinal e ao mesmo tempo davam um choque elétrico nos animais) e depois os colocavam dentro de uma câmara, num lado específico. Ali, se os cães corressem para o outro lado da câmara, desligariam o choque. Irritados, os estudantes perceberam que os cães não escapavam dos choques — ficavam parados, passivos. Com isso, o experimento também acabou parando, porque os animais não faziam o que todos imaginavam — fugir do choque elétrico.

Para mim, a passividade dos animais não era motivo de irritação, mas o próprio fenômeno que eu queria estudar. Ali estava a essência da reação humana a inúmeras situações incontroláveis que se abatem sobre nós: desistir sem sequer tentar. Se a psicologia fosse capaz de compreender essa reação, talvez fosse possível descobrir como curar e até como prevenir a sensação de desamparo.

Meus colegas, Steve Maier e Bruce Overmier, e eu passamos os cinco anos seguintes tentando descobrir a causa, a cura e a prevenção do desamparo. Observamos que não era o choque que causava os sintomas dos cachorros, mas sim a capacidade de não fazer nada a respeito disso. Vimos que podíamos curar o desamparo ensinando aos animais que suas ações surtiam efeitos, e que podíamos evitar o desamparo proporcionando aos animais uma experiência de aprendizado logo no começo da vida.

A descoberta do desamparo aprendido criou um rebuliço. Os psicólogos da aprendizagem ficaram irritados. Como behavioristas, defendiam que animais e pessoas eram máquinas que respondiam a estímulos e incapazes de aprender abstrações — ao passo que o desamparo aprendido exigia que eles aprendessem que "nada do que eu faço importa", uma abstração cognitiva demais para a teoria da aprendizagem do modelo estímulo-resposta. Psicólogos clínicos ficaram intrigados porque o desamparo aprendido era muito semelhante à depressão. No laboratório, animais e pessoas desamparados tinham o mesmo comportamento de pacientes deprimidos — mostravam-se passivos, lentos, tristes, sem apetite, sem nenhuma raiva.* Assim, defendi que o desamparo

---

* Tendo em vista que a postura da sociedade com relação a experimentos com animais mudou desde os anos 1960 — assim como a minha própria —, quero dizer algumas palavras sobre a ética desse trabalho. Meus pontos de vista são diferentes dos de muitos cientistas. Por ser algo errado, causar sofrimento em animais só se justifica se os experimentos prometerem ajudar a aliviar muito mais sofrimento em humanos (ou animais), e desde que não exista outro método viável. Três décadas atrás, eu acreditava que a pesquisa sobre o desamparo aprendido era capaz disso, e no fim das contas estava certo. A partir desse trabalho, novas terapias e formas de prevenir a depressão foram desenvolvidas. Na verdade, este livro é sobre um desses programas de

aprendido era um modelo de depressão e que tudo o que descobríssemos ser capaz de mitigar o desamparo no laboratório também curaria a depressão real.[1]

Quando testamos o modelo de depressão do desamparo aprendido no fim da década de 1970, descobrimos que certas pessoas, as pessimistas, eram mais propensas a sucumbir ao desamparo. Elas também corriam mais riscos de ter depressão. Por outro lado, os otimistas resistiam ao desamparo e não desistiam quando encaravam problemas insolúveis. O projeto de identificar os indivíduos que corriam mais risco de desistir e entrar em depressão e fortalecê-los para que se tornassem capazes de combater o desamparo me consumia dia e noite. Ou melhor, consumiu, até o dia em que me encontrei com Jonas Salk.

Em geral, conferências de acadêmicos americanos são cordiais, com os participantes trocando elogios. Como não é preciso chegar a uma conclusão única e conjunta, o que mais se vê nesses eventos são pessoas parabenizando umas às outras. Quanto mais calorosos os cumprimentos, mais bem-sucedidos todos se sentem. No entanto, aquela conferência de 1984 foi praticamente incivilizada. A todo momento irrompiam discussões agressivas. A grande questão era saber quem receberia uma boa quantia de financiamento para as pesquisas. A Fundação MacArthur, uma das mais ricas do mundo, tinha feito uma proposta de financiamento da PNI, para que o campo passasse a funcionar a todo vapor. Os psicólogos defendiam essa ideia com base em duas descobertas recentes: indivíduos estressados eram mais propensos a desenvolver câncer e animais desamparados com sistemas imunológicos fracos não eram capazes de derrotar tumores implantados. Assim, fortes evidências pareciam mostrar que problemas emocionais pioravam doenças físicas. Essa era uma alegação feita havia muito tempo por religiosos, pacientes agradecidos e médicos heterodoxos, mas nunca havia sido demonstrada em laboratório, onde seria possível dissecá-las e compreendê-las, e onde novas terapias podiam ser desenvolvidas.

---

prevenção. De lá para cá também se descobriu a reação química cerebral que causa o desamparo e o estresse pós-traumático, além de novas terapias psicológicas que prometem salvar vidas em pacientes de câncer e cardíacos.

Mas eu também defendia que deveríamos parar com os experimentos com cachorros assim que tivéssemos documentado os fatos básicos nos experimentos e descoberto como curar e prevenir o desamparo. Foi o que fizemos no fim dos anos 1960, quando começamos a usar as descobertas para ajudar seres humanos.

"Devemos fazer pesquisas para entender como os estados emocionais enfraquecem o sistema imunológico e impulsionam as doenças", defendiam os psicólogos. "Com isso, vamos poder trabalhar para descobrir terapias psicológicas que fortaleçam o sistema imunológico."

"Não conseguimos sequer traçar o caminho de um evento imunológico para outro, ou do sistema imunológico para o câncer", rebatiam os imunologistas. "Tentar traçar o caminho do estresse para as emoções passando por todo o sistema imunológico e por fim chegando ao câncer seria um desperdício colossal de dinheiro. É melhor a Fundação MacArthur investir em outra coisa." Não era difícil imaginar onde os imunologistas queriam que o dinheiro fosse investido.

O dr. Salk era um sujeito elegante e discreto, que evitava entrar na discussão. Quando as coisas ficavam acaloradas demais, ele encorajava de forma educada as partes a encontrar um ponto em comum. Mas mesmo esses pontos de concordância estavam se transformando em campos de batalha. Após ouvir um ganhador do Prêmio Nobel lançar uma farpa ao dar a entender que a imunologia não era ciência *de verdade*, o dr. Salk, inabalável, fez um comentário sobre a importância de encorajar os "poetas da biologia". Seus esforços para tentar apaziguar a situação surtiram pouco efeito. Para minha surpresa, percebi que os outros imunologistas pareciam se envergonhar dele e decidiram ignorá-lo.

Depois do primeiro dia de conferência, o dr. Salk me chamou para bater um papo e me perguntou sobre minha pesquisa e minhas ambições. Descrevi o desamparo aprendido. Expliquei como o pessimismo solapava a capacidade de combater a depressão em certos indivíduos. Também contei a ele que o pessimismo até reduzia a resistência a doenças físicas. Por acaso, naquele exato dia fazia trinta anos do primeiro experimento da vacina contra a poliomielite, e o dr. Salk parecia animado: "Foi isso que eu quis dizer quando falei sobre os poetas da biologia", comentou ele com um sorriso de orelha a orelha. "Se eu fosse um jovem cientista hoje, ainda trabalharia no campo da imunização. Mas em vez de imunizar as crianças fisicamente, eu faria do seu jeito. Eu as imunizaria psicologicamente. Veria se essas crianças seriam capazes de prevenir melhor os transtornos mentais. As doenças físicas também."

Imunização psicológica. Aquilo calou fundo em mim. Nos meus primeiros experimentos, nós tentamos criar uma imunização psicológica e tivemos enorme sucesso. Primeiro, demos aos animais "maestria" sobre o choque. O choque só parava se os animais tivessem uma resposta ativa. Primeiro, eles descobriram que podiam controlar o choque antes de terem qualquer experiência com o choque do qual não podiam escapar. Demos a eles essa experiência de controlar o choque em dois momentos: ou quando filhotes ou na vida adulta. Em nenhum dos casos os animais "imunizados" se entregaram ao desamparo — tempos depois, quando foram submetidos ao choque do qual não podiam escapar, eles não deram sinais de passividade.[2] De forma pretensiosa — e com a vacina do dr. Salk em mente —, demos a esse fenômeno o nome de "imunização". Essa foi uma nota promissória que eu nunca havia cobrado. Eu senti um círculo se fechando. Será que a experiência com a maestria — esse controle do que acontece — ou a aquisição do traço psicológico do otimismo poderiam imunizar as crianças contra transtornos mentais? E contra doenças físicas?

Na época, uma epidemia estava a todo vapor, muito semelhante à da pólio. Desde então, tem crescido anos após ano. Os índices de depressão hoje são dez vezes maiores que na década de 1950. Quando uma pessoa tem depressão, ela se sente péssima. Mas esse não é o único custo: a depressão afeta notadamente a produtividade no trabalho ou na escola, e chega a comprometer a saúde física. Em grande escala, uma epidemia de depressão pode prejudicar até o futuro de um país. Mas se o dr. Salk estava certo, os psicólogos poderiam combater essa epidemia imunizando as crianças.

UMA EPIDEMIA DE PESSIMISMO

Queremos mais que corpos sãos para nossas crianças. Queremos que nossos filhos tenham vida plena de amizade, amor e grandes feitos. Queremos que sejam ávidos por aprender e estejam dispostos a encarar desafios. Queremos que se sintam gratos pelo que recebem de nós, mas ao mesmo tempo orgulhosos de suas próprias conquistas. Queremos que cresçam com confiança no futuro, amor por aventuras, senso de justiça e coragem suficiente para agir de acordo com esses princípios. Queremos que sejam resilientes diante das adversidades e dos fracassos que sempre surgem no caminho. E quando for a hora, queremos que sejam bons pais. Nossa maior esperança é que a qualidade de vida deles seja melhor que a nossa, e nosso desejo mais profundo é que tenham todos os nossos pontos fortes e poucos dos nossos pontos fracos.

Somos capazes de tudo isso. Os pais podem ensinar os filhos a ter confiança, iniciativa, entusiasmo, bondade e orgulho. E mais: a maioria das crianças americanas nasce agora numa época de enormes oportunidades: elas vivem num país muito rico e poderoso, onde as pessoas gozam de liberdades e escolhas individuais sem precedentes em nossa história. Enquanto a sombra da guerra nuclear perde força, a ciência e a medicina continuam fazendo grandes avanços. Ao mesmo tempo, as redes de comunicação hoje formam uma aldeia global de livros, músicas, jogos, comércio e conhecimentos. Portanto, se somos bons pais e se o mundo é um lugar melhor para as crianças, temos bons motivos para esperar que a vida delas seja melhor em todos os aspectos.

No entanto, há um grande obstáculo que ameaça acabar com essas esperanças. Ele está erodindo o estado natural de atividade e otimismo das crianças. A palavra que usamos para identificar esse obstáculo é "pessimismo", que, em resumo, significa: concentrar-se na causa mais catastrófica de qualquer adversidade. É cada vez mais comum as crianças enxergarem o mundo pelas lentes do pessimismo e, por isso, é fundamental que os pais evitem que os filhos adotem essa perspectiva de vida. Esta é a missão deste livro: ensinar os pais a criar filhos que vão usufruir de uma vida otimista.

E por que você iria querer que seus filhos fossem otimistas? Talvez você acredite que o pessimismo seja só um traço da personalidade, um artefato mental que pode ser tirado a qualquer momento. Bem, se o pessimismo fosse apenas uma estratégia adotada para parecer inteligente numa conversa ou nos protegesse das decepções, eu não teria escrito este livro. O problema é que o pessimismo é um hábito mental arraigado, que tem consequências devastadoras e desastrosas: causa depressão, nos torna pessoas resignadas, nos impede de alcançar nosso máximo potencial e tem reflexos negativos até no corpo. O pessimismo não é abalado pelos altos e baixos do curso natural da vida. Em vez disso, ele ganha força a cada revés que sofremos e, em pouco tempo, se torna uma profecia autorrealizável. Os Estados Unidos estão no meio de uma epidemia de pessimismo e vêm sofrendo com sua consequência mais grave: a depressão.

Quando o dr. Salk falou de imunização psicológica, logo pensei na epidemia de depressão entre os jovens. Eu sabia que as técnicas cognitivas e comportamentais recém-descobertas eram plenamente capazes de aliviar a depressão e o pessimismo em adultos deprimidos. Mas será que, quando ensinadas a crianças, essas mesmas habilidades podiam torná-las resistentes à depressão na vida adulta? Será que a imunização poderia reduzir a epidemia?

Eu me perguntei se, ensinadas a crianças saudáveis, essas habilidades as ajudariam a ir mais longe nos estudos, no trabalho e nos esportes. Será que elas se mostrariam menos propensas a desenvolver doenças físicas? Será que os problemas enfrentados pelos adolescentes americanos — drogas, gravidez, suicídio, sentimentos de desamparo e falta de propósito — poderiam ser aliviados caso eles fossem imunizados psicologicamente na infância? Essas e várias outras perguntas surgiram na minha mente nas semanas seguintes à conversa com o dr. Salk.

Este livro narra a história do programa de imunização para crianças em idade escolar que nasceu a partir desses questionamentos. Novamente, quero deixar claro que o objetivo específico deste livro é ensinar pais, treinadores de equipes, professores e até sistemas escolares inteiros a imbuir as crianças de um sentimento de otimismo e maestria pessoal. Farei isso falando de estudos sobre otimismo e sobre desamparo aprendido que conduzi ao longo dos últimos trinta anos. Vou apresentar as fontes do pessimismo e suas consequências traiçoeiras. Vou explicar como perceber se seu filho está apresentando sinais perigosos e como transformar o pessimismo dele em otimismo e o desamparo em maestria.

Ao contrário da maioria dos livros sobre educação infantil ou de autoajuda, *A criança otimista* não se resume a meras opiniões e casos clínicos específicos. Temos visto "especialistas" falando para o público com toda a liberdade sobre temas fundamentais, como as diferenças entre a amamentação e o uso da mamadeira; entre disciplinar ou dar liberdade; entre colocar a criança na creche ou ficar com ela em casa o dia todo. A alfabetização em casa, a androginia, o impacto do divórcio, o mal causado por abusos sexuais e a rivalidade entre irmãos são outros tópicos. E o pior: muitos pais têm confiado nesses conselhos e mudado a maneira de educar os filhos com base em evidências fracas, ideologias e palpites.

É fácil acreditar em conselhos no que se refere a crianças mesmo que não haja dados concretos e objetivos. Mas, felizmente, a situação mudou. Na última década vimos pesquisas cuidadosas e de grande alcance que mudaram completamente o cenário no que diz respeito à criação dos filhos. As recomendações neste livro, os programas que apresento, a teoria subjacente do otimismo e do controle pessoal e os testes que você fará com seu filho se baseiam em três décadas de pesquisas meticulosas realizadas com centenas de milhares de adultos e crianças. Quando uma recomendação minha for amparada apenas na "sabedoria" que adquiri no consultório ou como pai (afinal, tenho cinco filhos), eu deixarei claro.

Meu livro é para todos os pais, dos mais ricos aos mais pobres, e também para todas as crianças, do berço até o fim da adolescência. Tenho ainda um propósito mais ambicioso. Se o pessimismo estadunidense não mudar, a liberdade, o poder e o dinheiro terão pouca utilidade. Um país de pessimistas não aproveitará as oportunidades que o século XXI tem a oferecer. Perderemos nossa vantagem econômica para nações mais otimistas. Não teremos iniciativa para alcançar a justiça, e nossas crianças entrarão na vida adulta num país debilitado por uma absorção improdutiva e tomado pela passividade e pela tristeza.

Se minha análise estiver correta, a solução está nas nossas mãos. Podemos ensinar aos nossos filhos as habilidades de um otimismo flexível realista. Ao contar a história de um programa que provou ser capaz de evitar a depressão e o pessimismo em crianças, estou oferecendo a você — pai, professor, treinador — um plano de ação prático e concreto. O que está em jogo é nada menos que o futuro dos nossos filhos e a própria existência da próxima geração de crianças, que, se fizermos tudo certo, podem ser perspicazes, progressistas e seguras de si.

2. Do primeiro passo
ao primeiro encontro

Os primeiros dois anos de vida marcam a saída do desamparo. O bebê nasce quase totalmente desamparado, uma criatura que tem apenas reflexos. Quando chora, a mãe se aproxima, mas ele não *controla* a chegada dela. O bebê não escolhe se vai chorar ou não, é apenas a resposta a uma dor ou um desconforto. Para se afastar do desamparo, ele precisa desenvolver respostas voluntárias que provoquem as consequências desejadas. Os únicos músculos que o recém-nascido é capaz de controlar voluntariamente são os que ele usa para mamar e para movimentar os olhos. Nos primeiros três meses de vida, ele começa a ter controle sobre os braços e as pernas, embora esses movimentos sejam rudimentares a essa altura. Em pouco tempo esse movimento é refinado, e ele passa a esticar os braços para alcançar objetos. Então, aprende a chorar quando descobre que é a forma de chamar a atenção da mãe. Os dois primeiros anos de vida são o marco do controle pessoal: as crianças aprendem a andar e a falar. Nesse período, elas fazem um esforço herculeo em busca de controle e conquistas. Deparam-se com obstáculos mas persistem; não se mostram facilmente desamparadas. Robert está no caminho certo.[*]

---

[*] Ao longo do livro trocamos os nomes e as informações identificáveis de todos os exemplos tirados dos experimentos com crianças e pais em nossos estudos. Muitos dos relatos são colagens de vários casos.

Robert tem dezoito meses de vida e é o primeiro filho de Jessica e Joe. Eles estão maravilhados e pasmos com o que Robert é capaz de fazer, impressionados com o que ele entende e com sua capacidade de comunicação. No jantar, Robert coloca a cabeça no purê de maçã e enfia nacos enormes de pão na boca. Enquanto isso, Jessica conta a Joe a última do filho.

O objeto de fascinação atual de Robert é um cantinho empoeirado atrás do sofá. Ele se espreme para passar pela cabeceira da mesa, quase derrubando a luminária pelo caminho, só pelo prazer de ficar atrás do sofá, onde há tomadas elétricas. Jessica não entende por que o lugar é tão intrigante para Robert. Toda vez que ele corre na direção do sofá, ela tenta distraí-lo.

Primeiro ela tenta cantar uma música que ele adora. Não funciona. Então, pega um fantoche e faz sons engraçados. Não funciona. Ela até deixa Robert pular na almofada do sofá, mas ele insiste em se enfiar atrás do móvel.

Jessica percebe que está difícil segurar Robert, então decide experimentar técnicas mais criativas. Posiciona o carrinho de bebê ao lado do sofá, para bloquear a passagem. Isso funciona por dois minutos. Assim que ela se senta, Robert deita de barriga no chão e se arrasta para passar por baixo do carrinho. Para piorar, depois ele se levanta, abre um sorriso e bate palmas, comemorando a vitória. Claramente Robert está orgulhoso de si.

Numa última tentativa de impedir Robert de se meter atrás do sofá, Jessica coloca uma caixa de livros na frente do carrinho de bebê. Robert espera pacientemente que ela termine e então se aproxima com confiança. Primeiro, tenta levantar a perna e pisar na caixa, mas ela é alta demais. Em seguida, tenta empurrá-la, mas não consegue. Com um olhar de "eu consigo", Robert usa os cotovelos para subir na caixa e cai sentado no carrinho. Em seguida, ele rola de lado para sair do carrinho e vai para trás do sofá. Levanta-se e, empolgado, exclama: "Bobby! Bobby!".

Depois dessa provação Jessica conclui que Robert gosta do desafio de vencer obstáculos. Ainda temendo que ele acabe se ferindo atrás do sofá, ela decide tirá-lo dali e constrói um forte com caixas velhas e travesseiros. Em seguida, esconde o boneco favorito de Robert no forte e o encoraja a encontrá-lo. Toda vez que ultrapassa a pilha de caixas e travesseiros e encontra o boneco, Robert o entrega à mãe gritando: "Bobby! Êêê, Bobby!".

Assim como a maioria dos pais de crianças pequenas, Jessica está sempre atenta a tudo em volta para não deixar que Robert se machuque. Ela não queria que o filho brincasse atrás do sofá porque por ali passavam vários cabos elétricos. Ela tentou bloquear o caminho do filho. Robert, porém, enxergou esse movimento como um desafio e, determinado, descobriu maneiras de controlar a situação. Jessica poderia ter dado uma bronca em Robert ao ver que ele continuava indo para trás do sofá, afinal, o objetivo dela era impedi--lo de ficar ali. Em vez disso, porém, percebeu que ele estava enxergando os obstáculos como desafios a superar, e assim decidiu fazer parte da aventura e do orgulho dele. Jessica o parabenizou pelo feito e em seguida recriou o dinâmica num ambiente mais seguro. Com isso, ajudou Robert a ter a sensação de controle e ela própria se sentiu bem por seguir a filosofia de estar sempre criando oportunidades de maestria para o filho.

A *ação* de maestria é o crisol onde se forja o otimismo pré-escolar. Com o auxílio de pais bem esclarecidos, a tarefa da criança é criar o hábito de persistir diante dos desafios e superar obstáculos. Quando seu filho entra na escola, as táticas para educar a criança otimista mudam da ação de maestria para a forma como seu filho *pensa* — sobretudo quando fracassa. Nessa fase, as crianças começam a pensar em causas e consequências, desenvolvem teorias para explicar por que foram bem-sucedidas e por que falharam. E também desenvolvem teorias sobre o que podem fazer — quando possível — para transformar fracasso em sucesso. Essas teorias são o alicerce do otimismo ou pessimismo básico.

Ian tem seis anos e está começando a desenvolver uma ideia pessimista sobre si. Num esforço recorrente para melhorar a autoestima do filho, o pai só está piorando a situação. Certo dia, ele chega do trabalho e grita: "Venham aqui, crianças! Eu trouxe um presente para vocês!". Ian e sua irmã Rachel, de nove anos, correm em direção à porta, arrancam a caixa das mãos do pai, abrem e ficam loucos quando se deparam com a maior caixa de Lego que já viram.

Os dois se sentam no chão e começam a pegar as peças. Rachel logo começa a construir uma nave espacial. Vai juntando as peças de forma metódica: primeiro a fuselagem, depois as asas. Enquanto faz isso, fala sozinha sobre a missão da nave: "Nós vamos voar até a Lua e pegar os astronautas. Depois vamos procurar os marcianos, mas sem deixar que eles peguem a gente".

Ian tenta imitar a irmã. Se Rachel pega uma peça azul quadrada, Ian pega uma peça azul quadrada. Se Rachel encaixa a peça em outra amarela retangular, Ian encaixa sua peça azul em outra amarela retangular. Mas Ian não consegue construir a nave. O problema é que Rachel monta a nave rápido demais, e Ian não consegue acompanhar. Conforme Rachel faz sua viagem de conquista espacial, Ian vai ficando cada vez mais agitado. Toda vez que uma peça de sua nave desencaixa, ele fica irritado. Não demora e Ian começa a atirar as peças na irmã.

O pai vê que Ian está com dificuldade e quer ajudar o filho a se sentir melhor.

Pai: Ian, seu foguete é muito legal! Ficou demais!

Ian: Não ficou, não. O da Rachel é legal, o meu é uma droga. Não consigo montar as asas. Eu sou burro. Nunca faço nada direito.

Pai: Bom, Ian, eu gostei do seu foguete. Acho que você é o melhor fabricante do mundo.

Ian: Então por que o da Rachel é maior e tem asas grandes que não caem igual às minhas? Eu não sei montar. Não sei fazer nada direito. Eu odeio Lego!

Pai: Isso não é verdade, Ian. Você é capaz de fazer tudo o que quiser. Me dá as peças aqui, que eu vou fazer o foguete para você. Vou fazer um que vai voar até a Lua, Marte e Júpiter. Vai ser o foguete mais rápido da história, e vai ser todo seu!

Ian: Tá bom. Faz pra mim. Os meus nunca ficam bons.

O pai tem um bom coração. Quer ajudar Ian, pois percebe como ele está mal por não conseguir fazer o mesmo que a irmã mais velha. Sua abordagem é tentar elevar a autoestima do filho. Ele diz que o foguete de Ian é demais. Ao ouvir o filho duvidar da própria habilidade, diz que ele é capaz de fazer qualquer coisa.

O pai de Ian está cometendo três erros. Primeiro, nada do que ele disse é verdade, e Ian sabe disso. Por mais que tente, Ian nunca será capaz de construir um foguete tão sofisticado quanto o da irmã de nove anos. Além disso, o foguete dele não está legal. As asas caem e a fuselagem está malfeita. Claramente o foguete de Ian nunca sairia da plataforma de lançamento. O pai deveria falar a verdade. Deveria explicar a Ian que quando ele tivesse nove anos, como Rachel, seria capaz de construir coisas mais robustas e que quando Rachel tinha seis anos construía coisas mais frágeis, como as de Ian nessa idade.

Segundo, para fazer Ian se sentir melhor, o pai assume o comando e constrói o foguete que Ian não consegue por conta própria. Com isso, está enviando a seguinte mensagem: "Quando as coisas não acontecerem como você quer, desista e deixe alguém fazer por você". Ao tentar melhorar a autoestima de Ian, o pai na verdade está ensinando ao filho uma lição de desamparo. Não há nada de errado em deixar Ian fracassar. O fracasso em si não é catastrófico. Pode abalar a autoestima da criança por um tempo, mas é a interpretação que seu filho faz desse fracasso que pode ser prejudicial. O pai deveria se solidarizar com Ian e validar os sentimentos dele, deixando claro que sabe exatamente como Ian se sente ("Quando eu tinha sete anos, meu pai e eu tentamos levantar uma pipa que eu mesmo fiz, mas ela se despedaçou no ar. Eu também fiquei muito chateado."), mas não deveria resolver o problema pelo filho.

O terceiro é o mais importante — o tipo de erro que é o tema central deste livro. O pai precisa aprender a combater a forma como o filho interpreta o fracasso. Ian enxerga suas adversidades e pequenas tragédias da maneira mais negativa possível. Frases como "Eu sou burro", "Os meus nunca ficam bons" e "Não sei fazer nada direito" são causas que criarão mais adversidades. Desse modo, Ian não só se concentra no lado ruim, como reage aos problemas com passividade — desistindo, se retraindo e ficando irritadiço. O pessimismo aprendido de Ian é autorrealizável.

Mas o pessimismo é um traço que os psicólogos descobriram como mudar. A psicologia cognitiva desenvolveu uma tecnologia poderosa para transformar os hábitos mentais inadequados em que muitas pessoas caem ao fracassar. Essas técnicas podem ser ensinadas por pais e funcionam especialmente bem com crianças em idade escolar. A mudança do pessimismo para o otimismo é a base que eu uso para imunizar as crianças contra a depressão.

Conheça Tamara, que, ao contrário de Ian, está sendo imunizada contra a depressão pela mãe. Esta não comete os erros do pai de Ian, e Tamara está adquirindo uma teoria otimista sobre si. Ela aprendeu a se recuperar dos contratempos, que surgem para ela com a mesma frequência que aparecem para Ian. Em vez de negar a realidade para tentar fazer a filha se sentir melhor, a mãe de Tamara reconhece a decepção da menina e a ensina a perseverar e a resolver os problemas ativamente. Além disso, ela guia Tamara ao explicar, de maneira otimista e precisa, onde a filha fracassou.

Aos sete anos, Tamara é bem mais corpulenta que a maioria das meninas da idade dela e tem a coordenação motora menos desenvolvida que as crianças do bairro. Sua mãe a colocou no balé para ajudá-la a desenvolver a sua coordenação. Tamara está empolgada e mal pode esperar para começar as aulas. Uma semana antes, ela e a mãe vão comprar as peças de roupa. Tamara escolhe um collant com tutu rosa e sapatilhas brancas. Toda noite veste a roupa de bailarina e dança pela casa. "Olha, mãe! Eu sou uma bailarina linda. Quero que as aulas comecem logo para virar uma dançarina de verdade. Quando eu crescer vou ser a melhor bailarina do mundo!"

Sempre que vê a menina vestir a roupa, a mãe liga o som para ela poder dançar e a observa saltando e dando piruetas. Muitas vezes Tamara se desequilibra e acaba caindo no chão. Sem desanimar, levanta e continua girando e saltando no ritmo da música.

A primeira aula de Tamara é na terça-feira à tarde. A mãe a leva ao estúdio e observa as outras meninas, mais magras e em melhor forma física, correndo pelo lugar. Tamara dá um beijo de despedida na mãe e entra na sala com a professora. Quando a mãe volta uma hora depois, Tamara está chorando.

Tamara: Eu tive um dia ruim. As outras meninas dançaram melhor que eu. Eu caía toda hora e elas não. A tia Harkum ensinou a saltar mexendo os braços e as mãos de um jeito lindo, mas eu caía toda hora e não conseguia mexer as mãos igual a ela. Estou muito chateada.

Mãe (confortando Tamara): Que pena que hoje foi tão difícil. Sei que dói quando você acha que não é tão boa quanto algumas das outras meninas. Muitas vezes, a mamãe também se sente decepcionada. Acontece, por exemplo, quando eu estou no trabalho e não faço uma tarefa tão bem quanto deveria. Fico triste. Mas sabe o que eu faço quando isso acontece? Eu pratico mais e mais, e geralmente, quando tento de novo, acabo me saindo melhor. Tive uma ideia: vamos lá falar com a tia Harkum e pedir para ela me ensinar o passo. Aí a gente vai para casa treinar juntas. Aposto que se a gente treinar muito, você vai saber fazer esse passo melhor na próxima aula. O que acha?

Tamara: Hum... tá bom. Você vai treinar comigo de noite, depois do jantar? Eu quero ficar boa nesse passo para ser bailarina quando crescer.

Mãe: Claro que vou. Vamos lá falar com a tia Harkum, e, mais tarde, depois do jantar, a gente afasta o sofá e transforma a sala no nosso próprio estúdio de dança.

Tamara: Vai ser muito legal! Vou treinar muito.

A teoria de Tamara para o fracasso é que ele é temporário e localizado ("Eu tive um dia ruim" e "As outras meninas estavam melhores que eu", em vez de "Nunca faço nada direito"). Para ela, os problemas são meros contratempos — temporários e mutáveis. Às vezes a realidade vai mostrar que ela está errada. Tamara não vai crescer e se tornar bailarina, assim como eu não me tornei um grande jogador de beisebol. Mas os sonhos da infância têm grande valor. O esforço e a prática em geral compensam a falta de talento. Ao contrário de Ian, que simplesmente para de tentar, Tamara vai descobrir que a perseverança e o bom ânimo funcionam na maioria das vezes. Conforme for se afastando do sonho de se tornar uma grande bailarina, Tamara descobrirá que quando dança o tempo para, e a música clássica se tornará uma paixão duradoura em sua vida. Também descobrirá que as pessoas admiram sua determinação e que as outras crianças adoram sua animação.

Quando a criança chegar à puberdade, a teoria do mundo que ela criou na infância se cristalizará. Talvez a essa altura ela seja uma pessoa pessimista, passiva ou introvertida. Quando surgem as rejeições rotineiras, mas dolorosas, da adolescência, a depressão alcança proporções alarmantes. Atualmente quase um terço dos jovens de treze anos tem sintomas nítidos de depressão, e quando terminarem o ensino médio quase 15% deles terão vivido um episódio grave da doença.[1] Marla está prestes a entrar num colapso que pode causar uma depressão debilitante. A primeira depressão é um momento crítico, pois a forma como ela vai reagir servirá de modelo e determinará como ela irá lidar com as adversidades ao longo da vida. A seguir, transcrevo um trecho de seu diário.

12 de maio de 1993

Querido diário,

Hoje meu dia foi uma droga. Cory disse "não", claro. Eu nunca devia ter deixado minha mãe me convencer a chamá-lo para sair, para começo de conversa. Por que eu ainda dou ouvidos a ela? Eu fiz exatamente o que ela disse. Ele estava sozinho, então eu me aproximei e tentei fazer uma piadinha, mas claro que tudo que falei soou estúpido. Ele ficou me encarando como se eu fosse uma idiota. Por fim, perguntei: "Quer ir comigo à festa da Sadie Hawkins?". Ele simplesmente ficou parado, me olhando com cara de tacho por um tempão sem falar nada. Depois disse não. Simples assim. Deu uma desculpa esfarrapada de que vai para a casa do pai no fim de semana que vem, mas eu sei que é mentira.

Por que eu ainda escuto a minha mãe? Ela não entende. Claro que ela acha que eu vou arranjar um encontro... ela é minha mãe. Mas, em relação a mim, ela vive num mundo de fantasia. Não sabe que a filha dela tem doze anos e não tem amigos. Ainda acha que Joan, Tracy e Leah são minhas melhores amigas, mas a verdade é que elas nem falam mais direito comigo. Desde que começamos o sétimo ano, elas passaram a andar com Betsy e Crystal. Aposto que Leah nem vai me chamar para a festa dela. Outro dia elas estavam almoçando juntas e fingiram que não me viram. Eu nem me dei ao trabalho de ir lá dar um oi e me sentei do outro lado do refeitório com umas garotas do sexto ano. Não aguento mais isso. Não quero mais voltar para a escola. Odeio aquilo lá. Ninguém gosta de mim.

E eu nem consigo culpá-los. Eu odeio tudo em mim mesma. Meu cabelo é horroroso. Meu nariz é gigante e minha coordenação motora é péssima. Ontem o Richard ficou irritado porque o professor Harper me colocou no time de beisebol dele. Às vezes eu queria simplesmente não acordar de manhã. É sério. Não quero passar o restante da vida assim. Eu sou igual àquelas pessoas de quem a professora Applebaum falou na aula de geografia. Ela disse que tem uns indianos que são chamadas de "intocáveis". Eles são totalmente rejeitados pela sociedade e tratados como lixo por todo mundo. São forçados a fazer os trabalhos mais horríveis. Mesmo que sejam muito inteligentes, nunca vão poder virar médicos ou coisa parecida. É isso que eu sou: uma intocável.

Sei que parece estranho, mas ontem à noite eu apaguei a luz, fiquei deitada inventando toda uma história na minha cabeça. Nela, eu morria de uma doença horrível. Então, meus pais, Lynn e Craig iam ao funeral, e as pessoas falavam sobre mim. A parte mais triste é que eu só consegui pensar em onze pessoas que iriam ao funeral, tirando minha família. E eu precisei me esforçar para me lembrar dessas onze.

Bom, vou parar aqui. Depois escrevo mais.

O ano era 1984, e eu já tinha passado duas décadas estudando as manifestações do otimismo e do pessimismo do nascimento até a idade adulta. Eu sabia que, nesses primeiros anos de vida, o pessimismo causava depressão e se traduzia em baixo desempenho. Com a visão do dr. Salk em mente, comecei a criar uma hipótese de que as técnicas para tornar os adultos otimistas, quando ensinadas cedo, imunizariam crianças em idade escolar e adolescentes contra o tipo de depressão que Marla estava prestes a ter. Eu estava pronto para montar uma equipe de pesquisa a fim de descobrir se a hipótese era verdadeira.

3. A construção da equipe

"Por que a depressão vai embora?", perguntou uma aluna na sexta fileira. "Quer dizer, com base nas teorias que você citou, uma vez que a pessoa tem depressão deveria ser para o resto da vida."

Perguntas eram raras nesse contexto. Era preciso ter muita coragem para se levantar diante de outros trezentos alunos da Universidade da Pensilvânia que estavam fazendo aquela disciplina, Psicologia 162 (Psicologia Anormal), e se arriscar a fazer uma pergunta. E essa me pegou desprevenido. Minha aula era sobre as três principais teorias da depressão: a biomédica, que alegava que a depressão resultava da insuficiência de certas reações químicas no cérebro; a psicanalítica, que defendia que a depressão é a raiva direcionada a si mesmo; e a cognitiva, para a qual a depressão era o resultado de pensamentos pessimistas e conscientes. Essa aluna estava intrigada, e com toda a razão. Cada uma dessas teorias explica por que a depressão começa e também por que se mantém, e todas prescrevem uma terapia. Até aí tudo bem. Mas em geral a depressão quase sempre vai embora sozinha com o tempo, sem qualquer tratamento. Esse período parece extremamente longo para quem sofre de depressão, de três a seis meses, mas o fato é que ela quase sempre vai embora. Como essas teorias explicam isso?

Eu parei e pensei. E continuei pensando. O silêncio já estava ficando constrangedor. "Não sei. Simplesmente não sei", murmurei, por fim. "Qual é o seu nome?", perguntei, interessado.

"Karen Reivich", respondeu ela e se sentou de volta na cadeira. Karen Reivich. Eu já tinha ouvido esse nome. Era a estudante de ensino médio sobre quem o jornal *Daily Pennsylvanian* tinha publicado uma matéria anos antes. Buscando uma maneira mais eficaz de selecionar os alunos que se candidatavam às vagas, o comitê de admissão de alunos da Universidade da Pensilvânia passara a exigir dos candidatos uma redação, cujo tema era: "Qual problema do mundo você gostaria de resolver?". O resultado foi dezenas de milhares de dissertações grandiosas sobre a paz mundial, a camada de ozônio, o racismo e os males do capitalismo. Karen Reivich escreveu que gostaria de resolver o problema urgente e totalmente negligenciado da aderência estática. Eu tinha uma cópia da redação nos meus arquivos. "Guerra, pobreza, doenças, aderência estática. Estamos à beira do caos. O que Espártaco foi para a escravidão, George Washington foi para o colonialismo e Gloria Steinem foi para o sexismo eu serei para a aderência estática." Mesmo assim, ela foi aceita.

A pergunta perspicaz, a autoconfiança e a iconoclastia de Karen me intrigaram, por isso pedi que ela fosse à minha sala depois da aula. Sugeri que ela desse uma pausa nos planos de fazer pós-graduação (ela já estava no último ano de faculdade) e fosse trabalhar em pesquisa comigo em tempo integral no ano seguinte. Na época, eu tinha começado um projeto patrocinado pela Metropolitan Life Insurance Company — empresa de seguros de vida. O objetivo era transformar vendedores de seguros pessimistas em otimistas. Incorporamos com sucesso técnicas cognitivas e comportamentais usadas para combater a depressão, mas as mudamos para prevenir a depressão em adultos, de modo que fossem úteis para os vendedores pessimistas, mas não depressivos. Em pouco tempo Karen se mostrou indispensável para o projeto e se tornou a coordenadora. Quando começamos a perceber que esse objetivo era possível, pedi que Karen expandisse nossos horizontes.

"Tive uma conversa com Jonas Salk", comentei com Karen, "e ela mudou minha forma de pensar sobre como os psicólogos deveriam passar o tempo. Acho que vai mudar o que eu mesmo faço com meu tempo." Expliquei a ela que os psicólogos passam 99% do tempo ajudando pessoas com problemas a se tornarem normais. O National Institute of Mental Health, Instituto Nacional de Saúde Mental, deveria se chamar Instituto Nacional de Transtornos Mentais: quase todo o orçamento é gasto em ações para ajudar pessoas com problemas graves. Quase nada é destinado a programas que ajudem pessoas normais a alcançar o potencial máximo e viver uma vida plena. O projeto com a seguradora tinha nos colocado nessa direção. "Agora eu quero montar um programa de pesquisa para ensinar às crianças normais as habilidades do otimismo, e com isso evitar problemas que surgiriam. Quero que você faça parte da equipe de pesquisa."

Antes mesmo do fim da conversa Karen já tinha aceitado com entusiasmo. Eu havia encontrado uma colaboradora, mas precisava de mais.

Jane Gillham pediu para conversar comigo pouco depois de entrar para a Universidade da Pensilvânia. Havia acabado de assistir a uma palestra minha sobre a relação entre pessimismo e depressão infantil. Jane era uma aluna do primeiro ano da pós-graduação que tinha se graduado em Princeton com honra ao mérito. Os ex-professores de Jane teceram os maiores elogios às habilidades dela e disseram que a Universidade da Pensilvânia tinha sorte de tê-la. Jane havia feito pesquisas sobre psicologia do desenvolvimento e dado aulas por dois anos. Era mãe solteira de um menino pequeno, por isso seu engajamento no trabalho com crianças tinha um significado especial.

"Ontem Sean teve um dia ruim", disse ela. "Voltou da escola e me contou que um garoto maior da mesma turma estava implicando com ele. Ele ficou resmungando: 'Não quero ir para a escola. Eu nunca me divirto lá. Eu gostava da escola, mas agora não me divirto mais. Vou escrever uma carta para a tia Johnson avisando que vou sair da escola.'"

"Eu me vi usando a terapia cognitiva com Sean", prosseguiu Jane. "Falamos sobre como ele estava se sentindo e o que odiava na escola. Então, eu o ajudei a lembrar o que ele adorava na escola. Pedi que me contasse todas as coisas legais que eles tinham feito ontem no intervalo entre as aulas. Fiz com que ele descatastrofizasse os fatos. Ele percebeu que a escola seria legal se ele resolvesse o problema com Gary. Até criou um plano para ficar de bem dele."

Ao ouvir Jane falar em terapia cognitiva e "descatastrofizar", eu soube que estava diante de uma jovem e sofisticada profissional, com um senso aguçado de quando e como usar descobertas da psicologia na vida real. A terapia cognitiva era a grande promessa contra a depressão na década de 1980. Seu criador, Aaron T. Beck, psiquiatra na Universidade da Pensilvânia e um mentor para mim, havia criado um movimento teórico extraordinário. Os sintomas da depressão se dividem em quatro tipos: desalento, apatia, problemas físicos e pensamentos catastróficos. Beck defendia que estes eram mais do que apenas um sintoma superficial de depressão, mas a verdadeira raiz de todos os sintomas da doença. O hábito depressivo de pensar que o futuro será sombrio, que o presente é insuportável, que o passado é repleto de derrotas e que somos incapazes de melhorar *cria* o desalento, a apatia e os sintomas somáticos da depressão.

Surgiu, então, uma nova terapia contra a depressão: ensinar o depressivo a mudar seus hábitos de pensamento, a descatastrofizar. Com isso, todos os outros sintomas deveriam desaparecer. Essa era a essência da terapia cognitiva, e parecia que Jane tinha algumas ideias sobre como colocar isso em prática com crianças.

Ela me revelou que queria trabalhar com crianças na Universidade da Pensilvânia e perguntou se eu já tinha pensado em tentar usar a terapia cognitiva para prevenir a depressão infantil. Contei a ela sobre minha conversa com o dr. Salk e a convidei para trabalhar comigo no desenvolvimento da imunização psicológica infantil.

Assim, Jane, Karen e eu começamos a construir um programa de treinamento para crianças. Trabalhamos para encontrar maneiras criativas e atraentes de ensinar às crianças as habilidades cognitivas fundamentais para prevenir a depressão e vencer as adversidades. A coisa estava progredindo bem, e parecia que em breve o programa estaria pronto para ser testado. Foi quando, certo dia, almocei com Lisa Jaycox, uma das nossas melhores alunas do doutorado na época.

Ela parecia estar um pouco perdida. "Rena está de saída, e não sei o que fazer", reclamou ela enquanto tomávamos sopa e comíamos salada na delicatéssen do campus. No ano anterior Lisa tinha concluído uma incrível e fundamental dissertação de mestrado sobre como pais que brigam pioram o comportamento dos filhos e os fazem se sentir menos competentes.[1] Sua orientadora, a dra. Rena Repetti, especialista em famílias e crianças, estava saindo da Universidade da Pensilvânia para trabalhar em Nova York. A perda de um orientador geralmente cria um desastre acadêmico para um doutorando no meio de uma carreira promissora na pesquisa, e o fato era que a carreira de Lisa estava em risco naquele momento.

"Você está fazendo algum projeto com crianças ou famílias, Marty?", perguntou Lisa.

Essa era a verdadeira pauta do almoço. Falei sobre o projeto de imunização, explicando que estávamos prestes a lançar um programa com o objetivo de fornecer as habilidades cognitivas necessárias para o otimismo a pré-adolescentes em risco de depressão. A lógica era que as crianças poderiam usar essas habilidades para combater os pensamentos pessimistas que trazem a reboque a depressão e o fracasso.

"O que você diz faz sentido, mas não está enxergando uma coisa. Pense nos resultados do seu estudo Princeton-Pensilvânia."

Por cinco anos eu tivera a sorte de trabalhar em parceria com Joan Girgus, professora de psicologia e, na época, reitora da faculdade de psicologia de Princeton, e com Susan Nolen-Hoeksema, que tinha criado comigo o Estudo Longitudinal sobre Depressão Infantil entre as Universidades de Princeton e da Pensilvânia quando era doutoranda e depois foi contratada por Stanford como professora. Durante cinco anos, Susan, Joan e eu tínhamos acompanhado quatrocentas crianças com idades a partir de oito anos, e também seus pais. Queríamos descobrir quando a depressão começava e o que tornava algumas crianças tão vulneráveis e outras tão resilientes. Nossas descobertas nos deixaram assustados e desanimados.

Percebemos que mais de 25% das crianças estiveram sensivelmente deprimidas em determinado momento, e um número quase igual teve um episódio depressivo severo pelo menos uma vez ao longo de cinco anos. Vimos também que crianças pessimistas se saíam pior que as otimistas, e que quando a criança tinha um episódio depressivo, passava a ter uma visão de mundo mais pessimista. Embora a depressão sumisse aos poucos, o pessimismo não seguia o mesmo rumo, e crianças que já tinham sofrido com a doença estavam se tornando pessimistas de carteirinha — presas fáceis assim que algo de ruim acontecesse. E com a chegada da adolescência, é claro que não faltariam situações ruins.

Mas Lisa estava se referindo a outra descoberta tão preocupante quanto essa. Muitas das crianças tiveram o primeiro episódio de depressão quando seus pais começaram a brigar. Divórcio, separação e crises no casamento são grandes fatores de risco para pré-adolescentes.

"Isso significa que não basta ensinar as crianças a pensar de maneira mais otimista", aprofundou-se Lisa. "Os aborrecimentos sociais — como brigas dos pais e rejeição por parte de outras crianças — são a raiz da depressão de muitas delas. Você precisa imunizá-las de maneira a torná-las capazes de lidar também com os problemas sociais. A imunização precisa ter dois componentes: um cognitivo e outro ligado às habilidades sociais. Você cria o programa cognitivo, e eu vou criar o social", concluiu Lisa.

Ao longo do ano seguinte, nós quatro trabalhamos juntos. Fizemos um teste-piloto do programa com um grupo de crianças do quinto e do sexto anos do ensino fundamental e ficamos animados com os resultados. Então, voltamos ao laboratório para fazer ajustes no programa antes de iniciar um teste de larga escala para descobrir sua eficácia. Por fim, todo o programa de imunização imaginado pelo dr. Salk estava montado: habilidades cognitivas para as crianças combaterem a depressão e habilidades sociais para lidar com as rejeições e frustrações da puberdade. E foi assim que nós quatro — Karen Reivich, Lisa Jaycox, Jane Gillham e eu — lançamos o Programa de Prevenção da Universidade da Pensilvânia. Nosso objetivo era identificar as crianças de dez a doze anos mais vulneráveis com antecedência e ensinar a elas um conjunto de habilidades cognitivas e sociais que preveniriam a depressão.

Quando começamos a trabalhar o otimismo nas crianças da escola, descobrimos que aquilo que estávamos ensinando a elas era bem diferente do que muitos pais estavam ensinando aos filhos. Também percebemos que nossa abordagem era radicalmente diferente da abordagem da escola, que é centrada na autoestima da criança. Suspeitamos que a forma como os pais criavam os filhos e o movimento pela autoestima nas escolas não estavam diminuindo a epidemia de depressão; ao contrário: estavam alimentando-a.

Parte II

Onde os pais erraram na criação dos filhos

4. O movimento pela autoestima

No medalhão havia um espelho, e no espelho havia o reflexo dela própria. Nossa, sou eu!, pensou ela. Sou eu mesma. Eu sou a magia dentro do medalhão. A partir de então, a garotinha passou a usar o medalhão todos os dias. Todos os dias ela segurava o medalhão com força e sussurrava: "Eu acredito em você". O medalhão continha a magia especial dela, e dali em diante ela nunca ficou longe do medalhão.
Elizabeth Koda-Callan, *The Magic Locket* [O medalhão mágico] (1988)

Ficamos surpresos com o que vimos nas escolas públicas, embora provavelmente não devêssemos ter ficado, porque o que vimos apenas refletia a forma como a maioria dos pais está criando os filhos. Exércitos de professores, junto com os pais, estão fazendo de tudo para aumentar a autoestima das crianças. Esse movimento pode parecer inofensivo à primeira vista, mas a forma como isso é feito corrói o senso de valor próprio delas. Ao dar ênfase a como a criança se *sente*, em detrimento do que ela *faz* — como alcançar a maestria, persistir, derrotar a frustração e o tédio e vencer os desafios —, pais e professores estão tornando esta geração de crianças muito mais vulnerável à depressão.

Eis alguns exemplos do que vimos nas salas de aula:

- "Construindo a autoestima com o coalaru" (mistura de coala com canguru) contém um exercício que tem as palavras "VOCÊ É ESPECIAL" escritas catorze vezes em uma página, seguidas de "Estou muito feliz de ser sua professora no ____ ano. Não existe ninguém como você".

- Um pôster com mãos batendo palmas e as palavras: "Nós nos aplaudimos!".
- Um personagem cartunesco se admira no espelho e incentiva: "Crie o hábito de se amar".
- Um exercício de preencher as lacunas pede às crianças para completar a frase "Eu sou especial porque..." com opções como "Eu sei brincar", "Eu sei pintar" e "Todos me deixam felizes".

A justificativa para esse tipo de exagero é clara: "[...] a base para *tudo o que fazemos* é a autoestima. Portanto, se pudermos fazer com que as crianças se sintam mais seguras de si, começando no pré-escolar, elas farão escolhas muito mais sábias no futuro".[1]

Os efeitos de ensiná-las a ter autoestima não se restringem a professores proferindo lemas contraditórios em sala de aula (se todo mundo é especial, alguém é de fato especial?). Em pouco tempo, as crianças aprendem a ignorar essas bajulações pois percebem que elas não são sinceras. O movimento pela autoestima é poderoso. É o movimento por trás do fim da separação de classes, para que os alunos mais atrasados não se sintam mal. É o movimento por trás do fim dos testes de QI, para que as crianças com baixa pontuação não se sintam mal. É o movimento por trás do aumento das notas das provas, para que os alunos que tiram nota baixa não se sintam mal. É o movimento que nos levou a ensinar com foco nos piores alunos, para evitar ferir os sentimentos das crianças que demoram mais a aprender (ainda mais agora que não existe mais a separação de classes). É o movimento que fez a palavra "competição" ser considerada ruim. É o movimento que causou o fim da memorização dos clássicos. É o movimento que levou a menos trabalho duro como o de antigamente. Todas essas táticas são usadas para proteger a autoestima de crianças que, do contrário, seriam ofuscadas. Esse ganho seria maior que qualquer benefício perdido pelas crianças que de fato se destacariam.

Assim como os professores, os pais compraram essa ideia e estão sempre fazendo de tudo para melhorar a autoestima de seus filhos.

Randy está no quinto ano da Escola Primária Bywood. Seus professores o descrevem como um aluno brilhante, curioso e criativo. Randy se destaca nas disciplinas básicas e adora a escola — menos a aula de educação física. Para Randy, assim como para a maioria das crianças fora de forma, a aula de educação física é uma dose regular de humilhação. Quando jogam queimado, Bradley, Garrett e Beth desviam da bola com facilidade. Mas quando se esforça para sair da linha de fogo, Randy acaba sendo atingido na bunda ou na cabeça. Ou pior: ele perde o equilíbrio e cai. As terças-feiras das dez às onze da manhã abastecem Randy com uma vergonha que dura o restante da semana.

Joel é o melhor amigo de Randy. Infelizmente para Randy, Joel é ágil e, por isso, não é humilhado nas aulas de educação física. Quando o professor anuncia que vai formar um time para jogar futebol americano contra outras escolas primárias da região, Joel sussurra para Randy que eles têm que tentar entrar para a equipe. Randy responde que prefere morrer. Apesar dos temores de Randy, Joel consegue convencer o amigo de que não é preciso ter tanta coordenação motora para jogar. Basta saber correr, e isso até Randy é capaz de fazer.

O pai de Randy, que apoia a ideia de o filho se tornar um atleta, o encoraja a tentar. Contrariado, o menino começa a treinar com Joel depois da escola, e por incrível que pareça começa a se empolgar e até a sentir prazer em treinar. E o mais surpreendente: ele começa a melhorar.

É quando chega o dia fatídico. Randy, seu pai e Joel encontram no campo de testes uma multidão de garotos atirando bolas e se atracando no chão. A empolgação de Randy se transforma imediatamente em pavor. Joel pega uma bola e a atira para Randy, que machuca o dedo tentando segurá-la. Joel corre para receber um passe e Randy lança a bola, mas ela cai longe. O pai de Randy tenta dar dicas de última hora, mas o garoto está com um zumbido nos ouvidos e não consegue escutar.

Randy termina em penúltimo lugar no treinamento: pega apenas uma bola e não acerta nenhum passe. O pai fica chateado ao ver a expressão de humilhação no rosto do filho ao fim do teste. Ele vira para Randy e diz: "Você foi muito bem lá. Seus passes nem sempre acertaram o alvo, mas você tem um braço forte. Pode treinar a precisão do passe. Isso não é tão difícil. É sério, Randy, acho que você tem que ficar orgulhoso. Tenho certeza de que vai entrar para o time ano que vem. Você só teve azar dessa vez".

"Como assim, pai? Eu fui péssimo, não entrei para o time este ano e não vou entrar ano que vem. Aliás, nem acredito que fiz esse teste. A verdade é que eu sou muito atrapalhado, pai."

Sem se abalar com a resposta de Randy, o pai volta a enaltecê-lo. "Não é assim que se fala. Você não pode pensar desse jeito. Estou dizendo: você foi muito bem no treino. Pelo que vi, você é tão bom quanto os que entraram para o time. Não quero ver você se diminuindo assim. Você tem que dizer a si mesmo que se saiu bem hoje e que da próxima vez será ainda melhor."

"Tá bom, pai, você tem razão. Eu fui bem. Agora a gente pode sair logo daqui, por favor?"

O pai teve a melhor das intenções. Viu que Randy estava péssimo e queria ajudá-lo a se sentir melhor, e pretendia fazer isso do jeito certo. Assim como tantos pais, ele escolheu reforçar a autoestima do filho com um pensamento positivo superficial. Disse "coisas boas" a Randy, palavras que ele esperava que diminuíssem a dor do filho e a substituíssem por orgulho. Mas o tiro saiu pela culatra. Randy não é uma criatura simplória e crédula, que prefere evitar verdades desagradáveis. A abordagem do pai deixou Randy ainda mais desanimado e diminuiu a credibilidade dele diante do filho.

UMA BREVE HISTÓRIA DA AUTOESTIMA

Os motivos para o pai de Randy ter fracassado de forma tão retumbante com o filho foram o legado do movimento pela autoestima e seu efeito danoso na criação das crianças. A autoestima tem uma linhagem respeitável. Mais de um século atrás, William James, o pai da psicologia moderna, criou uma fórmula para ela:[2]

$$\text{Autoestima} = \frac{\text{Sucesso}}{\text{Pretensões}}$$

Segundo James, quanto maior o sucesso e menores as expectativas, maior será a autoestima. Podemos nos sentir melhores com nós mesmos sendo mais bem-sucedidos no mundo ou diminuindo nossas esperanças.

James une dois níveis de função psicológica. Primeiro, a autoestima é um estado de *sentimento*: humilhação, contentamento, satisfação etc. Mas, em segundo lugar, esse sentimento bom está enraizado no mundo, no *êxito da nossa comunhão com o mundo*. A tensão entre esses dois aspectos da autoestima — sentir-se bem versus sair-se bem no mundo — tem constituído, desde então, a base teórica do movimento pela autoestima. Esses dois aspectos — "sentir-se" e "sair-se bem" — realçam a parte positiva da autoestima e, mais importante, a parte negativa e contraproducente, como fez o pai de Randy ao tentar incutir a autoestima diretamente no filho.

A noção de autoestima permaneceu dormente por quase 75 anos após ser proposta por James, tempo em que os Estados Unidos estavam focados em lutar nas guerras e vencer a depressão econômica. Considerando-se o espectro de problemas tão graves do mundo real criando tanta dor e tanto sofrimento, a psicologia americana era dominada por teorias nas quais os indivíduos eram puxados e empurrados por forças poderosas que estavam além de seu controle. Para os freudianos, os "conflitos" instigavam a ação humana. Para os behavioristas, "reforços positivos" externos atraíam as pessoas e "as punições" as repeliam. Para os etologistas, padrões de ação fixos determinados pelos genes definem os comportamentos. Para os seguidores de Clark Hull, os impulsos biológicos e as "necessidades" dos tecidos provocavam a ação. Embora os detalhes sejam diferentes, de acordo com essas teorias os seres humanos estavam à mercê de forças que não podiam controlar.

Mas nos anos 1960 uma maré de mudanças atingiu as ciências sociais. A escolha individual se tornou uma explicação legítima para as ações humanas, e a ideia de ser atraído ou repelido por forças externas começou a sair de moda. Não foi mera coincidência o fato de essa mudança ter acontecido justo quando os Estados Unidos entraram numa era de riqueza e poder sem precedentes, com o consumo individual impulsionando a economia. Escolha e controle, preferência pessoal, decisão e vontade própria eram marcas dessas novas teorias. O autodirecionamento, em vez de forças externas, passou a ser a principal explicação para as ações.[3]

Era o momento propício para a ressuscitação da autoestima, e em 1967 Stanley Coopersmith, um jovem, espirituoso e iconoclasta professor de psicologia da Universidade da Califórnia, em Davis, propôs que a autoestima era fundamental para a educação da criança.[4] O primeiro objetivo de Coopersmith era medir a autoestima. Para isso, criou um teste que enfatizava o lado voltado para a sensação de bem-estar, definindo o conceito como o juízo do valor pessoal próprio. "Muitas vezes eu gostaria de ser outra pessoa", "Estou muito feliz", "É muito difícil ser eu", "Tenho uma opinião ruim sobre mim mesmo" são algumas das frases do exercício de verdadeiro ou falso que constam nesse teste amplamente utilizado.

Em seguida, Coopersmith avaliou a forma como os pais educavam os filhos que demonstravam autoestima elevada e chegou a uma descoberta surpreendente e antiquada sobre a origem da autoestima: quanto mais claros as regras e os limites estabelecidos pelos pais, maior a autoestima da criança. Quanto mais liberdade tinha, menor era a autoestima. As conclusões de Coopersmith sobre as origens disciplinares da autoestima foram esquecidas em pouco tempo, mas a ideia dela como um objetivo na criação dos filhos foi abraçada pela cultura popular, em especial pelas escolas, igrejas de doutrina liberal e áreas profissionais em que a inspiração é necessária.

Os psicólogos da inspiração mais ponderados conservaram os aspectos tanto do "sentir-se bem" quanto do "sair-se bem". Nathaniel Branden, um dos primeiros discípulos de Ayn Rand, na época doutorando em psicologia clínica, definiu a autoestima da seguinte maneira:[5]

1. Confiança na nossa capacidade de pensar e lidar com os desafios básicos da vida (sair-se bem).
2. Confiança no nosso direito de ser feliz, a sensação de ser alguém digno e respeitável, com direito a afirmar nossos desejos e necessidades, e com direito a gozar os frutos dos nossos esforços (sentir-se bem).

Esse tipo de autoestima é tão aceito hoje em dia que a Califórnia o tornou oficial. No documento "Toward a State of Esteem" — um conjunto de recomendações elaborado por uma força-tarefa sob os auspícios da legislatura californiana —, a baixa autoestima é vista como causa do fracasso nos estudos, do uso de drogas, da gravidez na adolescência, da dependência de programas sociais do governo e de outros males. O ensino da autoestima é promovido como a "a mais provável vacina social" para inocular as crianças contra esses males. Todos os distritos escolares da Califórnia são estimulados a "adotar a promoção da autoestima [...] como um objetivo claramente estabelecido, integrado em seu currículo global e que faça parte de todas as suas políticas e operações". Recomenda-se também que "todos os educadores devem ter curso de autoestima em suas credenciais". Shirley MacLaine pediu com urgência ao presidente dos Estados Unidos que criasse uma Secretaria da Autoestima, com poder de ministério.

O tipo de autoestima vislumbrado pela Califórnia nitidamente se encaixa no âmbito do sentir-se bem: "Apreciar meu valor e minha importância, me responsabilizar por mim mesmo e agir com responsabilidade em relação aos outros".[6] Mas as recomendações sobre *como* ensinar a autoestima são decepcionantes. No lado do "sair-se bem", elas até são úteis, embora tradicionais: ensinar habilidades profissionais utilizadas na vida real, encorajar o serviço comunitário e ensinar artes. Já no que diz respeito ao "sentir-se bem", as recomendações são vagas: ampliar os serviços de aconselhamento, envolver os pais, ter sensibilidade com relação às necessidades dos estudantes que fracassarem. Mas o que deve ser aconselhado? O que os pais envolvidos devem fazer? E como os professores devem usar a sensibilidade para ajudar os estudantes que fracassarem?

Com o apoio de educadores, de psicólogos da inspiração, do ministério, da legislação da Califórnia e até de astros de cinema, será que posso me atrever a questionar o valor da autoestima?

SENTIR-SE BEM × SAIR-SE BEM

O motivo de o relatório californiano ser tão fraco na parte do sentir-se bem é o fato de não haver uma tecnologia eficaz para ensinar o indivíduo a se sentir bem sem antes ensiná-lo a sair-se bem. Os sentimentos de autoestima em particular, e de felicidade em geral, se desenvolvem como efeitos colaterais — de superar desafios, de trabalhar bem, de eliminar as frustrações e o tédio, de vencer. A autoestima é um subproduto do "sair-se bem". Quando ela se assenta na criança, estimula mais êxitos. As tarefas fluem com mais facilidade, os problemas se afastam, e outras crianças parecem mais receptivas. Não resta dúvida de que a sensação de ter boa autoestima é ótima, mas quando tentamos melhorar a autoestima responsável pelo sentir-se bem sem antes ensinar a lidar com o mundo, estamos confundindo os meios com os fins.

Essa valorização do sentir-se bem é algo peculiar à atualidade. Sobre essa questão, Aristóteles tem um ponto de vista transcendental: a felicidade não é uma emoção que podemos separar daquilo que *fazemos*. A felicidade é como a graciosidade na dança — não algo que o dançarino *sente* ao fim de uma dança bonita, mas sim uma parte inalienável de uma dança bem executada. A felicidade não é um sentimento separável e só pode ser alcançada a partir de uma execução bem-feita.

Meu ceticismo com relação à autoestima baseada em sentir-se bem foi construído em 25 anos de trabalho com crianças e adultos. Pessoas deprimidas, jovens ou velhas, têm quatro tipos de problemas: comportamentais (são passivas, indecisas e desamparadas); emocionais (são tristes); somáticos (têm alterações no apetite e em seu padrão de sono); e cognitivos (vivem sem esperança e se sentem inúteis). Só este último sintoma, o cognitivo, aponta para o lado do "sentir-se bem" da autoestima, e com o passar do tempo passei a crer que esse é o menos importante dos infortúnios de uma pessoa com depressão. Sempre que a criança deprimida se torna ativa e esperançosa, ela passa a sentir que tem mais valor. De nada adianta reforçar a parte da autoestima relativa aos sentimentos sem romper os grilhões da desesperança e da passividade. Se a criança se sente inútil, se odeia ou não tem autoconfiança, ela acredita que sua forma de lidar com o mundo não é boa. Quando esse aspecto melhora e ela percebe, passa a se sentir bem.

É exatamente por isso que o informe do estado da Califórnia sobre autoestima é tão insubstancial. É verdade que muitos alunos que largam a escola têm baixa autoestima, muitas adolescentes grávidas se sentem tristes, muitos jovens viciados em drogas e criminosos se odeiam e muitas pessoas pobres que dependem de programas assistenciais do governo se sentem inúteis. Mas qual é a causa e qual é o efeito? Com suas recomendações de "vacinação", o informe afirma que a baixa autoestima é a causa do fracasso escolar, do uso de drogas, da dependência de programas de auxílio e de outros males sociais. No entanto, as pesquisas científicas mostram exatamente o contrário: a baixa autoestima é a consequência — e não a causa — desses problemas.[7]

Centenas de artigos acadêmicos estão repletos de *correlações* entre a autoestima e o desempenho infantil: crianças sem estudo têm baixa autoestima; pessoas que alcançam grandes feitos têm autoestima elevada; indivíduos deprimidos têm baixa autoestima; bons atletas têm autoestima elevada; crianças que tiram zero têm baixa autoestima, e por aí vai. Mas o fracasso é a causa do problema? Ou é a baixa autoestima que causa o fracasso? Essa é uma pergunta surpreendentemente fácil de responder com técnicas de pesquisa modernas. O pesquisador precisa observar grandes grupos de crianças ao longo do tempo — digamos, um ano —, medindo a autoestima no começo, e diversas supostas consequências da autoestima, como notas, popularidade ou depressão no início e no fim do ano letivo.[8] Se a autoestima é causa — e não consequência —, a previsão é clara: entre crianças que têm as mesmas notas no começo do ano (um dado que é estatisticamente controlado), aquelas com autoestima elevada deveriam ter um aumento nas notas, e aquelas com baixa autoestima deveriam ter uma queda nas notas ao longo do ano.[9]

Mas o fato é que quase não existem resultados que provem que a autoestima é a causa de qualquer coisa. Pelo contrário: ela é causada por toda uma miríade de sucessos e fracassos no mundo.[10] Se a autoestima é a consequência do sucesso e do fracasso, e não a causa, é difícil ensiná-la de forma direta. Assim, se nós, como pais e professores, promovermos a parte da autoestima ligada ao sair-se bem, a parte do sentir-se bem, que não pode ser ensinada diretamente, surgirá de maneira natural. A Califórnia (e todos os outros estados americanos) precisa não de crianças encorajadas a sentir-se bem, mas de crianças que aprendam as habilidades para sair-se bem — como estudar, evitar uma gravidez indesejada, afastar-se das drogas e da violência, não depender de programas de assistência social.

Existe um estado mental relacionado à autoestima que é consideravelmente mais potente: o estilo explicativo. Esse estado é fundamental para o otimismo. Falarei sobre o estilo explicativo no capítulo 6, mas vai uma breve prévia do que se trata agora, pois ele constitui a base tanto da parte da autoestima ligada ao sentimento quanto da parte ligada à ação. Quando uma criança vai mal em algo, ela se pergunta: "Por quê?". E na resposta a que ela chega sempre há três aspectos: de *quem* é a culpa, *quanto tempo* vai durar e *até que ponto sua vida* será prejudicada. As diferenças entre esses três aspectos são fundamentais, porque a primeira questão — se a culpa é da criança ou do mundo — determinará a parte da autoestima ligada ao sentimento. A segunda e a terceira questões — até que ponto essa causa é duradoura e até que ponto interfere em sua vida — determinarão o que ela *fará* para reagir ao fracasso. Sentir-se mal sobre nós mesmos não é a causa direta do fracasso. Por outro lado, a crença de que os problemas vão durar para sempre e afetar todos os aspectos da vida é a causa direta que leva seu filho a parar de se esforçar. Desistir leva a mais fracassos, que por sua vez debilitam a autoestima.

SAIR-SE BEM E A VASTA ZONA INTERMEDIÁRIA

Toda essa questão de promover a autoestima nas crianças, de um lado, e promover a maestria e o otimismo, do outro, precisa ser vista como um continuum. De um lado estão os que defendem que sentir-se bem é o objetivo principal. Nesse caso, o desempenho da criança no mundo é apenas um efeito colateral favorável, oportuno. Para as pessoas nessa ponta do espectro, o que importa é como a criança *se sente* consigo mesma. Na outra extremidade estão pessoas como eu, que defendem que sair-se bem no mundo é o objetivo principal. Nesse caso, sentir-se bem consigo mesmo é apenas um delicioso subproduto.

A maioria dos teóricos — e todos os profissionais da área — está em algum lugar no meio desse espectro. Muitos pais e professores, qualquer que seja a teoria que defendam, às vezes intervêm para aliviar a dor e fazer a criança se sentir melhor. Muitas vezes eles deixam a criança passar por frustrações para estimular a perseverança. Pessoas que defendem que o importante é sentir-se bem estão sempre prontas para intervir e fazer com que seus filhos se sintam melhor. Já as pessoas que defendem que sair-se bem é mais importante estão dispostas a intervir para mudar o pensamento da criança a respeito do fracasso, estimular a tolerância à frustração e premiar a persistência, em vez de premiar apenas o sucesso. Alinhados com professores partidários do "poder do pensamento positivo", os defensores do "sentir-se bem" buscam formas de fazer as crianças se sentirem melhor consigo mesmas. Os defensores do "sair-se bem" contam com duas novas técnicas: uma para transformar o pessimismo em otimismo e outra para transformar o desamparo em maestria. Este livro vai lhe ensinar as duas.

Os Estados Unidos viveram trinta anos num esforço para melhorar a autoestima das crianças. Esse movimento seria justificável caso tivesse funcionado e caso vivêssemos hoje um momento de crescimento na autoestima. Mas algo surpreendente aconteceu com as crianças americanas durante o período em que foram criadas com foco no "sentir-se bem". Elas nunca foram tão deprimidas quanto agora.

5. A epidemia de depressão

Apesar da campanha em favor da autoestima, apesar do otimismo natural das crianças em idade pré-escolar, e apesar das novas oportunidades que vêm surgindo na sociedade, nossas crianças têm mostrado um pessimismo, uma tristeza e uma passividade numa escala nunca vista antes.

Como isso é possível? Será apenas coincidência que a depressão tenha disparado e a autoestima tenha caído vertiginosamente ao mesmo tempo que os americanos passaram a ter como objetivo principal fazer as crianças se sentirem bem consigo mesmas e aumentar a autoestima delas?

Até os anos 1960, a depressão era uma condição bastante incomum, em geral vista em mulheres de meia-idade. No começo daquela década, porém, a depressão começou a se tornar muito mais prevalente na sociedade. Agora, apenas trinta anos depois, a depressão se tornou a gripe comum dos transtornos mentais e faz suas primeiras vítimas logo no começo do ensino médio — se não antes.

Sabemos disso por meio de quatro estudos de grande alcance.[1] O primeiro, denominado Estudo ECA — Epidemiological Catchment Area (Área de Captação Epidemiológica), foi projetado para descobrir a incidência dos transtornos mentais nos Estados Unidos. Pesquisadores visitaram e entrevistaram 9500 pessoas escolhidas ao acaso como uma amostra representativa dos adultos norte-americanos. Todos receberam a mesma entrevista diagnóstica que um paciente transtornado que entrasse no consultório de um psicólogo ou psiquiatra.

Muitos adultos de diferentes idades foram entrevistados num período curto. Cada um narrava sua história de vida, com foco em *se e quando* vivenciaram problemas mentais. Assim, o estudo nos forneceu o primeiro panorama dos transtornos em muitos anos e possibilitou o rastreamento das mudanças ocorridas no decorrer do século XX. A mais surpreendente se deu na *prevalência de episódios* de depressão — isto é, a porcentagem da população que ficou deprimida pelo menos uma vez na vida.

Quando os estatísticos analisaram os resultados, descobriram algo muito estranho. Pessoas nascidas perto de 1925 — que, como eram mais velhas, haviam tido mais tempo para desenvolver o transtorno — quase não tinham sofrido com a depressão. Só 4% delas haviam tido episódios graves até a meia-idade. E quando os estatísticos olharam para os achados de pessoas nascidas antes da Primeira Guerra Mundial, descobriram algo ainda mais surpreendente. A prevalência entre estes não tinha subido, como era de esperar. Ao longo da vida, apenas 1% deles tiveram depressão até a velhice. Por outro lado, entre indivíduos nascidos em torno de 1955, que haviam tido menos tempo de vida para desenvolver a depressão, 7% já haviam ficado profundamente deprimidos até o começo da vida adulta.

Isso significa que pessoas nascidas após o começo da era do sentir-se bem e do movimento pela autoestima se mostraram cerca de dez vezes mais propensas a ter depressão do que as nascidas no primeiro terço do século XX!

O segundo estudo observou 2289 parentes próximos a 523 pessoas que tinham sido hospitalizadas com depressão grave, e assim como no Estudo ECA as descobertas foram assombrosas. Mostraram um forte aumento na prevalência da depressão ao longo do século XX — numa proporção superior a dez para um. Vamos considerar apenas as mulheres que nasceram no começo dos anos 1950 e foram para a escola quando a era do sentir-se bem estava ganhando força. Quando essas mulheres estavam perto dos trinta anos, mais de 60% já haviam tido pelo menos um episódio severo. Em contraste, só 3% das mulheres nascidas perto de 1910, que estudaram quando imperava a ética do trabalho duro e do chapéu de burro, tiveram um episódio assim até os trinta anos. É uma proporção vinte vezes menor — um efeito de dimensões nunca observadas nas ciências sociais. Entre os homens, a estatística foi igualmente surpreendente.

Talvez você esteja se perguntando se essa explosão de depressão é apenas questão de denominação. Talvez nossas avós sofressem tanto quanto nós, mas não chamassem esse sofrimento de "depressão". Talvez simplesmente chamassem de "vida". Talvez o tormento excruciante que chamamos de depressão fosse aceitável, parte inevitável da condição humana e agora tenha se tornado um "transtorno" — um transtorno tratável, do qual acreditamos que podemos e devemos nos livrar.

Esses fatores são considerações válidas, mas não explicam a explosão da depressão. Os entrevistadores não se limitaram a perguntar "Você já teve depressão?". Eles perguntaram a respeito da ocorrência de cada sintoma ao longo da vida. "Em algum momento você chorou todos os dias por duas semanas?" "Em algum momento você perdeu dez quilos em pouco tempo sem fazer dieta?" "Você já tentou se matar?" Quanto mais sintomas ocorreram em determinado período, maior a chance de se diagnosticar a depressão. Também não se pode atribuir essa incidência de casos à possibilidade de os idosos terem esquecido os sintomas de quando jovens, pois um percentual elevado dos entrevistados se recordava e relatava sintomas de alcoolismo e esquizofrenia.

A depressão grave não só é muito mais prevalente hoje em dia; ela também faz vítimas bem mais jovens. Estatisticamente, entre os nascidos na década de 1930, os poucos que sofreram de depressão tiveram o primeiro episódio, em média, entre os trinta e os 35 anos. Mas entre os nascidos em 1956, o primeiro episódio de depressão aconteceu entre os vinte e os 25 anos — dez anos mais cedo.

O terceiro grande estudo nos alerta que essa tendência continua acelerando — mais depressão, começando cada vez mais cedo. O dr. Peter Lewinsohn, eminente pesquisador do tema, e seus colegas fizeram entrevistas diagnósticas com 1710 adolescentes do estado do Oregon selecionados de forma aleatória. Até os catorze anos, 7,2% dos adolescentes mais jovens, nascidos entre 1972 e 1974, haviam tido depressão severa, percentual que cai para 4,5% dos adolescentes mais velhos, nascidos entre 1968 e 1971. Por "severa" entendemos a depressão que apresenta sinais marcantes de desalento, deficiência cognitiva, passividade e mudanças corporais.

No quarto estudo, a prevalência de um autêntico transtorno depressivo entre 3 mil jovens de doze a catorze anos do sudeste dos Estados Unidos foi de 9%. Nove por cento de crianças com depressão é algo sem precedentes.[2]

Para quem trabalha com esse problema, um percentual tão alto de crianças novas com depressão grave e transtorno depressivo causa assombro e consternação. Tendo em vista que a depressão grave é recorrente em cerca de metade daqueles que têm um primeiro episódio, esses dez ou vinte anos a mais com a doença significam mais sofrimento e perda de oportunidades para uma a cada duas pessoas.

O que está acontecendo? Podemos explicar esse conjunto de fatores: a depressão vem crescendo desde o fim dos anos 1950, e agora pessoas cada vez mais novas apresentam a doença.

Podemos especular sobre o que vem acontecendo, mas é possível ter certeza do que *não* vem acontecendo: embora grande parte da depressão grave possa ter causas bioquímicas e genéticas, essa epidemia não é biológica. Trinta anos é um período muito curto para uma mudança na vulnerabilidade genética à depressão. Além disso, ninguém foi capaz de identificar uma mudança bioquímica (por exemplo: fluoreto na água, aumento do buraco na camada de ozônio, poluição industrial, pílulas contraceptivas) que justifique essa tendência.

Por outro lado, desde os anos 1950 tivemos várias mudanças sociais radicais que se encaixam com os fatos. A epidemia começa conforme os *baby boomers* (pessoas nascidas pouco depois da Segunda Guerra Mundial) entram na adolescência no começo dos anos 1960, acelera quando eles se tornam pais no começo dos anos 1970 e continua agora que se tornaram avós. O que aconteceu ao longo da vida dessa geração? Acredito que a culpa está numa mudança de maré nos objetivos dos americanos (e dos cidadãos da maioria dos países desenvolvidos).

Nossa sociedade mudou. Deixou de premiar o sucesso, o sair-se bem, para se tornar uma sociedade do sentir-se bem. Até o começo da década de 1960, ser bem-sucedido era o objetivo mais importante que os pais incutiam nos filhos. Ele, porém, foi superado, substituído pela felicidade e pela autoestima elevada. Essa mudança fundamental consiste de duas tendências. Uma é em direção a mais satisfação e mais liberdades individuais: consumismo, drogas recreativas, creches, psicoterapia, satisfação sexual, aumento das notas escolares. A outra é o abandono do esforço individual orientado a entidades maiores que nós: Deus, Nação, Família, Dever. Algumas das manifestações refletem o que há de mais valioso na nossa cultura, mas outras podem estar na origem dessa epidemia de depressão:

- Família, Nação e Deus passam para o segundo plano, dando lugar ao Eu.
- O consumismo se torna um estilo de vida, e as compras passam a ser um antídoto para a depressão.
- Torna-se aceitável terminar um casamento insatisfatório, mesmo que não seja insuportável, pela possibilidade de uma vida melhor após o divórcio.
- Creches, mães solteiras e pais ausentes se tornam algo comum.
- Os Deveres, antes o pilar da vida adulta, saem de moda.
- A depressão, um transtorno caracterizado por nos sentirmos mal com nós mesmos, é diferenciada do transtorno bipolar e passa a ser considerada uma enfermidade.
- O estudo da autoestima se torna um campo da psicologia.
- O uso de drogas deixa de ser restrito a determinados grupos e passa a ser comum em diversos extratos da sociedade.
- A psicoterapia se torna algo habitual para pessoas "normais" com problemas.
- Artistas e esportistas passam a ter mais prestígio e salários maiores que grandes industriais e políticos.
- Revistas voltadas para as mulheres passam a tratar mais de dietas, beleza e satisfação sexual que de culinária, jardinagem e questões ligadas à família.
- O litígio se torna algo extremamente normal entre pessoas comuns.
- Os produtos manufaturados americanos passam a ser mais chamativos e frágeis (em contraste com os produtos japoneses, mais sóbrios e robustos).
- O castigo físico a crianças se torna incomum e ilegal.
- As notas nas escolas se tornam cada vez mais benevolentes.
- **As escolas e os pais passam a ter como objetivo explícito aumentar a autoestima das crianças.**

Não sou contra nenhuma dessas mudanças. Certamente não me oponho ao individualismo, ao divórcio, ao movimento para se sentir bem, à psicoterapia, às creches ou aos pais solteiros. A questão é que a sociedade do sentir-se bem se tornou prevalente em relação à sociedade do sair-se bem, o que criou novas oportunidades, novas liberdades, mas também novos perigos. Esses novos perigos são menos óbvios que as novas liberdades, por isso escrevi este livro: para combater o maior risco de depressão que acompanha essas novas oportunidades.

Um desses perigos é a dificuldade em encontrar sentido na vida. Seria ingenuidade minha tentar definir sentido nestas páginas, mas uma verdade sobre ele é: quanto maior a entidade à qual você pode aderir, mais sentido você encontrará na vida. Embora alguns argumentem que as gerações que viveram para Deus, para a Pátria, para o Dever ou para os filhos estivessem equivocadas, essas mesmas gerações certamente sentiam que suas vidas eram imbuídas de sentido.[3] O indivíduo retraído, afastado de entidades maiores, constitui um cenário muito pobre para uma vida plena. Por outro lado, o ego inflado é terreno fértil para o crescimento da depressão.

A depressão é um transtorno relacionado à incapacidade e ao fracasso individuais. Quando não nos sentimos aptos a alcançar nossos objetivos, padecemos da depressão. Quanto mais eu acredito que só eu importo e que meus objetivos, êxitos e prazeres são extremamente importantes, maior é a dor do fracasso. E o fato é que a vida inevitavelmente proporciona fracassos e incapacidades. No mesmo momento histórico em que o Eu se tornou um fator de risco fundamental para a depressão, os velhos consolos espirituais que protegem dele — Deus, a Nação, a Comunidade, a Família — perderam seus poderes.

DISFORIA

O principal elemento responsável pela epidemia de depressão é o *amortecimento da disforia*. Na campanha para sentirem-se bem e terem uma autoestima elevada, os americanos começaram a acreditar que devemos evitar a disforia — caracterizada pelos sentimentos de raiva, tristeza e ansiedade. Eles foram considerados inconveniências que, se possível, devem ser banidas de vez, ou pelo menos minimizadas. Ao evitar esses sentimentos desagradáveis, o movimento pela autoestima acaba minimizando seus usos proveitosos.

Emoções fortes, como a ansiedade, a depressão e a raiva, existem por um motivo: elas nos estimulam a agir para mudar a nós mesmos ou o mundo, e ao fazer isso eliminar a emoção negativa. É natural querer evitar se sentir mal, e quando isso ocorre com os nossos filhos o instinto é correr para protegê-los a todo custo dos sentimentos ruins, um impulso legitimado pela sociedade que privilegia o sentir-se bem. Mas os sentimentos negativos têm três utilidades fundamentais, necessárias para aprender a ser otimista e evitar desenvolver o sentimento de desamparo. Os estados da disforia têm uma longa história evolucionária. Não são meros inconvenientes, mas sim fundamentais, e cada um nos transmite uma mensagem. A ansiedade nos adverte de que o perigo está próximo. A tristeza nos informa da ameaça de uma perda. E a raiva nos alerta que alguém está invadindo nosso território. Todas essas mensagens necessárias trazem dor, e é a dor que torna impossível ignorar o que está errado e nos estimula a agir para eliminar a ameaça.

Tal qual um sistema de alarme, os sentimentos ruins estão longe de ser infalíveis. Muitas dessas mensagens — talvez até a maioria delas — são alarmes falsos: a criança que lhe deu uma cotovelada não é violenta, apenas desajeitada; a nota ruim na prova não significa que seu professor o considera um burro; e aquele comentário sarcástico não foi feito com a intenção de humilhá-lo. Mas quando os sentimentos ruins se tornam crônicos e paralisantes, e quando disparam muitos alarmes falsos, chamamos esse estado de "transtorno emocional" e tentamos eliminá-lo com remédios e corrigi-lo com psicoterapia — ou ambos. No entanto, a principal virtude da disforia é que, na maioria das vezes, esse sistema é a primeira linha de defesa contra perigos, perdas e transgressões.

FLOW

A segunda utilidade dos sentimentos ruins é o "flow". Quando você tem a sensação de que o tempo parou? Quando realmente se sente à vontade, não querendo estar em nenhum outro lugar? Jogando futebol, ouvindo música, batendo papo com os amigos, pintando uma cerca ou um quadro, fazendo amor, escrevendo ou conversando sobre psicologia? Isso é o que chamamos de flow, um dos estados mais elevados de emoção positiva, que faz a vida valer a pena. Pesquisadores têm estudado o flow — quem o vivencia, quando ocorre, o que o impede — há duas décadas. Ele ocorre quando suas habilidades são usadas ao máximo, quando encaramos um desafio que está bem no limite do nosso alcance. Um desafio muito pequeno gera tédio. Um grande demais, ou a falta de habilidade, por sua vez, causa desamparo e depressão. O flow não pode ser alcançado sem frustração. Não é possível produzi-lo se só temos sucesso após sucesso, sem fracassar, reorganizar-se e tentar novamente. Quando evitamos a frustração, aliviamos a ansiedade de forma prematura ou aprendemos a evitar os maiores desafios, e com isso impedimos que o flow aconteça. Uma vida sem ansiedade, frustração, competição e obstáculos não é uma boa vida; é uma vida sem flow.[4]

PERSISTÊNCIA

A terceira utilidade dos sentimentos ruins tem a ver com superar a sensação de desamparo. Qualquer tarefa complicada que seu filho execute é composta de vários passos, e em cada um deles o fracasso é mais ou menos provável. Se seu filho falhar num passo, tentar de novo e depois conseguir realizá-lo, irá para o passo seguinte. Se o número de passos não for grande demais — e se nenhum deles for insuperável —, ele vai completar a tarefa, desde que continue tentando cada vez que falhar. Se parar de tentar, ele vai falhar na tarefa inteira. No esforço hercúleo de Robert para chegar atrás do sofá no capítulo 2, de início ele não foi capaz de ultrapassar o carrinho de bebê, mas voltou a tentar e conseguiu. Em seguida, deparou-se com a caixa, falhou de cara, mas tentou de novo. Subiu na caixa, jogou-se dentro do carrinho, desceu pelo outro lado e por fim chegou ao lugar que queria. Se tivesse desistido após algum desses pequenos fracassos, Robert nunca teria alcançado seu objetivo.

Cada subfracasso, assim como cada grande fracasso, gera um sentimento ruim — uma mistura de ansiedade, tristeza e raiva. Quando moderadas, essas emoções nos dão energia, mas ao mesmo tempo são intimidadoras. Quando seu filho se sente mal, ele só pode usar uma de duas táticas: agir, tentando mudar a situação e, com isso, eliminar a emoção negativa; ou desistir e abandonar a situação — o que acaba com a emoção negativa por simplesmente remover a situação de vez. Chamo a primeira tática de "maestria" e a segunda de "desamparo aprendido".

Para que seu filho vivencie a maestria, é necessário que ele falhe, sinta-se mal e tente outra vez, repetidamente, até alcançar o sucesso. Ele não pode pular nenhum desses passos. Fracassar e sentir-se mal são fundamentos necessários para que, no fim, ele tenha êxito e se sinta bem.

Na luta para encontrar a cura para a sífilis nos anos 1910, Paul Ehrlich desenvolveu um medicamento, o 606, que envenenava o *Treponema pallidum*, a espiroqueta que causa a doença. O fármaco foi batizado de 606 porque Ehrlich tinha criado outros 605 medicamentos antes daquele — nenhum deles com eficácia. Presume-se, portanto, que Ehrlich vivenciou 605 fracassos, mas perseverou.

Quase todas as tarefas mais desafiadoras da vida são como o 606, no sentido de que estão repletas de pequenos fracassos. Do contrário, alguém já teria feito antes: alcançar três metros no salto em altura, captar uma conta grande para o banco ou fazer amizade com aquele cara arrogante e frio que, no fim das contas, se mostra um sujeito carinhoso e cheio de compaixão. Em raras ocasiões, ter um talento extraordinário ou uma sorte tremenda pode evitar vários desses pequenos fracassos. Mas, para a maioria das crianças, na maior parte das vezes, poucas coisas que valem a pena são alcançadas sem persistência.

Crianças precisam fracassar. Precisam se sentir tristes, ansiosas e irritadas. Quando instintivamente as protegemos do fracasso, estamos privando-as de aprender as 606 habilidades. Quando interferimos tentando melhorar a autoestima dos nossos filhos diante dos obstáculos — como fez o pai de Randy no capítulo 4, que tentou suavizar a decepção do filho e fazê-lo esquecer o fracasso com parabenizações desmedidas —, estamos os impedindo de alcançar a maestria. E se nós os privamos da maestria, estamos enfraquecendo sua autoestima, tanto quanto se os ridicularizássemos, humilhássemos e castigássemos fisicamente a cada passo que dessem.

A meu ver, o movimento pela autoestima, em particular, e a ética que privilegia o sentir-se bem, no geral, tiveram a consequência negativa de produzir baixa autoestima em grande escala. Ao evitar os sentimentos ruins, esses fatores impediram que nossos filhos se sentissem bem e vivenciassem o flow. Ao evitar que fracassassem, dificultaram que nossos filhos alcançassem a maestria. Ao impedir que sentissem tristeza e ansiedade justificadas, educaram crianças propensas à depressão injustificada. Ao fomentar o sucesso barato, produziram uma geração de fracassos bastante caros.

> *"Você foi determinada e se manteve firme. Esses foram os*
> *motivos da sua boa sorte", explicou o instrutor.*
> *Dali em diante, a garotinha passou a montar no Pônei da Sorte toda*
> *vez que ia cavalgar. O Pônei da Sorte de fato era sortudo. Fazia a*
> *garotinha lembrar que essa sorte era fruto de seu próprio esforço.*
> *E daquele dia em diante ela nunca mais se esqueceu disso.*
> Elizabeth Koda-Callan, *The Good Luck Pony* [*O pônei da sorte*] (1990)

Parte III

Seu filho é otimista ou pessimista?

6. Os fundamentos do otimismo

Até pouco tempo atrás, os Estados Unidos eram um país de otimistas. A primeira metade do século XIX foi a grande era das reformas sociais, cuja pedra angular era a crença otimista de que os humanos podiam mudar e melhorar. A doutrina de que todos os homens são criados iguais foi o manifesto dessa era. Conforme formulou Andrew Jackson:

> Eu acredito que o homem pode se elevar; o homem pode se tornar cada vez mais imbuído de uma divindade; e ao fazer isso ele se torna cada vez mais semelhante a Deus em sua natureza e mais capaz de se autogovernar. Vamos seguir elevando nosso povo, aperfeiçoando nossas instituições, até que a democracia chegue a uma perfeição tal que possamos afirmar verdadeiramente que a voz do povo é a voz de Deus.[1]

Surgiram utopias com o objetivo de alcançar a perfeição humana. Ondas de imigrantes encontraram uma fronteira infinita, e, para eles, ir do "lixo ao luxo" não era só um sonho inalcançável. Os otimistas do século XIX instituíram a educação universal, fundaram bibliotecas públicas, libertaram os escravos, reabilitaram os loucos e lutaram pelo sufrágio feminino.

Os historiadores que analisam o crescimento do poder americano costumam valorizar os vastos recursos naturais e a geografia favorável dos Estados Unidos, com duas fortalezas oceânicas que protegem a terra de invasões estrangeiras.

Montanhas que refletem uma luz púrpura, campos de trigo dourados e cidades alabastrinas são bênçãos inegáveis. No entanto, quase nunca se menciona um elemento comum entre os americanos do século XIX: eles eram, em sua maioria, imigrantes que tinham fugido da Europa e da Ásia porque nesses lugares o destino de um indivíduo era determinado por sua classe social e sua família. Muitas vezes eles suportavam uma travessia marítima angustiante para chegar a um lugar desconhecido que prometia recompensá-los por seus méritos, e não por seus genes. Que tipo de mentalidade é preciso ter para se sentir oprimido por sua casta e classe social, deixar a família e as posses para trás e fazer uma jornada com a esperança de uma vida melhor? A mentalidade otimista. Esses homens e mulheres eram extremamente otimistas e criaram uma nação de otimistas. Do tempo de Andrew Jackson até o fim da Segunda Guerra Mundial, havia um otimismo agressivo espalhado por todo o país.

O pessimismo entrou em moda nos Estados Unidos como uma reação ao otimismo desenfreado da década de 1950. O otimismo dos anos 1940 e 1950 tinha contornos menos definidos que o do século XIX. Era uma reação forçada e autoconsciente à tristeza da Grande Depressão e à destruição em massa causada pelas guerras. A mídia e os líderes políticos orquestraram uma tentativa propagandística de erguer o moral da nação, de tirar o foco da queda na qualidade de vida, e o mais importante, de aumentar a produção. E quando o país teve o boom do pós-Guerra, pareceu que a tática funcionava. *O poder do pensamento positivo*, de Norman Vincent Peale, era a bíblia desse movimento.

No entanto, o outro lado do otimismo exacerbado dos anos 1950, que pregava a ideia "enfatize o positivo, elimine o negativo", era o "esqueça o meio-termo". Embora de fato fosse estimulante, esse otimismo exagerado carecia de fundamento — aliás, era quase desonesto. Ele de fato levantava o ânimo, mas ao mesmo tempo estimulava as pessoas a usarem antolhos. Pedia que as pessoas ignorassem a realidade opressiva e até que deixassem todas as suas dúvidas de lado. Esse comportamento era visto como uma ofensa entre as pessoas cada vez mais numerosas que tinham faculdade. Entre eles, a fé cega estava morrendo. O ceticismo, com sua valoração imparcial das evidências, era ensinado como a forma científica de olhar para o futuro. O americano sofisticado se orgulhava de encarar a realidade desagradável sem precisar se valer de lemas otimistas.

Entre essas pessoas, o excesso de otimismo sem fundamento se tornou um anátema. O otimismo passou a ser malvisto. Passou a aparecer acompanhando de adjetivos como "falso", "tolo" e "injustificado". Na década de 1960, o pessimismo ganhou força, deixando de ser apenas a moda entre intelectuais e se tornando a postura exigida dos americanos cultos. As posições pessimistas, o ceticismo em relação a atos nobres e a crença de que o mundo ia de mal a pior se tornaram marcas da urbanidade e da sabedoria. Na época, quem não dizia que aqueles eram "tempos terríveis", que o progresso tecnológico podia limpar a lambança que ele próprio criou ou que o holocausto nuclear era inevitável estava pedindo para ser visto como uma pessoa superficial, ignorante, ingênua, uma otimista injustificada. Era difícil não ceder à pressão social para se mostrar pessimista.

Os anos 1960 e 1970 proporcionaram uma vasta matéria-prima para o crescimento desse pessimismo. Os assassinatos, o Escândalo Watergate e a catástrofe do Vietnã impregnaram pais, professores e jornalistas da época com uma visão de mundo amarga. De mil pequenas maneiras — e algumas enormes —, eles transmitiram esse pessimismo pouco a pouco para a geração seguinte, e esse pessimismo encontrou o caminho para o coração das nossas crianças de hoje. Ninguém ouve um jovem de hoje em dia dizer que o racismo e o machismo talvez não durem para sempre, que o fascismo e o stalinismo foram derrotados, que menos soldados têm morrido nos campos de batalha, que os perigos do holocausto nuclear são menores hoje do que em qualquer outro momento desde que as armas atômicas foram inventadas.

O pessimismo dos nossos filhos não é inato. E tampouco é causado diretamente pela realidade. Muitas pessoas que vivem realidades tristes — em desemprego, com doenças terminais, em campos de concentração, em bairros pobres — permanecem otimistas. O pessimismo é uma *teoria* da realidade. As crianças aprendem essa teoria com pais, professores, treinadores e meios de comunicação, em seguida reciclam tudo isso e transferem para seus próprios filhos no futuro.

Recai sobre nós a tarefa de quebrar esse círculo vicioso.

Mas por que deveríamos nos dar a esse trabalho? Não seria o pessimismo apenas uma postura sem efeitos reais no mundo? Infelizmente, não. Tenho estudado o pessimismo nos últimos vinte anos, e em mais de mil estudos envolvendo mais de meio milhão de crianças e adultos, pessoas pessimistas se saem pior que as otimistas em três aspectos: primeiro, têm depressão com muito mais frequência. Segundo, não alcançam o potencial máximo na escola, no trabalho e no esporte. Terceiro, têm uma saúde pior que os otimistas. Assim, ter um ponto de vista pessimista a respeito do mundo pode até ser sinal de sofisticação, mas é um sinal que custa caro. O pessimismo é especialmente danoso para crianças, e se seu filho já é pessimista, corre o risco de não se sair tão bem na escola; corre o risco de ter mais problemas com a depressão e a ansiedade; corre o risco de ter mais problemas de saúde do que teria se fosse otimista. E o pior: nas crianças, o pessimismo pode se transformar numa profecia autorrealizável e vitalícia, fazendo-as passar a enxergar os contratempos e as perdas sob essa lente. A boa notícia é que, com sua ajuda, seu filho pode aprender a ser otimista.[2]

O QUE É O OTIMISMO

O senso comum diz que o otimismo é enxergar o copo meio cheio, ou sempre tentar ver o lado bom de algo ruim, ou esperar um final feliz para problemas da vida real. O ponto de vista do "pensamento positivo" nos diz que o otimismo consiste em repetir para nós mesmos frases estimulantes, como "Todos os dias, sob todos os aspectos, melhoro cada vez mais", ou visualizar a bola entrando no gol. Talvez essas sejam manifestações do otimismo, mas o otimismo em si é muito mais que isso. Após vinte anos de pesquisas, cientistas chegaram a uma conclusão do que é fundamental para ser otimista. A base do otimismo não está em bordões positivos ou em imaginar que somos vitoriosos, mas na forma como pensamos sobre as *causas*. Cada um de nós tem hábitos de pensamento sobre as causas, um traço de personalidade que chamo de "estilo explicativo". O estilo explicativo se desenvolve na infância e se mantém igual ao longo da vida, caso não sofra uma intervenção explícita. Existem três dimensões fundamentais que seu filho sempre usa para explicar por que algo bom ou ruim acontece com ele: *permanência*, *abrangência* e *personalização*.

PERMANÊNCIA: TEMPORÁRIO × PERMANENTE

As crianças que mais correm risco de depressão são as que acreditam que as causas dos acontecimentos ruins são permanentes. E como pensam que a causa vai persistir para sempre, elas concluem que os acontecimentos ruins sempre voltarão a acontecer. Por outro lado, crianças que reagem bem às adversidades e resistem à depressão acreditam que as causas dos acontecimentos ruins são temporárias.

ACONTECIMENTOS RUINS

PERMANENTES (PESSIMISTA)	TEMPORÁRIAS (OTIMISTA)
"Ninguém nunca mais vai querer ser meu amigo na escola."	"Demora um pouco para encontrar um novo melhor amigo quando você muda de escola."
"Minha mãe é a mais chata do mundo."	"Minha mãe anda muito chata ultimamente."
"Tony me odeia e nunca mais vai querer conversar comigo."	"Tony está chateado comigo hoje e não quer conversar comigo."

As diferenças entre as causas permanentes e temporárias podem parecer sutis num primeiro olhar, mas essa dimensão é tão importante para o bem-estar do seu filho que você deve aprender a captar essas nuances. No primeiro exemplo ("Ninguém *nunca mais...*"), a criança pessimista acredita que a causa de não ter amigos vai durar indefinidamente, mas a otimista acredita que, se esperar tempo suficiente ("Demora um pouco..."), é possível fazer bons amigos. No segundo exemplo ("a mãe mais chata do mundo"), a criança pessimista entende que a causa da chatice é duradoura, enquanto a otimista culpa um simples mau humor temporário ("*anda* muito chata *ultimamente*") e considera que a mudança de humor é transitória. A criança pessimista pensa que os acontecimentos ruins são consequência de falhas em sua personalidade, enquanto a otimista pensa em causas passageiras, que mudam com o passar do tempo.

Se seu filho pensa nos fracassos, nas rejeições e nos desafios usando termos como "sempre" e "nunca", ele tem um estilo pessimista. Se pensa nas situações ruins e as qualifica com palavras como "às vezes" e "ultimamente", tem um estilo otimista. O próximo capítulo contém um questionário que vai lhe informar até que ponto você deve se preocupar com o estilo explicativo do seu filho.

Crianças otimistas e pessimistas também reagem de forma diferente a acontecimentos bons. Crianças que acreditam que coisas boas têm causas permanentes são mais otimistas do que crianças que acreditam que acontecimentos bons têm causas temporárias (exatamente o contrário do estilo otimista para acontecimentos ruins).

ACONTECIMENTOS BONS

TEMPORÁRIAS (PESSIMISTA)	TEMPORÁRIAS (PESSIMISTA)
"Eu só tirei 10 na prova porque estudei muito desta vez."	"Eu tirei 10 porque estudo muito e faço meus deveres de casa."
"Eu fui escolhido capitão do time da escola porque os meus colegas queriam ser legais comigo."	"Eu fui escolhido capitão do time da escola porque os meus colegas gostam de mim."
"Meu pai tem passado muito tempo comigo porque tem estado de bom humor ultimamente."	"Meu pai adora passar tempo comigo."

Para as crianças otimistas, os acontecimentos bons têm causas permanentes. Nesses casos, elas pensam em características e habilidades que sempre terão — por exemplo, estudam muito, são queridos pelos colegas ou adorados pelos pais. Para descrever as causas dos acontecimentos bons, usam termos como "sempre". Já os pessimistas pensam em causas transitórias nessas situações: "eu estava de bom humor" ou "estudei muito desta vez". Suas explicações para acontecimentos bons são qualificadas com palavras como "às vezes" e "hoje", e geralmente os pessimistas usam o verbo no passado e o limitam no tempo ("estudei muito desta vez"). Quando crianças que acreditam que seus sucessos têm uma causa permanente se saem bem em algo, elas se esforçam ainda mais na vez seguinte. Por outro lado, as crianças que enxergam motivos temporários para acontecimentos bons podem desistir mesmo quando obtêm sucesso, pois acreditam que só se saíram bem por sorte.

ABRANGÊNCIA: ESPECÍFICO × UNIVERSAL

Se você acredita que uma causa é permanente, você projeta os efeitos dela ao longo do tempo. Se acredita que uma causa é abrangente, você projeta os efeitos dela nas mais diferentes situações de sua vida. Nos dois exemplos a seguir, as frases destacadas mostram a diferença gritante entre interpretar um fracasso por um ponto de vista universal ou um ponto de vista específico.

Jeremy e Melissa estão no sétimo ano. A escola em que estudam foi uma das dez escolhidas no país pela Casa Branca para enviar um menino e uma menina a Washington. Lá, eles vão poder conversar com o vice-presidente sobre como as crianças podem ajudar a conservar os recursos naturais do planeta. Todo aluno do sétimo ano quer ser escolhido para participar desse evento.

A diretora da escola cria um concurso de redação para escolher as duas crianças que representarão a escola. Jeremy e Melissa passam semanas trabalhando em suas redações: ambos vão à biblioteca da escola para ler sobre recursos naturais; Jeremy elabora um pôster mostrando tudo o que as crianças de sua idade podem fazer para ajudar; Melissa chega a fazer uma pesquisa com os alunos de sua turma para descobrir o que eles já estão fazendo para ajudar o planeta. O projeto, e a possibilidade de serem escolhidos para representar a escola na Casa Branca, consome a energia deles durante semanas.

Os professores do sétimo ano escolhem as quatro melhores redações, e a diretora da escola é quem selecionará as duas melhores. Melissa e Jeremy mal conseguem conter a empolgação quando descobrem que estão entre os quatro finalistas.

No fim do dia de aula a diretora anuncia pelo sistema de som os nomes dos vencedores. Nem Melissa nem Jeremy foram selecionados. Ambos ficam arrasados, mas reagem de maneiras opostas.

REAÇÃO DE JEREMY: *"Eu sou um perdedor!* Dei o meu melhor na redação e mesmo assim perdi. *Eu sou horrível* em redação. Na verdade, *sou horrível em tudo. Nunca nada dá certo para mim.* É melhor eu parar de tentar, porque, seja como for, *sempre acabo indo mal.* Só quero ficar sozinho. Com certeza todo mundo acha que *eu sou um idiota* por nem sequer pensar que tinha uma chance de ir à Casa Branca. Eu sei que meus amigos estão rindo pelas minhas costas!"

Jeremy volta para casa depois da escola e se enfia no quarto. Recusa-se a conversar com os pais sobre como se sente. Na hora do jantar, só se senta à mesa quando a mãe manda. Mal toca na comida e permanece cabisbaixo. Depois da refeição, o pai de Jeremy pergunta se ele quer jogar bola, mas o menino não aceita. E também não vai andar de bicicleta quando os amigos o chamam.

Jeremy fica para baixo por vários e vários dias. Escola, família e amigos não despertam mais seu interesse. Nada lhe proporciona qualquer prazer. Seu estado depressivo não melhora.

Os trechos em itálico na reação de Jeremy mostram como ele tem explicações universais para o fracasso. Melissa, por outro lado, atribui seu fracasso a causas mais específicas (também assinaladas em itálico).

REAÇÃO DE MELISSA: "*Mandei mal!* Acho que, no fim das contas, *não sou boa em redação.* Dei meu máximo no projeto, mas mesmo assim *a diretora gostou mais das redações de Betsy e Josh.*"

Melissa chega em casa da escola e chora. Diz à mãe que está muito decepcionada e que nunca mais quer se esforçar para nada na vida. A mãe passa uma hora consolando a filha, e no jantar Melissa já é capaz de contar ao pai sobre o resultado do concurso sem cair no choro. Melissa come menos do que de costume, mas se anima quando os pais a chamam para sair e tomar um sorvete. Embora tenha se mostrado desanimada pelo resto da noite, Melissa liga para uma amiga, e elas conversam sobre a competição e marcam de ir ao shopping juntas no fim de semana.

Melissa sempre fica chateada quando pensa na competição, mas não deixa que esse revés influencie outras áreas de sua vida. Ela ainda adora comida e os amigos, e agora está pensando no que vai fazer no fim de semana.

Jeremy e Melissa têm maneiras opostas de compreender o fracasso. A reação imediata deles foi a mesma: ambos ficaram arrasados. Ambos concluíram que o fracasso significava que eles não escreviam bem — ou seja, a explicação para a permanência é a mesma nos dois casos. Mas a abrangência foi diferente: Jeremy foi catastrofista; acreditou que o motivo pelo qual não foi escolhido (além de não escrever bem) foi o fato de ser um perdedor ("Eu sou horrível em redação. Na verdade, sou horrível em tudo."). Melissa encontrou causas localizadas e as enumerou. Ela acredita que não foi selecionada porque não escreve bem e porque sua redação não foi tão boa quanto as de Josh e Betsy.

Algumas crianças são capazes de delimitar seus problemas e seguir com a vida, mesmo quando uma parte importante dela está desmoronando. Já outras catastrofizam. Quando um aspecto de sua vida vai mal, tudo desmorona. Podemos resumir da seguinte forma: crianças que pensam em explicações universais para seus fracassos desistem de tudo quando fracassam em apenas um âmbito. Por outro lado, crianças que creem em explicações específicas podem até se sentir desamparadas nesse âmbito, mas permanecem firmes e fortes em todos os outros.

Eis alguns exemplos de explicações universais e específicas para situações ruins:

ACONTECIMENTOS RUINS

UNIVERSAIS (PESSIMISTA)	ESPECÍFICAS (OTIMISTA)
"Os professores são injustos."	"A professora Carmine é injusta."
"Eu sou horrível em esportes."	"Eu sou horrível no futebol."
"Ninguém gosta de mim."	"Jamal não gosta de mim."

Já quando ocorre algo de bom, o otimista acredita que as causas valem não só para aquilo em específico, e sim para tudo o que ele faz, enquanto o pessimista defende que o acontecimento positivo se deve a fatores específicos.

ACONTECIMENTOS BONS

ESPECÍFICAS (PESSIMISTA)	UNIVERSAIS (OTIMISTA)
"Eu sou inteligente em matemática."	"Eu sou inteligente."
"Erica me convidou para a festa porque gosta de mim."	"Erica me convidou para a festa porque sou popular."
"Eu vou fazer o papel de protagonista no teatro da escola porque canto bem."	"Eu vou fazer o papel de protagonista no teatro da escola porque tenho muito talento."

Ser inteligente é mais universal que ser inteligente em matemática; ser popular é uma característica que implica que muita gente gosta de você, não só Erica; ter talento é um dom mais universal que ser apenas um bom cantor.

Na medida do possível, crianças que pensam que os acontecimentos bons têm causas universais costumam se sair melhor em mais aspectos da vida.

PERSONALIZAÇÃO: INTERNO × EXTERNO

Existe uma terceira dimensão do estilo explicativo, além da permanência e da abrangência: é a personalização, a decisão de *quem* é o culpado. Quando coisas ruins acontecem, as crianças podem culpar a si mesmas (interno) ou outras pessoas ou circunstâncias (externo). A autoestima da criança depende de quem ela culpa. Crianças que costumam se culpar pelos fracassos têm baixa autoestima. Elas se sentem responsáveis pelo fracasso e envergonhadas. Já as crianças que culpam outras pessoas ou circunstâncias quando algo de ruim acontece se sentem melhor consigo mesmas. No geral, quem culpa os outros se sente menos culpado e envergonhado e gosta mais de si. Essas crianças também costumam ter mais raiva.

Isso significa que devemos ensinar as crianças a culpar os outros pelo que acontece de ruim? Se minha única preocupação fosse a autoestima, eu defenderia essa abordagem. Mas não é esse o caso. Ensinar as crianças a culpar os outros sempre que algo não vai como elas esperam é ensiná-las a mentir. Por isso, no que diz respeito ao hábito dos nossos filhos de culpar a si mesmos ou aos outros, proponho dois objetivos diferentes.

O primeiro objetivo é impedir as crianças de escaparem da responsabilidade pelo que fazem de errado. A última coisa que quero é ajudar a educar uma geração de crianças que não seja capaz de dizer: "Desculpe. Foi culpa minha. Vou melhorar da próxima vez". As crianças devem ser responsabilizadas quando forem culpadas pelos problemas e, a partir daí, devem consertar a situação. Por outro lado, não quero ver uma geração de crianças que se culpam mesmo que não tenham responsabilidade. Crianças e adultos deprimidos sempre se culpam e se sentem culpados por coisas que não são de sua responsabilidade, e se esse comportamento é crônico a criança tem mais chances de ter depressão. Meu objetivo é ensinar as crianças a se enxergarem de maneira adequada, para que quando os problemas forem responsabilidade deles tentem corrigir o comportamento e, ao mesmo tempo, não se sintam inúteis quando não tiverem culpa de nada.

Andrea e Lauren são melhores amigas há anos e agora começaram o ensino médio. Elas têm poucas aulas na mesma turma e almoçam em horários distintos. Não se veem muito durante o dia de aula. Depois da escola, elas continuam se vendo, mas Andrea tem passado muito tempo com as novas amigas. Ao fim do primeiro bimestre Andrea já fez uma grande amizade com duas garotas da turma de matemática. Lauren se sente deixada de lado e tenta convencer Andrea a fazer coisas sem as outras duas, porém Andrea passa cada vez mais tempo com as novas amigas, excluindo Lauren.

Lauren (aproximando-se de Andrea, que está esperando o ônibus no ponto): Oi! Vai fazer o que hoje? À noite vai passar um episódio novo de *Barrados no baile*. Quer ir ver lá em casa? Eu peço pizza. Vai ser divertido.

Andrea: Obrigada, mas não dá. Eu vou com Leslie para a casa da Shira.

Lauren: Ah, então quer fazer alguma coisa no sábado? A gente pode ir ao shopping.

Andrea: Não dá. Já marquei com Shira e Leslie.

Lauren: Não entendo. Nós éramos tão amigas... agora eu nunca te vejo. Você nunca mais me ligou, e quando eu ligo parece que você se irrita. Por que está fazendo isso comigo? Eu sei que você gosta muito de Shira e Leslie, mas não vejo por que todas nós não possamos ser amigas.

Andrea: Olha, Lauren, sinto muito, mas é que as coisas mudaram, e acho que a gente não tem mais tantas coisas em comum.

Lauren: Não acredito que você está fazendo isso comigo. Nós somos melhores amigas desde o terceiro ano. Como pode simplesmente me descartar assim?

Andrea (friamente): Eu já disse que sinto muito. Você deve ter outras amigas nas suas turmas na escola. Por que não começa a passar mais tempo com elas?

Lauren: Não tenho amigas como você. Sei que as coisas podem funcionar de novo se a gente voltar a passar mais tempo juntas. Eu posso convidar Shira e Leslie lá para casa, e nós quatro podemos ficar lá. Que acha?

Andrea (irritada): Olha, Lauren, me desculpa. Ainda acho que você é legal e tudo o mais, mas agora que estamos no ensino médio, não vamos mais ser amigas do mesmo jeito. Shira, Leslie e eu temos muito mais em comum. Então, é melhor parar de tentar ficar grudada em mim o tempo todo, tá?

Eis o que Andrea pensou consigo mesma depois da discussão (os trechos em itálico mostram onde recai a culpa):

Eu me sinto horrível por Lauren ainda querer continuar sendo minha amiga e eu não. *Eu a magoei de verdade.* Detestaria estar no lugar dela. Ela achou que nós seríamos melhores amigas para sempre, *e agora estou dizendo a ela que tenho novas amigas, de quem gosto mais. Não queria ter magoado Lauren desse jeito. Queria ter lidado melhor com a situação.* Eu não devia ter sido cruel com ela hoje. *Talvez devesse ter conversado mais com ela e explicado como me sinto.* Mas é muito difícil dizer a alguém que agora você gosta mais de outras pessoas e que as coisas nunca mais vão ser as mesmas. Talvez seja melhor eu ligar mais tarde e pedir desculpas, mas a verdade é que eu simplesmente *não quero mais ser a melhor amiga dela.* Que situação horrível!

Mudar de amigos é difícil. A pessoa abandonada se sente rejeitada e magoada; a pessoa que abandona se sente culpada. Existem maneiras sensíveis e insensíveis de fazer a transição, mas todas são desagradáveis. Andrea se sente mal por não querer mais ser a melhor amiga de Lauren, mas não enxerga isso como uma falha em seu caráter. Ela é capaz de se arrepender da maneira como lidou com a situação ("Eu não devia ter sido cruel com ela hoje") sem se autoflagelar por isso. Andrea não pensou "Sou uma pessoa horrível, a pior amiga do mundo". Ao mesmo tempo, ela é impiedosamente realista tanto com relação ao impacto de suas palavras em Lauren ("Eu a magoei de verdade") e quanto a seus próprios desejos ("Eu simplesmente não quero mais ser a melhor amiga dela"). Como é capaz de assumir a própria responsabilidade, Andrea pode corrigir a trajetória e elaborar um plano de ação que talvez ajude um pouco ("Talvez seja melhor eu ligar mais tarde"). Andrea provavelmente se sairá melhor em situações semelhantes no futuro ("Queria ter lidado melhor com a situação e explicado como me sinto"). Essa de fato *é* uma situação horrível, uma situação que a maioria das crianças vivencia nos dois papéis. Como pais, queremos que nossos filhos reajam como Andrea. Queremos que assumam a responsabilidade (Andrea de fato *está* magoando Lauren), mas não queremos que se sintam sobrecarregados de culpa e vergonha sempre que fizerem algo que desagrade a alguém.

* * *

Portanto, o primeiro objetivo ao melhorar o estilo explicativo do seu filho é garantir que ele assuma uma responsabilidade realista. O segundo objetivo é ensiná-lo a se sentir culpado por seu *comportamento*, e não por quem ele *é*. Leia os exemplos a seguir e perceba a diferença na maneira como cada criança atribui a culpa a si mesma.

Luke está no quinto ano. Nos últimos tempos, seus pais têm brigado muito por causa das obrigações com a casa e com os filhos. A mãe de Luke vai voltar a trabalhar e espera que o pai ajude a cuidar de tudo. Nas manhãs de sábado a família sempre toma o café da manhã junta. Enquanto os pais planejam o fim de semana, Luke lembra a mãe que tem treino de futebol e precisa que ela o leve de carro. Ela pede ao marido que leve o filho. O pai diz que não pode porque precisa se preparar para uma reunião que acontecerá na segunda-feira. Os dois começam uma briga acalorada sobre quem vai levar Luke ao treino. Luke sai de fininho da mesa e, sem ser notado, vai a pé para o treino.

Luke pensa consigo mesmo: "De novo eu fiz a mesma coisa! Vivo fazendo os dois brigarem. Quando eu vou aprender a ficar de boca calada? Meus pais vivem brigando ultimamente. É sempre por minha causa. Estou sempre estragando tudo. Se eles se separarem, a culpa vai ser só minha. Eu sou o pior filho do mundo. Eu vivo destruindo tudo!

Agora compare o estilo de atribuição de culpa de Luke com o de Rodney.

Rodney está prestes a completar doze anos. Ele mora com a mãe, o padrasto e dois irmãos mais novos. No jantar, Rodney ajuda a mãe a planejar a festa de aniversário. O padrasto de Rodney, Steve, sugere uma festa com tema do Arnold Schwarzenegger, dizendo que Rodney poderia chamar os amigos para assistir a *Exterminador do futuro 2* ou *Predador* e depois ir para o quintal brincar de polícia e ladrão com eles. Rodney adora a ideia. Ele e o padrasto começam imediatamente a planejar os detalhes: podem fazer convites com estilo camuflado, os amigos podem se fantasiar de militares, eles podem assistir aos filmes e depois podem ir para o quintal, se dividir em dois times e brincar de polícia e ladrão com armas de água.

A mãe de Rodney escuta tudo horrorizada. Se mete no meio do planejamento e diz ao marido que um "aniversário de guerra" é repugnante e que não vai permitir isso. A mãe e o padrasto começam a brigar a respeito da festa.

Rodney pensa: "Foi burrice minha. Eu sei que a minha mãe odeia essas coisas de guerra e odeia ainda mais esses filmes. Ela quase nunca me deixa assistir a filmes desse tipo. Os dois vivem brigando por causa dessas coisas. Se eu tivesse dito a Steve que não queria esse tipo de festa, eles não estariam brigando agora. É culpa minha!".

Tanto Luke quanto Rodney se culpam pela briga dos pais. Ambos criam explicações internas ("É culpa minha"). No entanto, a explicação deles é diferente nas outras duas dimensões do estilo explicativo. A explicação de Luke não só é interna, como também permanente ("Estou sempre estragando tudo") e abrangente ("Eu sou o pior filho do mundo"). A autoculpa que também é permanente e abrangente é chamada de autoculpa geral. Na maioria das vezes quem faz isso acredita que o problema se deve a uma falha inalterável em sua personalidade. Como é permanente e abrangente, a autoculpa geral não só prejudica a autoestima (por ser interna), mas produz passividade e desalento duradouros (por ser permanente) e gerais (por ser abrangente).

Rodney, por outro lado, acredita que a briga é resultado de um fator interno, temporário e específico ("Se eu tivesse dito a Steve que não queria esse tipo de festa, eles não estariam brigando agora"). A autoculpa temporária e específica é denominada autoculpa comportamental. A criança culpa uma ação em particular, em vez de atribuir a culpa à sua personalidade. Ao contrário da autoculpa geral, a autoculpa comportamental aponta para uma causa mutável, por isso motiva a criança a se esforçar para mudar sua conduta, de modo a evitar o problema ou superar a adversidade. Embora essa criança sofra um abalo na autoestima — como também sofre a criança que culpa sua própria personalidade —, ela se sente capaz de mudar o que precisa ser mudado.

Eis alguns exemplos de autoculpa geral e autoculpa comportamental.

AUTOCULPA GERAL (PESSIMISTA — PERMANENTE, ABRANGENTE E INTERNA)	AUTOCULPA COMPORTAMENTAL (OTIMISTA — TEMPORÁRIA, ESPECÍFICA E INTERNA)
"Eu tirei 5 na prova porque sou burro."	"Eu tirei 5 na prova porque não estudei o suficiente."
"Eu fui o último escolhido para o time na aula de educação física de novo. Ninguém gosta de mim."	"Eu fui o último escolhido para o time na aula de educação física de novo. Sou péssimo no futebol."
"Fiquei de castigo porque sou mau."	"Fiquei de castigo porque bati em Michelle."

A FORMA CORRETA DE CRITICAR SEU FILHO

Não surpreende que as crianças aprendam seu estilo explicativo com os pais, professores e treinadores. Eles escutam a forma como os adultos as criticam e, além do conteúdo, absorvem o estilo da crítica. Se você critica seu filho dizendo que ele é preguiçoso, em vez de falar que ele não se esforçou o suficiente hoje, ele vai acreditar não só que é preguiçoso, como também que seus fracassos têm origem em fatores permanentes e imutáveis. Além disso, as crianças percebem a forma como os pais interpretam suas próprias adversidades e como moldam seu estilo. Se você é pessimista, seu filho está aprendendo a ser pessimista diretamente de você.

Assim, é preciso pensar bem antes de criticar seu filho, ou mesmo fazer uma autocrítica na frente do seu filho, porque você está moldando o estilo explicativo de autoculpa dele. A regra número um é precisão. Quando a crítica é exagerada, a culpa e a vergonha produzidas vão além do necessário para estimular a criança a mudar. Por outro lado, a total ausência de crítica elimina qualquer responsabilidade e anula a vontade de mudar.

A segunda regra é que, sempre que a realidade permitir, você deve criticar com um estilo explicativo otimista. Quando os pais, sem pensar, criticam o filho com mensagens permanentes e abrangentes, a criança começa a adquirir um estilo pessimista. Por outro lado, quando eles culpam causas específicas e mutáveis, a criança aprende a ser otimista. Ao perceber que seu filho tem culpa de algo, é importante focar em causas específicas e temporárias — sempre que a realidade permitir — e evitar culpar a personalidade ou as habilidades dele. Eis alguns exemplos de críticas positivas e negativas a uma criança em idade pré-escolar.

CRITICANDO UMA CRIANÇA EM IDADE PRÉ-ESCOLAR

PERMANENTE (PESSIMISTA)	ALTERÁVEL (OTIMISTA)
"Tammy, qual é o seu problema? Você é sempre tão impossível!"	"Tammy, você está se comportando mal hoje. Não estou gostando nada disso."
"Wendy disse que você chorou o tempo todo em que eu estive fora. Você é uma criança sensível demais."	"Wendy disse que você chorou o tempo todo em que eu estive fora. Está sendo difícil ficar longe de mim nos últimos tempos."
"Cory, eu pedi para você arrumar os brinquedos bagunçados. Por que você nunca faz o que eu peço?"	"Cory, eu pedi para você arrumar os brinquedos bagunçados. Por que você não fez o que eu pedi?"

UNIVERSAL (PESSIMISTA)	ESPECÍFICO (OTIMISTA)
"Você é um garoto mau."	"Você implica muito com sua irmã."
"Não tem problema, Tanya. Você puxou a mim nisso. Eu também sou horrível em qualquer esporte."	"Não tem problema, Tanya. Você precisa aprender a prestar atenção na bola."
"Ela nunca brinca com as outras crianças. É muito tímida."	"Ela tem dificuldades em brincar com um grupo de crianças."

INTERNO E GERAL (PASSIVA)	INTERNO E COMPORTAMENTAL (ATIVA)
"Você não é um atleta."	"Você precisa se esforçar mais para chutar a bola na direção certa."
"Meus filhos, vocês são muito egoístas."	"Meus filhos, vocês precisam dividir mais as coisas."
"Outra nota 4? Bom, acho que você simplesmente não é um bom aluno."	"Outra nota 4? Você precisa estudar mais."
"Este quarto está um chiqueiro! Você é um porcalhão!"	"Este quarto está um chiqueiro! Você precisa começar a arrumar as suas coisas."

Elena tem dez anos. Mora com os pais e com Daniel, seu irmão caçula de três anos. À tarde, a mãe leva as crianças ao zoológico. Assim que entram no carro, Elena começa a atormentar o irmão. Diz que o verdadeiro pai dele é um gorila. Diz que o leão vai arrancar o pipiu dele com uma mordida. Diz que do lado do zoológico tem uma cadeia, e que se ele fizer algo de errado vai ficar lá pelo resto da vida. Elena está com tudo, e a mãe não está com paciência para isso.

Mãe: Elena, *pare de implicância com seu irmão. O que deu em você hoje?* Você é uma *excelente irmã mais velha.* Você ensina as brincadeiras a Daniel. Deixa seu irmão brincar com seus brinquedos. Faz seu irmão se sentir especial. Mas *hoje você não está sendo nada legal* com ele. Algumas crianças pequenas sentem medo nos zoológicos. Você está de implicância, e isso não ajuda em nada. Você sabe muito bem que eu não gosto nada *desse tipo de comportamento,* Elena. Quero que você peça desculpas ao seu irmão. E se você *provocá-lo mais uma vez hoje,* vai ficar de castigo e não vai poder brincar na rua depois do jantar. Ficou claro?

Está claro que Elena precisa ser repreendida por importunar o irmão. A mãe responsabiliza a filha pelo comportamento, de modo que Elena possa mudar o que está fazendo de errado. A mãe aponta o problema de comportamento da filha em termos específicos e temporários ("está de implicância", "hoje") e ao mesmo tempo deixa claro que Elena não costuma se comportar dessa forma ("excelente irmã mais velha"). A mãe usa evidências concretas de que o problema não é generalizado ("Você ensina as brincadeiras a Daniel. Deixa seu irmão brincar com seus brinquedos"), para que Elena se sinta orgulhosa. Diz à filha especificamente o que quer que ela faça ("Quero que você peça desculpas ao seu irmão") e quais serão as consequências caso ela continue implicando com Daniel ("vai ficar de castigo e não vai poder brincar na rua depois do jantar"). Aliás, a mãe de Elena não está blefando ao falar das possíveis consequências.

Essa é a forma de crítica ideal. A partir dela, Elena compreende que: "Minha mãe acha que no geral eu sou uma boa irmã mais velha, mas que estou sendo cruel com meu irmão hoje. Se eu pedir desculpas a Daniel, ela e meu irmão vão se sentir melhor". Assim, as críticas da mãe, embora internas, são específicas e mutáveis. Estimulam Elena a agir da forma certa, em vez de condenar sua personalidade.

Imagine que, em vez de tudo isso, a mãe tivesse falado:

> Elena, estou de saco cheio! Por que você *sempre* tem que ser *malcriada?* Eu estou planejando um dia legal para nós três, mas aí *você tem que arruinar tudo!* Não sei nem por que me dou ao trabalho de tentar fazer coisas divertidas em família, porque você *sempre arruma um problema e estraga tudo!*

Ao depreciar a personalidade de Elena, a mãe está fazendo uma crítica tóxica. Elena é chamada de malcriada (caracterológico) e é acusada de *sempre* arruinar os planos da mãe (permanente e imutável) e de *sempre* dar tristeza à família (universal e permanente). Crianças absorvem críticas desse tipo e retêm a seguinte mensagem: "Eu sou uma pessoa horrível. Minha mãe queria que eu não fosse filha dela. Eu sempre estrago tudo o que ela faz. Ela está certa. Eu vou fugir de casa. Eles vão viver melhor sem mim". Elena se sente desvalorizada, e a única ação possível é se afastar emocionalmente da família.

O otimismo ou pessimismo fundamental de seu filho está se formando neste exato momento. Seu filho o adquire não só a partir das realidades do mundo, mas também por escutar a forma como você o critica ou critica a si mesmo. Se o estilo explicativo que está se formando em seu filho é pessimista, ele corre o risco de ter depressão e de não alcançar todo o seu potencial. Como mostrou nosso programa de prevenção à depressão, a depressão não é inevitável, e os pais e professores podem fazer muito para preveni-la. O primeiro passo é avaliar se seu filho está deprimido e onde ele se encontra na escala otimismo-pessimismo.

7. Como medir o otimismo

Você provavelmente acha que é fácil saber se seu filho é otimista ou pessimista. Não é bem assim. É claro que alguns aspectos da personalidade são muito evidentes, e não precisamos de uma medida elaborada para descobri-los. Por exemplo, você pode conversar com uma pessoa por dez minutos e descobrir com precisão se ela é extrovertida ou introvertida, ansiosa ou calma. Esses traços de personalidade são denominados "transparentes". Mas há outros aspectos menos aparentes na personalidade, sobre os quais você pode estar redondamente enganado mesmo em relação a pessoas que conhece bem. O otimismo é um desses traços. É difícil intuir se alguém é otimista ou não porque todos nós temos tanto pensamentos otimistas quanto pessimistas. O otimismo é um traço que não depende apenas de algumas manifestações claras, mas da frequência com que elaboramos interpretações otimistas ou pessimistas no cotidiano, e da nossa disposição a agir de acordo com essas interpretações.

Numa escala de 0 a 100, em que 100 é o mais otimista, tente estimar quão otimista é seu filho. Anote o número aqui: _____.

COMO AVALIAR O OTIMISMO DO SEU FILHO

Para medir o otimismo com precisão, é preciso usar um questionário padronizado, como o que está reproduzido nas páginas a seguir. Depois que seu filho fizer o teste, você pode descobrir se seu palpite estava certo ou não. O Questionário sobre Estilo de Atribuição Infantil (QEAI) foi criado quinze anos atrás por dois alunos meus, a dra. Nadine Kaslow e o dr. Richard Tanenbaum. Desde então, milhares e milhares de crianças fizeram o teste, que é um indicativo válido de onde seu filho se encontra na escala.

Para oferecer o teste ao seu filho, reserve vinte minutos, sente-se à mesa com ele e diga algo mais ou menos assim:

> Crianças diferentes pensam de jeitos diferentes. Estou lendo um livro sobre isso e comecei a me perguntar de que forma você pensa em algumas coisas que talvez te aconteçam.
>
> Olha só isso. É muito interessante. Faz um bando de perguntas sobre o que você pensa. Cada pergunta é uma historinha, e para cada história existem duas reações distintas. Você precisa escolher uma ou outra, a mais próxima do jeito que você acha que se sentiria caso aquilo acontecesse de verdade.
>
> Aqui está o lápis. Queria que você tentasse. Imagine essas situações acontecendo, mesmo que nunca tenham acontecido. E então marque a resposta "A" ou "B" — a que descreve melhor como você se sentiria. Mas o melhor desse teste é que não existe resposta errada. Bom, vamos ver a primeira pergunta?

Quando seu filho entender o que é para fazer, provavelmente completará o questionário sem nenhuma ajuda. Se ele for mais novo e não souber ler bem, você deve ler cada item em voz alta ao mesmo tempo que ele lê. Esse questionário é aplicável a pessoas de oito a treze anos, e nessa faixa etária o teste deve demorar cerca de vinte minutos. Se seu filho for mais novo e tiver, digamos, seis ou sete anos, você pode ler duas vezes o questionário em voz alta para ele. As respostas que ele dará são uma aproximação inicial de seu nível de otimismo. Quanto mais nova a criança, mais dificuldade ela tem de pensar a respeito do próprio pensamento (os psicólogos chamam essa habilidade de "metacognição"). Crianças com menos de oito anos provavelmente têm um estilo explicativo, mas é difícil medi-lo.

QUESTIONÁRIO SOBRE ESTILO DE ATRIBUIÇÃO INFANTIL[1]

Pontuação

1. Você tira nota 10 numa prova.   SAb
   A. _Sou inteligente._   1
   B. _Sou bom nessa matéria._   0

2. Você joga um jogo com alguns amigos e ganha.   SPs
   A. _Meus amigos não jogaram bem hoje._   0
   B. _Eu jogo bem._   1

3. Você passou a noite na casa de um amigo e se divertiu bastante.   SPs
   A. _Meu amigo estava de bom humor._   0
   B. _Todo mundo na família do meu amigo estava de bom humor._   1

4. Você tira férias com um grupo de pessoas e se diverte.   SPs
   A. _Eu estava de bom humor._   1
   B. _As pessoas estavam de bom humor._   0

5. Todos os seus amigos ficam gripados, menos você.   SPm
   A. _Minha saúde tem estado ótima ultimamente._   0
   B. _Sou uma pessoa saudável._   1

6. Seu bichinho de estimação é atropelado por um carro.   IPs
   A. _Eu deveria ter sido mais cuidadoso._   1
   B. _Os motoristas têm que tomar mais cuidado._   0

7. Algumas crianças que te conhecem dizem não gostar de você.   IPs
   A. _De vez em quando os outros são cruéis comigo._   0
   B. _De vez em quando eu sou cruel com os outros._   1

8. Você tira ótimas notas.   SPs
   A. _As tarefas da escola são simples._   0
   B. _Sou esforçado._   1

9. Você encontra um amigo, e ele diz que você está bonito.   SPm
   A. _Meu amigo estava com vontade de elogiar a aparência dos outros naquele dia._   0
   B. _Meu amigo está sempre elogiando a aparência dos outros._   1

10. Um bom amigo diz que te odeia.   IPs
    A. _Meu amigo estava de mau humor naquele dia._   0
    B. _Eu não fui legal com meu amigo naquele dia._   1

Pontuação

11. Você conta uma piada e ninguém ri. IPs
    A. *Não sei contar piada.* 1
    B. *A piada é tão conhecida que já não tem mais graça.* 0

12. Seu professor dá uma aula e você não entende a matéria. IAb
    A. *Não prestei atenção em nada naquele dia.* 1
    B. *Não prestei atenção no que meu professor estava falando.* 0

13. Você é reprovado num teste. IPm
    A. *Meu professor faz testes difíceis.* 1
    B. *Meu professor tem feito testes difíceis nas últimas semanas.* 0

14. Você engorda vários quilos. IPs
    A. *A comida que tenho para comer engorda.* 0
    B. *Só gosto de comida que engorda.* 1

15. Uma pessoa rouba seu dinheiro. IAb
    A. *Essa pessoa é desonesta.* 0
    B. *As pessoas são desonestas.* 1

16. Seus pais elogiam algo que você fez. SPs
    A. *Sou bom em algumas coisas.* 1
    B. *Meus pais gostam de algumas coisas que eu faço.* 0

17. Você ganha dinheiro por jogar um jogo. SAb
    A. *Sou uma pessoa de sorte.* 1
    B. *Tenho sorte no jogo.* 0

18. Você quase se afoga ao nadar no rio. IPm
    A. *Não sou uma pessoa muito cuidadosa.* 1
    B. *Tem dias em que não sou uma pessoa muito cuidadosa.* 0

19. Você é convidado para muitas festas. SPs
    A. *Muitas pessoas têm sido simpáticas comigo ultimamente.* 0
    B. *Tenho sido simpático com muitas pessoas ultimamente.* 1

20. Um adulto grita com você. IAb
    A. *Ele gritou com a primeira pessoa que viu pela frente.* 0
    B. *Ele gritou com um monte de gente naquele dia.* 1

21. Você faz um projeto em grupo que fica muito ruim. IAb
    A. *Não trabalho bem com as pessoas do grupo.* 0
    B. *Nunca trabalho bem em grupo.* 1

Pontuação

22. Você faz uma nova amizade. SPS
   A. *Sou uma pessoa legal.* 1
   B. *As pessoas que conheço são legais.* 0

23. Você tem se dado bem com a sua família. SPm
   A. *Sou fácil de lidar quando estou com a minha família.* 1
   B. *De vez em quando sou fácil de lidar quando estou com a minha família.* 0

24. Você tenta vender bala, mas ninguém compra. IPm
   A. *Ultimamente, como tem muitas crianças vendendo muitas coisas,* 0
   as pessoas não querem comprar mais nada de crianças.
   B. *As pessoas não gostam de comprar de crianças.* 1

25. Você vence um jogo. SAb
   A. *Às vezes me esforço bastante nos jogos.* 0
   B. *Às vezes me esforço bastante.* 1

26. Você tira uma nota ruim na escola. IPS
   A. *Sou burro.* 1
   B. *Professores são injustos na hora de dar as notas.* 0

27. Você dá com a cara na porta e seu nariz sangra. IAb
   A. *Não estava olhando para onde ia.* 0
   B. *Ando desleixado ultimamente.* 1

28. Você erra a bola e seu time perde o jogo. IPm
   A. *Não me esforcei muito ao jogar bola naquele dia.* 0
   B. *Geralmente, não me esforço muito ao jogar bola.* 1

29. Você torce o tornozelo na aula de educação física. IPS
   A. *Nas últimas semanas, os esportes da aula de educação física foram* 0
   perigosos.
   B. *Nas últimas semanas, ando meio desengonçado nas aulas de* 1
   educação física.

30. Seus pais o levam para a praia e você se diverte. SAb
   A. *Tudo na praia estava bom naquele dia.* 1
   B. *O clima na praia estava bom naquele dia.* 0

31. O metrô demora tanto que você perde o filme. IPm
   A. *Nos últimos dias, o metrô tem atrasado muito.* 0
   B. *O metrô quase nunca chega na hora.* 1

Pontuação

32. Sua mãe faz seu prato preferido para o jantar. IAb
    A. *Tem algumas coisas que minha mãe faz só pra me agradar.* 0
    B. *Minha mãe gosta de me agradar.* 1

33. Um time do qual você faz parte perde um jogo. IPm
    A. *O time não joga bem junto.* 1
    B. *Naquele dia, os jogadores não foram bem.* 0

34. Você termina o dever de casa bem rápido. SAb
    A. *Ultimamente tenho feito tudo com rapidez.* 1
    B. *Ultimamente tenho feito o dever de casa com rapidez.* 0

35. Seu professor te faz uma pergunta e você responde errado. IPm
    A. *Fico nervoso quando tenho que responder a perguntas.* 1
    B. *Naquele dia fiquei nervoso na hora de responder à pergunta.* 0

36. Você entra no ônibus errado e se perde. IPm
    A. *Naquele dia, não estava prestando atenção no que estava acontecendo.* 0
    B. *Em geral, não presto atenção no que está acontecendo.* 1

37. Você vai a um parque e se diverte. SAb
    A. *Sempre me divirto em parques de diversões.* 0
    B. *Sempre me divirto.* 1

38. Uma criança mais velha te dá um tapa na cara. IPs
    A. *Eu provoquei o irmão mais novo dela.* 1
    B. *O irmão mais novo contou pra ela que eu tinha provocado ele.* 0

39. Você ganha todos os brinquedos que queria de aniversário. SPm
    A. *As pessoas sempre adivinham os brinquedos que eu quero ganhar* 1
    de aniversário.
    B. *Este ano, todos acertaram quais brinquedos eu queria ganhar.* 0

40. Você tira férias no interior e se diverte muito. IPm
    A. *O interior é lindo.* 1
    B. *Viajamos numa época do ano em que o lugar fica lindo.* 0

41. Seus vizinhos te convidam para jantar. SPm
    A. *Às vezes as pessoas estão de bem com a vida.* 0
    B. *As pessoas são gentis.* 1

Pontuação

42. Você está tendo aula com uma professora substituta e ela gosta de você. SPm
  A. *Eu me comportei bem durante a aula naquele dia.* 0
  B. *Quase sempre me comporto bem durante a aula.* 1

43. Você deixa seus amigos felizes. SPm
  A. *Sou uma pessoa divertida.* 1
  B. *Às vezes sou uma pessoa divertida.* 0

44. Você ganhou uma casquinha de sorvete de graça. SPs
  A. *Fui simpático com o sorveteiro naquele dia.* 1
  B. *O sorveteiro estava simpático naquele dia.* 0

45. Na festa do seu amigo, o mágico pede que você o ajude. SPs
  A. *Foi mera sorte eu ter sido escolhido.* 0
  B. *Eu parecia muito interessado no que estava acontecendo.* 1

46. Você tenta convencer uma criança a ir ao cinema, mas ela se recusa. IAb
  A. *Naquele dia, ela não estava a fim de fazer nada.* 1
  B. *Naquele dia, ela não estava a fim de ir ao cinema.* 0

47. Seus pais se divorciam. IAb
  A. *É difícil as pessoas se darem bem quando são casadas.* 1
  B. *É difícil para os meus pais se darem bem sendo casados.* 0

48. Você tenta fazer parte de um grupo de amigos, mas não consegue. IAb
  A. *Não me dou bem com outras pessoas.* 1
  B. *Não me dou bem com as pessoas daquele grupo.* 0

PONTUAÇÃO

IPm: _____   SPm: _____

IAb: _____   SAb: _____

EsI: _____

IPs: _____   SPs: _____

Total de I: _____   Total de S: _____

S – I: _____

Para saber as pontuações do questionário, comece com o IPm (infortúnios permanentes). Some a pontuação correspondente às respostas A ou B (os uns e zeros) das seguintes questões: 13, 18, 24, 28, 31, 33, 35 e 36. Coloque o total na linha correspondente da pontuação, ao lado de IPm. Em seguida, some a pontuação das SPm (sortes permanentes), nas questões: 5, 9, 23, 39, 40, 41, 42 e 43. Coloque o total na linha correspondente.

Some e anote o total de IAb (infortúnios abrangentes), que estão nas questões 12, 15, 20, 21, 27, 46, 47 e 48. Em seguida, some e anote as SAbs (sortes abrangentes), nas questões 1, 3, 17, 25, 30, 32, 34 e 37.

Some IPm e SPm e anote o resultado em EsI (nota de esperança) na linha correspondente.

Em seguida, some e anote o resultado dos IPs (infortúnios personalizados), nas questões 6, 7, 10, 11, 14, 26, 29 e 38. Depois faça o mesmo com as SPs (sortes personalizadas), nas questões 2, 4, 8, 16, 19, 22, 44 e 45.

Some a pontuação total de acontecimentos ruins, aqui denominados infortúnios (IPm + IAb + IPs), e anote o resultado em Total de I. Depois, some a pontuação total de acontecimentos bons, aqui denominados sortes (SPm + SAb + SPs), e anote o resultado em Total de S.

Por fim, subtraia Total de S — Total de I para descobrir a pontuação final. Anote o resultado na última linha, S — I.

Eis o que significa a pontuação final do teste e como compará-lo com os milhares de outras crianças que o fizeram. Primeiro, é preciso saber que meninas e meninos têm pontuações diferentes. Até a puberdade, as meninas são nitidamente mais otimistas que os meninos. Na média, a pontuação de meninas de oito a doze anos é 6,5 (quanto maior o resultado de S — I, mais otimista a criança), ao passo que meninos de oito a doze anos têm uma média mais pessimista, de 5,05. Ainda não conheço uma boa teoria que explique essa diferença. Seja como for, se sua filha tiver pontuação abaixo de 5,0, ela é um pouco pessimista. Se for abaixo de 4,0, é muito pessimista e sofre maior risco de depressão. Se seu filho tiver pontuação abaixo de 3,0, é um pouco pessimista, e se for abaixo de 1,5 é muito pessimista e sofre maior risco de ter depressão. A Tabela 1 mostra as médias de crianças de oito a doze anos. Use-a para comparar o palpite que deu no começo do capítulo com o nível de otimismo real de seu filho.[2]

TABELA 1. PONTUAÇÃO S–I

PERCENTIL	MENINAS	MENINOS
90º (mais otimista)	11,31	10,30
80º	9,67	8,16
70º	8,35	7,14
60º	7,22	6,07
50º (média)	6,50	5,05
40º	5,86	4,04
30º	5,00	2,86
20º	3,80	1,46
10º (mais pessimista)	2,27	0,43

Quanto ao Total de I (acontecimentos ruins), a média das meninas é 7,1, e dos meninos, 8,7, um resultado mais pessimista (quanto maior esse resultado, mais pessimista é a criança). Um Total de I maior que 1,5 ponto *acima* da média é um resultado muito pessimista. Essa pontuação indica como nosso filho reage a situações desagradáveis. Uma pontuação pessimista indica que a criança não se recupera dos reveses, generaliza os contratempos (acredita que se um âmbito da vida vai mal, os outros também vão) e se culpa em excesso quando as coisas não vão bem.

As dimensões individuais relacionadas a acontecimentos ruins (IPM, IAb e IPs) têm média de cerca de 2,4 para garotas e 2,9 para garotos (quanto maior a pontuação, mais pessimista a criança). Uma pontuação de 3,5 ou *mais* indica risco de depressão. Uma pontuação IPm pessimista (infortúnios pessimistas) caracteriza uma criança passiva e que não supera as derrotas. Uma criança com IPm otimista arregaça as mangas e enfrenta os contratempos, os quais enxerga como desafios a superar. Uma criança com IAb pessimista (infortúnios abrangentes) é catastrofista, generalizando cada acontecimento ruim de sua vida. Essa criança começa a ir mal na escola quando as coisas vão mal em casa ou com os amigos. Um IAp otimista indica uma criança capaz de criar muros ao redor de seus problemas: ela continua se dando bem com os amigos mesmo quando tira notas baixas na escola. Um IPs pessimista (infortúnios personalizados) indica uma criança que se culpa; ela se sente culpada, envergonhada e perde autoestima quando algo vai mal, mesmo que não seja a responsável. Após qualquer derrota, sente-se inútil. Já um IPs otimista caracteriza uma criança que culpa as outras — a autoestima dela não diminui quando ela fracassa, e ela costuma se irritar com as pessoas que considera culpadas pelo seu fracasso.

A média do Total de S (acontecimentos bons) tanto para garotos quanto para garotas é de 13,8 (quanto maior o Total de S, mais otimista a criança). Uma criança com Total de S pelo menos 2,0 pontos abaixo disso é muito pessimista. Uma pontuação otimista para acontecimentos bons indica uma criança que é estimulada pela vitória e que aceita o mérito pelo sucesso.

As dimensões individuais relativas a acontecimentos bons (SPm, Sab e SPs) têm média de 4,6 tanto para meninos quanto para meninas, e crianças com pontuação abaixo de 4,0 são muito pessimistas. Uma pontuação otimista no SPm (sorte permanente) indica que após um ou dois sucessos a criança se sente estimulada a buscar mais. Um SPm pessimista indica que ela não aproveita o sucesso: um sucesso não significa que ela terá outros. Um SAb (sorte abrangente) otimista indica generalização do sucesso: quando uma criança se dá bem com os amigos, vai bem na escola também. Um SAb pessimista, por outro lado, caracteriza uma criança que não aproveita em outras áreas o sucesso em um âmbito. Um SPs (sorte personalizada) otimista caracteriza uma criança que facilmente atribui a si mesma o mérito pelos êxitos e tem autoestima elevada. Já a criança com SPs pessimista costuma ter problemas de autoestima mesmo quando se sai bem e atribui seu sucesso à sorte ou às circunstâncias.

As Tabelas 2 e 3 resumem o significado de cada uma das pontuações.

A consequência mais preocupante do pessimismo no seu filho é a depressão, pois crianças pessimistas correm muito mais risco de depressão do que crianças otimistas. Essa foi a principal conclusão de nossas investigações, realizadas ao longo de cinco anos mais de quinhentas crianças no Estudo Longitudinal sobre Depressão Infantil entre as Universidades de Princeton e da Pensilvânia.[3] Nosso objetivo principal era descobrir o que faz as crianças correrem risco de depressão. Todas as crianças começaram o estudo no terceiro ano do ensino fundamental. Naquele momento, e de seis em seis meses pelos cinco anos seguintes, medimos o nível de otimismo delas com o QEAI, os principais acontecimentos de suas vidas, sua popularidade, suas notas, a tendência a se sentirem desamparadas em situações acadêmicas e sociais, entre outras variáveis. A medida mais importante era a que constituía nosso objetivo: medíamos o nível de depressão em cada criança a cada seis meses.

TABELA 2: MENINAS

PONTUAÇÃO	VALOR	INTERPRETAÇÃO
IPm (infortúnios permanentes)	Otimista: < 1,5	É resiliente, não se rende com facilidade.
	Média: 1,5-4,0	Seu moral baixa por um breve período.
	Pessimista: > 4,0	Entra em colapso após um fracasso, é frágil.
IAb (infortúnios abrangentes)	Otimista: < 1,5	Não generaliza os contratempos.
	Média: 1,5-4,0	
	Pessimista: > 4,0	Sente-se desamparada, é catastrofista.
IPs (infortúnios personalizados)	Otimista: < 1,5	Culpa os outros, tem autoestima elevada.
	Média: 1,5-4,0	
	Pessimista: > 4,0	Culpa a si mesma, tem baixa autoestima.
SPm (sortes permanentes)	Otimista: > 6,0	Sente-se estimulada pelo sucesso.
	Média: 3,0-6,0	É capaz de tirar vantagem do sucesso.
	Pessimista: < 3,0	Sente-se desestimulada pelo sucesso.
SAb (sortes abrangentes)	Otimista: > 6,0	O sucesso em uma área se espalha por outras.
	Média: 3,0-6,0	
	Pessimista: < 3,0	O sucesso evapora.
SPs (sortes personalizadas)	Otimista: > 6,0	Vangloria-se do sucesso.
	Média: 3,0-6,0	Aceita prontamente o crédito pelo sucesso.
	Pessimista: < 3,0	Evita receber crédito pelo sucesso.
EsI (nota de esperança)	Otimista: < 3,0	É resiliente e alegre.
	Média: 3,0-8,0	
	Pessimista: > 8,0	É frágil e catastrofiza.
Total de I (acontecimentos ruins)	Otimista: < 6,25	É quase invulnerável à depressão.
	Média: 6,25-8,10	É um pouco depressiva.
	Pessimista: > 8,10	Corre grande risco de depressão.
Total de S (acontecimentos bons)	Otimista: > 15,27	É ativa, propensa ao sucesso.
	Média: 12,84-15,27	
	Pessimista: < 12,84	É passiva, propensa ao fracasso.

TABELA 3: MENINOS

PONTUAÇÃO	VALOR	INTERPRETAÇÃO
IPm (infortúnios permanentes)	Otimista: < 1,5	É resiliente, não se rende facilmente.
	Média: 1,5-4,0	Seu moral baixa por um breve período.
	Pessimista: > 4,0	Entra em colapso após um fracasso, é frágil.
IAb (infortúnios abrangentes)	Otimista: < 1,5	Não generaliza os contratempos.
	Média: 1,5-4,0	
	Pessimista: > 4,0	Sente-se desamparado, é catastrofista.
IPs (infortúnios personalizados)	Otimista: < 1,5	Culpa os outros, tem autoestima elevada.
	Média: 1,5-4,0	
	Pessimista: > 4,0	Culpa a si mesmo, tem baixa autoestima.
SPm (sortes permanentes)	Otimista: > 6,0	Sente-se estimulado pelo sucesso.
	Média: 3,0-6,0	É capaz de tirar vantagem do sucesso.
	Pessimista: < 3,0	Sente-se desestimulado pelo sucesso.
SAb (sortes abrangentes)	Otimista: > 6,0	O sucesso em uma área se espalha por outras.
	Média: 3,0-6,0	
	Pessimista: < 3,0	O sucesso evapora.
SPs (sortes personalizadas)	Otimista: > 6,0	Vangloria-se do sucesso.
	Média: 3,0-6,0	Aceita prontamente o crédito pelo sucesso.
	Pessimista: < 3,0	Evita receber crédito pelo sucesso.
EsI (nota de esperança)	Otimista: < 3,0	É resiliente e alegre.
	Média: 3,0-8,0	
	Pessimista: > 8,0	É frágil e catastrofiza.
Total de I (acontecimentos ruins)	Otimista: < 7,26	É quase invulnerável à depressão.
	Média: 7,26-10,0	É um pouco depressivo.
	Pessimista: > 10,0	Corre grande risco de depressão.
Total de S (acontecimentos bons)	Otimista: > 15,0	É ativo, propenso ao sucesso.
	Média: 12,5-15,0	
	Pessimista: < 12,5	É passivo, propenso ao fracasso.

Por ser prospectivo (que é montado no presente e segue para o futuro) e longitudinal (que avalia as mesmas crianças repetidamente), um estudo desse tipo é incomparável na tarefa de determinar os fatores de risco para a depressão. Por exemplo, os pesquisadores perceberam que crianças com depressão geralmente são impopulares com outras crianças, portanto criou-se a teoria de que ser impopular põe a criança em risco de depressão. No entanto, isso é apenas uma teoria, pois se baseia numa mera correlação, uma concorrência de impopularidade e depressão. É perfeitamente possível que a depressão faça com que as crianças se tornem impopulares (pessoas tristes compartilham suas tristezas com os outros, mas o inverso não é verdadeiro), e não o contrário. É possível até que algum outro fator (chamado de "terceira variável") — por exemplo, notas baixas — cause tanto a depressão quanto a impopularidade.

Um estudo prospectivo e longitudinal desvenda tudo isso. Vejamos um exemplo hipotético para saber como acontece: das quinhentas crianças que começaram o estudo no terceiro ano do ensino fundamental, 25 estão deprimidas agora, no início do quarto ano. Em que essas crianças diferem das outras 475 que não estão deprimidas? Talvez ser impopular na terceira série os tenha deprimido. Se foi esse o caso, esses 25 deviam ser mais impopulares na média que as outras 475 crianças. E é esse o caso. Até aqui, parece que a impopularidade causa a depressão.

Mas espere: talvez eles fossem impopulares no terceiro ano porque já estavam deprimidos no começo do ano letivo. Quando analisamos mais a fundo, descobrimos que, dessas 25 crianças, dez já estavam deprimidas e eram bastante impopulares no começo do terceiro ano. Assim, quinze crianças que não estavam deprimidas no começo do terceiro ano ficaram deprimidas ao longo do ano letivo, e antes elas eram populares. Isso mostra que a impopularidade não aumenta o risco de depressão em crianças, apenas se correlaciona (ou marca) com a depressão. A mesma lógica, acompanhada de instrumentos estatísticos poderosos, pode ser empregada para averiguar se outros possíveis fatores, como o pessimismo, brigas entre pais, tendência a se sentir desamparado e notas baixas, contribuem para que alguém se deprima ou apenas marcam a depressão.

Assim, com base na pontuação de depressão de cada criança no começo do estudo, e observando o movimento de aumento ou diminuição da depressão que fizeram ao longo de cinco anos, conseguimos separar os fatores de risco dos marcadores de depressão. Do conjunto de causas possíveis, duas se destacaram: primeiro, acontecimentos ruins — como briga dos pais, morte do bichinho de estimação, doença de um irmão — aumentam a chance de depressão. Isso ocorre especialmente quando a criança está no terceiro ou quarto ano do ensino fundamental. Segundo, o pessimismo. Crianças que pensam que acontecimentos ruins são permanentes, universais e pessoais, ao passo que acontecimentos bons são temporários e específicos e têm causas externas, correram mais risco de depressão. Isso vale especialmente para crianças no quinto e no sexto anos do ensino fundamental. Percebe-se uma diferença nas idades e nas formas de entrar em depressão: no terceiro e no quarto anos, acontecimentos ruins são especialmente importantes para causar a depressão; no quinto e no sexto anos, o pessimismo é o grande responsável. Essa mudança reflete o aumento da importância na forma como as crianças *interpretam* os acontecimentos ao amadurecerem. Conforme crescemos, a depressão passa a residir cada vez mais na nossa cabeça, e não no mundo externo.

Assim, estabelecemos que o pessimismo torna a criança propensa à depressão, e o maior fator de risco para ter depressão é ter tido depressão antes. Um círculo vicioso se inicia, e as crianças reagem a cada nova situação ruim deprimindo novamente.

Como a depressão se manifesta nas crianças? E como saber se seu filho está deprimido?

COMO AVALIAR A DEPRESSÃO NO SEU FILHO?

Exceto por uma entrevista diagnóstica com um psicólogo ou psiquiatra, não existe maneira conclusiva. Mas você pode obter uma resposta aproximada pedindo a seu filho que faça o teste a seguir, criado pelas dras. Myrna Weissman e Helen Orvaschel, do Centro de Estudos Epidemiológicos do National Institute of Mental Health. Chama-se teste CES-DC — Center for Epidemiologial Studies — Depression Child (Centro de Estudos Epidemiológicos — Depressão Infantil).[4] Para não sobrecarregar seu filho, evite pedir que ele faça este questionário no mesmo dia em que fizer o QEAI. Aguarde pelo menos um dia e então peça que ele responda ao questionário a seguir, mas antes explique a ele do que se trata.

Estou lendo um livro sobre como as crianças se sentem e andei me perguntando como você está ultimamente. Às vezes é difícil as crianças acharem palavras para descrever seus sentimentos. Isto aqui vai apresentar a você jeitos diferentes de descrevê-los. Você vai ver que para cada frase há quatro alternativas. Eu gostaria que você lesse cada uma e escolhesse a que melhor se encaixa em como você tem se sentido ou agido *na última semana*. Não existem respostas certas ou erradas, porque isso não é um teste. É só escolher a opção que mais se aproxima da sua situação.

NA ÚLTIMA SEMANA

1. Fiquei incomodado com coisas que em geral não me incomodam.
*Nem um pouco*_____ *Um pouco*_____ *Razoavelmente*_____ *Muito*_____

2. Não tive vontade de comer; não senti muita fome.
*Nem um pouco*_____ *Um pouco*_____ *Razoavelmente*_____ *Muito*_____

3. Não consegui ficar feliz, mesmo quando minha família ou meus amigos tentaram me animar.
*Nem um pouco*_____ *Um pouco*_____ *Razoavelmente*_____ *Muito*_____

4. Tive a sensação de não ser tão bom quanto as outras crianças.
*Nem um pouco*_____ *Um pouco*_____ *Razoavelmente*_____ *Muito*_____

5. Tive a impressão de que não conseguia prestar atenção no que estava fazendo.
*Nem um pouco*_____ *Um pouco*_____ *Razoavelmente*_____ *Muito*_____

6. Me senti pra baixo.
*Nem um pouco*_____ *Um pouco*_____ *Razoavelmente*_____ *Muito*_____

7. Fiquei cansado demais para fazer qualquer coisa.
*Nem um pouco*_____ *Um pouco*_____ *Razoavelmente*_____ *Muito*_____

8. Senti que algo ruim ia acontecer.
*Nem um pouco*_____ *Um pouco*_____ *Razoavelmente*_____ *Muito*_____

9. Tive a sensação de que coisas que fiz antes não deram certo.
*Nem um pouco*_____ *Um pouco*_____ *Razoavelmente*_____ *Muito*_____

10. Fiquei com medo.
*Nem um pouco*_____ *Um pouco*_____ *Razoavelmente*_____ *Muito*_____

11. Não dormi bem como normalmente durmo.
*Nem um pouco*_____ *Um pouco*_____ *Razoavelmente*_____ *Muito*_____

12. Fiquei infeliz.
*Nem um pouco*_____ *Um pouco*_____ *Razoavelmente*_____ *Muito*_____

13. Fiquei mais calado do que o normal.
Nem um pouco_____ Um pouco_____ Razoavelmente_____ Muito_____

14. Me senti só, como se não tivesse amigos.
Nem um pouco_____ Um pouco_____ Razoavelmente_____ Muito_____

15. Tive a impressão de que meus colegas não foram simpáticos ou que não queriam estar comigo.
Nem um pouco_____ Um pouco_____ Razoavelmente_____ Muito_____

16. Não me diverti.
Nem um pouco_____ Um pouco_____ Razoavelmente_____ Muito_____

17. Tive vontade de chorar.
Nem um pouco_____ Um pouco_____ Razoavelmente_____ Muito_____

18. Fiquei triste.
Nem um pouco_____ Um pouco_____ Razoavelmente_____ Muito_____

19. Tive a sensação de que as pessoas não gostam de mim.
Nem um pouco_____ Um pouco_____ Razoavelmente_____ Muito_____

20. Foi difícil começar a fazer as coisas.
Nem um pouco_____ Um pouco_____ Razoavelmente_____ Muito_____

Calcular a pontuação do teste é simples. Cada "nem um pouco" conta como um 0, cada "um pouco" conta como 1, "razoavelmente" equivale a 2 e "muito" equivale a 3. Para saber a pontuação, some esses números. Caso seu filho tenha marcado duas alternativas, a nota que vale é a mais alta.

Se seu filho marcou de 0 a 9, é provável que não esteja deprimido. Se marcou de 10 a 15, talvez tenha uma depressão leve. Se fez mais de 15, está demonstrando níveis mais relevantes de depressão; se ficou entre 16 e 24, está na faixa dos deprimidos moderados; e, se marcou mais de 24, é bem possível que tenha depressão grave.

Porém, devo fazer um alerta: nenhum teste de múltipla escolha equivale ao diagnóstico profissional. Há três enganos em que um teste como esse pode incorrer, e é preciso que você fique atento a eles: primeiro, muitas crianças escondem seus sintomas, principalmente dos pais. Portanto, algumas delas com pontuação abaixo de 10 podem estar deprimidas. Segundo, crianças com pontuações altas podem ter outros problemas que não a depressão, que geraram a nota alta. Em terceiro lugar, uma criança às vezes tem uma pontuação elevada porque está de mau humor ou irritadiça naquele momento, mas não se sentia assim ontem nem se sentirá assim amanhã. Se seu filho fez mais de 15 pontos, espere uma semana e peça que ele repita o teste.

Se seu filho marcar mais de 15 pontos no decorrer de duas semanas, procure ajuda profissional. Caso seu filho marque mais de 9 e também fale em cometer suicídio, procure ajuda profissional. Um terapeuta "cognitivo" ou "cognitivo-comportamental" seria o ideal. Procure por um psicólogo, psiquiatra ou psicoterapeuta, ou peça referências ao pediatra do seu filho.

Este questionário vai lhe informar como a depressão se manifesta no seu filho, porque mede a intensidade de cada um dos quatro grupos de sintomas. O primeiro grupo de sintomas consiste numa mudança no *pensamento* do seu filho. A forma como ele pensa quando está deprimido difere da forma como pensa quando não está. Quando deprimido, ele tem uma visão sombria de si mesmo, do mundo e do futuro. Atribui seu futuro desesperançoso à falta de capacidade ("Não sou bom em nada, então nunca nada vai dar certo para mim"). Adversidades sem importância se transformam em barreiras intransponíveis. Ele acredita que tudo o que toca se transforma em cinzas, e esse estado mental cria uma fonte infinita de motivos para explicar por que cada sucesso é, na verdade, um fracasso.

Gary é aluno do oitavo ano. Geralmente ele adora a escola, e os professores o consideram um garoto bastante determinado. No entanto, nos últimos tempos, Gary tem estado diferente. Quase nunca ergue a mão para falar em sala de aula e não tem feito os deveres de casa. Depois da escola, em vez de brincar com os amigos, ele vai para casa e se tranca no quarto, onde fica escutando Guns N' Roses até seus pais o obrigarem a sair do quarto para jantar. E por mais que os pais perguntem, Gary diz que está tudo bem, nega que haja algo de errado.

Meses atrás, Gary pintou um quadro e o inscreveu numa competição municipal patrocinada pela Aliança Artística. Quando Gary chegou na escola, sua professora de artes, a professora Hilbert, lhe contou que tinha acabado de saber que o quadro tinha sido escolhido um dos finalistas. Quatro quadros estavam concorrendo, e cada estudante seria chamado a ir à Aliança Artística para falar sobre sua obra. Então, um famoso artista local escolheria o vencedor, que receberia uma bolsa de estudos para a faculdade e entraria para um programa especial de artes para algumas crianças selecionadas no estado inteiro.

A professora Hilbert imaginava que Gary ficaria empolgado com a notícia. Sabia que ele tinha se esforçado no quadro e que vencer a competição significaria muito para ele. No entanto, para a surpresa dela, Gary se mostrou desinteressado.

Professora Hilbert: Ei, Gary! Vem aqui um minuto! Tenho uma ótima notícia.

Gary: Ah, é? O que foi?

Professora Hilbert: Parece que você vai se tornar um astro das artes. Andy Warhol que se cuide!

Gary: Como assim?

Professora Hilbert: O quadro que você pintou para a competição foi selecionado um dos finalistas. Você e três outros alunos do município vão falar sobre seus quadros na Aliança Artística, e então um famoso artista local vai escolher o vencedor. Você, Gary, pode receber uma bolsa de estudos para a faculdade e ainda terá a chance de participar do programa estadual de artes, que começa daqui a uns meses.

Gary: Sério? Não pode ser. Meu quadro parecia pintado por um aluno do terceiro ano. Seja como for, não quero participar.

Professora Hilbert: Como assim? Você trabalhou tão duro naquele quadro. Sei que isso significa muito para você. Qual é o problema?

Gary: Nada. Sei que não vou ganhar, então melhor nem criar esperança. Aliás, quem se importa? É só uma competição idiota.

Professora Hilbert: Gary, confesso que estou muito surpresa. Você não é assim. Não estou entendendo. O que está acontecendo com você?

Gary: Nada, professora Hilbert. Só não quero perder meu tempo. Aquele quadro não ficou bom, nem sei como ele chegou tão longe. Deve ter sido sorte. E além disso não vou conseguir falar sobre ele na frente de um monte de gente. Não tenho nada a dizer sobre a pintura. Vou acabar parecendo um idiota na frente de todo mundo.

Professora Hilbert: Gary, Gary, Gary... o que está acontecendo? Você e eu sabemos que a pintura é muito boa. Você é um artista nato. E não seria a primeira vez que você seria premiado por suas obras! Lembra de quando ganhou um prêmio pelo mural que pintou? Aquilo também foi sorte?

Gary: Muitas pessoas me ajudaram no mural. Foi por isso que eu ganhei.

Professora Hilbert: Calma aí. Deixa eu terminar de falar. Nunca vi você se colocar para baixo assim. Entendo que você possa ficar nervoso por falar sobre a sua obra. Eu também ficaria. Mas nós podemos ensaiar, treinar. Você pode até apresentar a pintura para sua turma para ter a chance de praticar diante de um grupo grande de pessoas. Vamos conversar depois da escola para planejar a sua fala.

Gary: Isso é muito legal da sua parte, professora, mas eu realmente não estou a fim. Eu iria acabar fazendo bobagem, então melhor deixar para lá.

Professora Hilbert: Vamos lá, Gary! Eu já ouvi você falar em público antes. Você não errou suas falas quando participou da peça *O rei e eu*. E olha que você tinha que cantar! Você deixou a plateia boquiaberta.

Gary: Aquilo não conta. Qualquer um poderia ter feito aquilo. E além disso, o professor Davico disse que eu desafinei algumas notas. Vamos esquecer esse assunto, tá?

Não importa quantos êxitos a professora Hilbert relembre: Gary inventa algo para explicar por que seus sucessos na verdade foram fracassos. Ele não está sendo modesto ou tímido, nem está fazendo reclamações aleatórias. Nesse momento, ele realmente acredita que nada vai dar certo, pois não tem talento. Esse é o padrão de pensamento típico de um adolescente com depressão. Existe um estilo explicativo pessimista no cerne desse tipo de pensamento. Essa visão sombria do futuro, de si e do mundo nasce do fato de ele considerar que as causas de tudo que acontece de ruim são permanentes, universais e pessoais, e de enxergar as causas das coisas boas de maneira inversa.

Aisha era uma menina com depressão no sexto ano. Certa vez tirou 6 na prova de ciências. Para Aisha, essa é uma boa nota, pois ela costuma tirar no máximo 5. Quando Aisha chega para a aula de educação física, o professor, sabendo da boa-nova, a parabeniza pela nota. "Ei, Aisha, fiquei sabendo que você foi muito bem na prova de ciências. O professor Meisel me disse que ficou orgulhoso de você. Como está se sentindo?"

Aisha não foi capaz de enxergar seu êxito, algo típico entre crianças com depressão. Em vez de significar uma melhoria, a nota 6 era apenas mais uma marca do fracasso. "Que nada, eu não fui bem, não. Não sei por que o professor Meisel disse isso. Shawana tirou 10. Dez! Isso, sim, é uma boa nota. Eu nunca consigo resolver os problemas de ciências. Não consigo gravar todos aqueles números e termos. Quando começo a resolver um problema, me dá um branco. Eu tenho que encarar a realidade... sou burra demais para a escola.

Enquanto o primeiro grupo de sintomas de depressão é uma mudança no pensamento da criança, o segundo grupo é uma mudança negativa em seu *humor*. Quando está deprimida, ela se sente péssima. Triste, desencorajada, no fundo do poço. É possível que ela chore bastante ou até que chore tanto a ponto de ficar prostrada. A vida é amarga. Atividades antes prazerosas se tornam perda de tempo. Ela nunca cai na gargalhada, raramente sorri.

Nos piores dias, Aisha se recusa a sair do quarto. Passa horas deitada na cama, balançando o corpo lentamente enquanto nina seu bichinho de pelúcia favorito.

A tristeza não é o único sintoma humoral de depressão nas crianças: a ansiedade e a irritabilidade, que podem se expressar como mau comportamento, também se fazem presentes.

Jocelyn tem treze anos e sofre com episódios de depressão desde os onze. Quando a depressão piora, fica cada vez mais difícil se manter próximo dela. Quando tudo está bem ela é uma criança "animada", mas, quando deprimida, o mau humor, as reclamações e a hostilidade tornam impossível consolá-la. Diferentemente de Aisha, quando Jocelyn está deprimida começa a implicar e provocar brigas com as pessoas ao redor. Tudo o que lhe dizem está errado, não importa o que seja. No ápice da dor, ela ataca todos à volta com força total, e família, amigos e colegas de escola já aprenderam que nessas horas o melhor é manter distância.

No caso de Tory, a tristeza é acompanhada de ansiedade, não de irritabilidade. Na depressão, situações que geralmente não o abalam causam um medo paralisante. Quando isso ocorre, ele teme que alguém fará mal a seus pais, e essa é uma sensação da qual ele não consegue se livrar. Se seus pais saem à noite, ele só consegue dormir quando ouve eles trancarem a porta da casa ao voltar. E o pior: à noite, Tory morre de medo de janelas. Tem certeza de que se olhar para elas, vai ver um rosto encarando-o, observando-o. Para evitar ver esses rostos, Tory vai para a sala de estar e fica numa posição em que não vê as janelas e dali não se mexe. Mantém os olhos fixos na TV e nunca olha para os lados. Se precisa ir a outro cômodo, primeiro calcula qual trajeto tem menos janelas e depois sai correndo de cabeça baixa, o coração prestes a explodir.

O terceiro grupo de sintomas na depressão infantil abarca três *comportamentos*: passividade, indecisão e suicídio. A criança deprimida geralmente só é capaz de iniciar as tarefas mais rotineiras e desiste facilmente diante de qualquer obstáculo ou adversidade.

Jake ganha um dinheiro extra entregando jornais no bairro. Ele tem uma rota há mais de um ano, e o processo todo corre sem problemas. Jake conhece todos os seus clientes pessoalmente. Sabe qual o melhor horário de entrega para cada um e gosta da responsabilidade do trabalho. Mas quando se sente deprimido, os problemas começam a aparecer. Até as partes mais simples e básicas do trabalho começam a parecer complexas demais. Jake nos explicou o que acontece.

É tudo muito maluco. Entregar jornais não é a tarefa mais complicada do mundo. É claro que você precisa ser proativo, cuidadoso e tudo, mas não é difícil. Quando eu me sinto bem, não é problema. Eu pego os jornais, dobro todos e vou cumprir minha rota de entrega. Até gosto da tarefa. Isso sem contar que ganho um bom dinheiro. Mas a questão é que quando estou realmente para baixo — *bum!* — tudo vai por terra. Tipo mês passado. Eu lembro que era domingo, um dia com muitas entregas. Nos domingos, você tem que ir pegar os jornais ainda mais cedo que, mas eu só ficava olhando para o meu relógio e pensando: "Vamos lá, Jake, você tem que ir agora. Se não, vai ferrar com tudo". Mas eu simplesmente não conseguia juntar forças para sair. Continuei deitado, pensando em como odeio entregar jornais.

Por fim, minha mãe me tirou da cama. Percebeu que eu estava mal e se ofereceu para pegar os jornais comigo de carro. Até disse que me ajudaria a organizá-los. Mas eu não queria que ela me ajudasse. Bom, na verdade eu queria, mas ao mesmo tempo não queria. Sei que parece estranho, mas parte de mim queria que ela fosse comigo, enquanto outra queria ficar reclamando sozinha. Quando finalmente fui até lá, meu chefe estava bravo comigo, porque já era bem tarde. Então, peguei os jornais, mas tudo o que fiz foi ficar ali sentado, olhando para eles. Não consegui nem levar os jornais para o meu carrinho. Era como se eu tivesse usado toda a minha energia só para ir até lá e não tivesse sobrado nada para a parte seguinte do trabalho. Odeio quando isso acontece comigo. Me dá medo.

A criança deprimida não é capaz de se decidir entre várias alternativas.

Jason tem onze anos e é colecionador de selos. Tem três pastas cheias de selos do mundo todo. Seu padrasto trabalha num escritório grande e pede a todas as secretárias que guardem para Jason qualquer selo que pareça interessante. Para agradar o menino, o padrasto o leva a uma feira local de selos e diz que ele pode escolher cinco para sua coleção. O padrasto espera que isso o anime, porque ele tem estado para baixo nas últimas três semanas. Na feira, Jason perambula pelas barraquinhas e observa os selos. Adora vários, mas não é capaz de escolher quais comprar. Todos seriam ótimas adições à sua coleção, mas ele não consegue se decidir. Por fim, o padrasto escolhe oito e pede que Jason escolha os cinco que quer. Ele escolhe um, mas logo depois muda de ideia. Seleciona outro, depois se pergunta se é de fato uma boa escolha. É como se Jason acreditasse que existem cinco selos corretos para serem escolhidos e não quer cometer um erro. O padrasto tenta ajudá-lo a ver que não existe uma decisão errada, mas Jason continua travado. Por fim, irritado, o padrasto compra os oito. Jason parece envergonhado e enfia os selos rapidamente no bolso.

Muitas crianças deprimidas pensam em suicídio. James, de doze anos, vivenciou esse momento. Nas próprias palavras dele:

Eu estava me sentindo muito para baixo. As coisas estavam horríveis para mim. Meu pai abandonou a gente alguns anos atrás, e desde então me sinto muito mal de vez em quando, sabe? Fico triste e com raiva, os dois sentimentos misturados. Uns meses depois que ele saiu de casa, foi o período mais difícil. Não conseguia parar de pensar no meu pai. Não conseguia entender como ele tinha sido capaz de ir embora daquele jeito. Ele não avisou nem nada. Era um dia normal, ele saiu para trabalhar como em qualquer outro dia de semana, mas no fim não foi um dia normal, porque ele nunca mais voltou para casa. Eu tinha nove anos e me lembro perfeitamente daquela noite. Meu pai não era o melhor sujeito do mundo. Eu sabia disso, mas nunca imaginei que ele iria simplesmente abandonar a gente. Eu estava sentado assistindo TV, e minha mãe toda hora ia na janela da sala e olhava a rua. Fez isso umas cem vezes. Dava para ver que estava aborrecida, mas meus pais viviam brigando, então imaginei que quando ele chegasse em casa seria só uma briga daquelas.

Minha mãe me perguntou umas dez vezes se meu pai tinha ligado, e eu fiquei respondendo que não. Por fim, ela telefonou para o trabalho dele, mas outra pessoa atendeu e disse que naquela manhã ele tinha pedido demissão e ido embora, simples assim. Minha mãe correu para o quarto e começou a gritar, xingava e chorava ao mesmo tempo. Eu morri de medo e não queria ir lá, mas pensei que talvez ela tivesse se machucado, então fui até o seu quarto. Ela estava sentada no chão, segurando a caixa de joias e dizendo várias vezes: "Ele pegou minha aliança de casamento. Ele pegou minha aliança. Ele pegou minha aliança". Depois ela me fez ir para a cama.

Só dias depois ela foi me explicar que ele tinha saído de casa. A partir de então, as coisas começaram a ficar muito ruins. Passei a ter problemas na escola e a ficar na rua até tarde. Eu sei que minha mãe morria de preocupação, mas não estava nem aí. Eu odiava ficar naquela casa, porque tudo me lembrava meu pai, e pensar nele me deixava péssimo. Então, comecei a me meter em mais e mais problemas, sabe? Passei a roubar, brigar, esse tipo de coisa. Por dentro, a sensação era de que eu ia explodir. Estava furioso, solitário, essas coisas. Comecei a pensar em como seria estar morto. No começo pensei em pessoas conhecidas que tinham morrido e no que aconteceu com elas, depois comecei a pensar em como seria se eu morresse. Por muitas vezes eu fiquei sentado na sala de aula pensando em formas de morrer, tipo me enforcando, pulando na frente do trem ou com uma arma de fogo. Sei que parece estranho, mas eu gostava de pensar nessas coisas. Eu me sentia melhor. O problema foi que, depois de um tempo, eu só conseguia pensar nisso. Ficava imaginando maneiras de me matar, não importava o que estivesse fazendo.

Todo mundo sempre me pergunta por que eu queria morrer. Só posso dizer que aquela parecia a única forma de parar de me sentir como estava me sentindo. Eu não queria fazer mal à minha mãe, mas sabia que tinha que parar de me sentir daquele jeito, e sabia que o único jeito seria me matando.

Quando crianças com depressão pensam em suicídio, geralmente elas têm um dos dois motivos a seguir, ou ambos. O primeiro é a cessação: a ideia de continuar do jeito que estão é insuportável, por isso elas querem acabar com tudo. O outro é a manipulação: elas querem ser amadas, se vingar ou ter a última palavra numa discussão. Apesar de terem pensamentos suicidas frequentemente, crianças com depressão raramente cometem suicídio, ao contrário do que acontece com adolescentes e adultos. Embora suicídios infantis geralmente ganhem o noticiário, a verdade é que há menos de duzentos casos por ano entre pessoas abaixo de catorze anos nos Estados Unidos, número que representa menos de 10% dos índices de suicídio entre adultos e adolescentes.[5] No entanto, considerando-se que a depressão tem atacado crianças cada vez mais novas, é possível que esse número esteja aumentando. Embora as crianças tenham tantos sintomas de depressão quanto adultos, parece que, de alguma forma, a evolução as protegeu contra o suicídio.

O quarto e último grupo de sintomas de depressão nas crianças é *físico*. Durante a depressão, é comum que o apetite delas mude. Muitas crianças simplesmente não conseguem comer. Mas também pode acontecer o inverso — algumas crianças com depressão comem em excesso mesmo quando não estão com fome. Distúrbios do sono também são comuns. Crianças com depressão podem começar a dormir muito mais que o normal. Por exemplo, não é raro ver uma criança com depressão chegar da escola, ir para o quarto e dormir até o jantar. Também pode acontecer de ela ter dificuldade para dormir, sobretudo se também estiver ansiosa. As dores e os incômodos normais, que muitas crianças sentem, são exagerados. A criança com depressão pode reclamar de dor de estômago ou de cabeça e ir parar na enfermaria da escola muito mais do que seria o normal dela.

Agora você já mediu o nível de otimismo de seu filho e aprendeu a reconhecer os sintomas da depressão nele. O pessimismo, como vimos, põe seu filho em risco de depressão, mesmo que ele não esteja deprimido agora. Os sintomas depressivos por si sós já aumentam o risco de mais depressão. Mas de onde surge o pessimismo na criança? A resposta para essa pergunta está no próximo capítulo. No nosso estudo, a descoberta das fontes do pessimismo nos proporcionou uma grande pista sobre o que pais e professores podem fazer para transformar o pessimismo em otimismo na criança.

8. De onde vem o otimismo?

Em Twinsburg, Ohio, ocorre uma convenção nacional todo mês de agosto. Cinco mil pares de gêmeos (e alguns trigêmeos) se reúnem para celebrar os benefícios especiais de crescer ao lado de alguém igual a você. Um desses benefícios não foi visto pelos próprios gêmeos, mas pela ciência. Estudar gêmeos dá aos cientistas a oportunidade única de examinar de maneira rigorosa a influência dos genes em comparação com a experiência de vida (natureza versus criação) na forma como a personalidade é moldada.

A GENÉTICA DO OTIMISMO

Pais agressivos costumam ter filhos agressivos; pais musicais tendem a ter filhos musicais; pais alcoólatras tendem a ter filhos que se tornam alcoólatras; filhos de gênios geralmente são muito inteligentes. Pais otimistas tendem a ter filhos otimistas, e pais pessimistas costumam ter filhos pessimistas. Existem duas hipóteses gerais para esse fato. A primeira é que essas crianças herdam os genes dos pais e, de alguma forma, têm as mesmas combinações genéticas deles para a agressividade, o talento musical, o alcoolismo, a genialidade e o otimismo. A segunda hipótese é que os pais criam para seus filhos ambientes que, de alguma forma, ensinam a agressividade, a música, o alcoolismo, a genialidade e o otimismo. Quando observamos cuidadosamente um grande número de gêmeos, podemos separar essas duas possibilidades.

Gêmeos univitelinos (ou idênticos) têm genes totalmente idênticos. Já os gêmeos bivitelinos (ou fraternos) têm apenas cerca de 50% dos genes iguais. Nesse segundo caso, eles são como qualquer par de irmãos em termos genéticos, que simplesmente nasceram ao mesmo tempo. Vejamos a similaridade, ou a "concordância" (termo do campo da genética), dos pares de gêmeos univitelinos, em comparação com a concordância de gêmeos bivitelinos, no que diz respeito à altura. Gêmeos univitelinos têm altura muito mais semelhante do que os gêmeos bivitelinos. Isso nos permite saber que a altura tem base genética.

Podemos averiguar *até que ponto* a genética, em vez do ambiente (e todos os outros fatores), contribui para determinado traço. Para isso basta observar quão maior é a concordância entre gêmeos univitelinos, em comparação com gêmeos bivitelinos. Por exemplo, gêmeos univitelinos têm QI muito mais parecido que gêmeos bivitelinos. O tamanho da diferença nos diz que entre 50% e 75% do QI é herdado, e o restante (entre 25% e 50%) depende de fatores não genéticos, como a criação na infância, a experiência escolar, doenças na infância, erros ao medir o QI e hormônios fetais.

Talvez a descoberta mais impressionante nesses estudos com gêmeos seja que entre 25% e 50% de cada um dos principais traços de personalidade seja herdado dos pais: a depressão, a satisfação no trabalho, a religiosidade, o liberalismo, o autoritarismo, a exuberância, para citar apenas alguns exemplos. Até o tempo gasto diante da TV e a chance de divórcio são quase 50% herdados.[1] "Mas como isso é possível?", você se pergunta: o divórcio e a televisão não existem há tempo suficiente para terem sofrido seleção da evolução. É verdade, mas traços de personalidade como a agressividade, o desejo sexual, a necessidade de ação e a passividade são muito mais antigos e constituem a base do divórcio e do desejo de ver televisão. Como grande parte da personalidade e de comportamentos complexos é hereditária, nós começamos a nos perguntar até que ponto o otimismo seria herdado dos pais. Para descobrir, fomos de carro até Twinsburg, Ohio, em agosto de 1990.

Conhecendo sua situação única na ciência, os gêmeos de Twinsburg cooperaram com os pesquisadores. Nós montamos uma barraca e aplicamos em 115 pares de gêmeos univitelinos e 27 pares de gêmeos bivitelinos a versão adulta do teste de estilo explicativo do capítulo anterior. Em seguida, comparamos a similaridade entre os testes de gêmeos univitelinos e de gêmeos bivitelinos. No que diz respeito ao otimismo e ao pessimismo, as respostas dos gêmeos univitelinos foram muito mais semelhantes do que as dos gêmeos bivitelinos. Quando um gêmeo univitelino era muito pessimista, quase sempre o outro também era. O mesmo vale para o otimismo. Por outro lado, entre gêmeos bivitelinos, a pontuação de um irmão não era um indicativo da pontuação do outro. Quando computamos a parte hereditária do otimismo, descobrimos que ela era pouco abaixo dos 50%.[2]

Mas essa descoberta não é irrefutável. Talvez signifique apenas que gêmeos idênticos sejam tratados de maneira mais parecida que gêmeos fraternos, e a maior semelhança nas experiências de vida dos gêmeos idênticos produza uma maior similaridade quanto ao otimismo. Essa é uma observação racional e necessária, mas existe uma maneira inteligente de vencê-la: estudar gêmeos idênticos que foram criados longe um do outro. Quando gêmeos idênticos são afastados no começo da vida e criados em famílias diferentes, é difícil argumentar que traços de personalidade marcantes compartilhados por ambos sejam causados por pais que os criaram da mesma maneira, e não pelos genes em comum. Portanto, se gêmeos idênticos são criados longe um do outro e ainda têm um estilo explicativo mais semelhante do que os dos gêmeos fraternos, só se pode atribuir essa diferença à genética.

Talvez você pense que é difícil encontrar pares de gêmeos criados separados para fazer esse teste, mas foi exatamente isso que fez um estudo recente sobre gêmeos adotados na Suécia. Setenta e dois pares de gêmeos idênticos que foram criados separados preencheram um questionário para medir o otimismo em 1987, assim como 126 pares de gêmeos idênticos criados juntos (além de 178 pares de gêmeos fraternos criados separados e 146 pares de gêmeos fraternos criados juntos). O estudo produziu resultados semelhantes ao estudo de Twinsburg: cerca de 25% do otimismo e do pessimismo eram hereditários.[3] A diferença entre nossa estimativa de 50% e a estimativa sueca, de 25%, talvez reflita a semelhança na criação de gêmeos idênticos criados juntos.

Esse resultado convenceu a maioria dos acadêmicos de que o otimismo é parcialmente causado pelos genes, mas, francamente, não me convenceu. Existe um erro nessa argumentação. Poucos o enxergam, mas ele põe em dúvida as conclusões de tudo o que se diz a respeito da influência genética na personalidade. Esse problema afeta especificamente o otimismo. Em primeiro lugar, quero distinguir um traço de personalidade "hereditário" de um traço "genético". Vamos partir da suposição razoável de que, quanto mais alguém tem sucesso na vida, mais otimista se mostra. Que características causam esse sucesso? A beleza, a inteligência verbal, os dotes atléticos, as habilidades motoras, a capacidade visual, para citar apenas algumas. Todas são altamente hereditárias: gêmeos idênticos são mais concordantes que gêmeos fraternos em cada uma delas. Assim, talvez gêmeos idênticos sejam mais semelhantes no otimismo porque têm quantidades mais semelhantes de sucesso (e fracasso) na vida, e quanto mais sucesso, mais otimismo (da mesma forma, quanto mais fracassos, mais pessimismo). A similaridade do sucesso (ou do fracasso) dos gêmeos idênticos é causada pela similaridade de outros atributos controlados pela genética, como as habilidades motoras, a beleza e a inteligência.

Em geral, os estudos sobre gêmeos (sejam eles criados juntos ou longe um do outro) podem nos dizer se determinado traço é "hereditário", mas não são capazes de informar se o traço é diretamente "genético". Todos esses estudos deixam em aberto a possibilidade de que o traço em questão seja causado por tipos particulares de experiências, em vez de ser controlado pelos genes. Os genes controlam fatores físicos que tendem a produzir a experiência fundamental. A seguir, listo alguns caminhos que são hipotéticos, mas ilustram meu ponto de vista: a capacidade atlética é hereditária porque a altura (genética) os leva a aprender a jogar basquete (a experiência fundamental), que os leva a se tornarem astros do esporte. A autoestima é hereditária porque a beleza (genética) provoca elogios dos pais da criança (a experiência fundamental), que leva à autoestima. A depressão é hereditária porque a falta de coordenação motora (genética) causa grande rejeição alheia (a experiência fundamental), que leva a sentimentos de insegurança e vulnerabilidade. A obesidade é hereditária porque o desejo desmedido por doces (genética) leva o indivíduo a comer mais doces (a experiência fundamental), que por sua vez leva à obesidade.[4]

Embora uma parte do otimismo seja inquestionavelmente hereditária (menos de 50%), isso não significa que existam genes do otimismo, ou mesmo que a experiência de infância certa não seja fundamental para criar o otimismo. Como pais e professores, devemos atentar para a possibilidade de que uma grande quantidade de êxitos pode levar a criança a ser otimista. Assim, você deve se esforçar para fazer com que seu filho tenha um sucesso atrás do outro. Caso o ajude da forma correta, ele vai manter o otimismo, e as experiências fundamentais corretas vão consolidar esse otimismo. Agora vamos falar sobre o papel dos pais, dos professores e das experiências fundamentais como fontes de otimismo.

PAIS

Quando ficamos emotivos, a antena dos nossos filhos capta a mudança. A criança entende essa demonstração de emoção, seja ela sutil ou escancarada, como sinal de que deve levar a sério o que quer que tenha causado a reação. Grande parte do aprendizado emocional se dá dessa maneira. Eu tinha uma amiga próxima que era perfeitamente normal, mas tinha uma fobia incomum: a telefone. Quando as pessoas ligavam, ela, uma pessoa tranquila e agradável, começava a suar e mal conseguia dizer uma palavra. Ela tinha consciência do problema e morria de vergonha. A situação era especialmente intrigante porque minha amiga não conseguia se lembrar da origem da fobia — nenhum trauma com telefone, nenhuma proibição de falar ao telefone na infância ou qualquer coisa do tipo. Certa vez, durante um jantar de Ação de Graças na sua casa, eu estava ajudando na cozinha quando o telefone tocou. Era para o pai dela. Fiquei estupefato ao ver que ele começou a suar e não conseguia dizer uma palavra sequer, embora no geral fosse um sujeito falador. Foi quando eu liguei os pontos. Durante a infância, minha amiga viu o pai reagir com ansiedade a telefonemas e aprendeu com ele essa fobia incomum.

Quando você se irrita, você explica a causa de sua irritação a quem está ao redor: seu carro está amassado porque algum idiota bateu em você no trânsito; meu pai bateu a porta porque está de mau humor; você não consegue emprego porque a economia vai muito mal; a vovó está doente porque é muito idosa. Você expõe seu estilo explicativo, e seu filho escuta atentamente. Ele aprende não só o conteúdo específico das explicações, mas também o estilo geral, e está construindo o próprio estilo.

Tori tem nove anos e mora com a mãe (Jody), o padrasto (Jacob) e o meio-irmão (Alex). Antes de Tori nascer, Jody era gerente de RH de uma grande imobiliária. Ela adorava o trabalho, sobretudo a parte de gerenciar os funcionários. Jody era boa em mediar conflitos, e como estes eram frequentes, ela rapidamente se tornou um membro valioso da equipe.

Quando decidiu sair da agência para ter Tori, Jody negociou com os chefes: voltaria a trabalhar três meses depois em meio período, e voltaria ao trabalho em tempo integral quando a filha completasse um ano. Embora quisessem que ela voltasse antes, os empregadores concordaram com esse esquema porque não queriam perdê-la.

Depois que Tori nasceu, Jody decidiu que não queria voltar para o trabalho tão cedo. Ficou surpresa com o prazer que sentia em ser mãe, e a ideia de deixar Tori com outra pessoa a incomodava. Na época o pai de Tori não gostava de ver a mulher trabalhando, então apoiou a decisão da esposa de ficar em casa. Jody ficou com medo de anunciar a mudança de planos aos chefes. Eles tinham sido tão razoáveis durante esse tempo que ela se sentiu envergonhada de desfazer o acordo. Então, em vez de marcar uma reunião para discutir o assunto, ela apenas enviou uma carta sucinta afirmando que não voltaria mais para o trabalho. Quando os chefes ligaram, ela se recusou a atender. Foi um final ruim para uma boa carreira.

Agora que Tori está mais velha, Jody quer voltar a trabalhar. Vem pensando no assunto há um tempo, mas toda vez que faz planos é tomada pela ansiedade e conclui que não é um bom momento para voltar. O marido aborda o assunto com ela durante o jantar. (As explicações de Jody para não voltar a trabalhar estão em itálico.)

Jacob: Faz um tempo que não ouço você falar sobre procurar emprego. Como vai a busca?

Jody: Ah, não sei. *Estou sempre tão atolada* que não tenho tempo de ver isso. Mas eu vou procurar.

Jacob: Essa resposta não foi muito convincente. Ainda fica nervosa quanto a isso?

Tori: Por que você tá nervosa, mãe?

Jody: Ah... acho que estou um pouco nervosa com toda essa situação. Sabe, *faz quase dez anos que eu não tenho um trabalho de verdade. Nem consigo mais me enxergar nesse ambiente de novo.*

Jacob: É claro que vai haver uma transição, mas com base nas histórias que você me contou da época em que trabalhou na Providence, você era muito boa no que fazia, e eles adoravam seu trabalho. Por que não começa ligando para lá? Talvez eles tenham uma vaga.

Alex: Você trabalhava no quê, mãe?

Jody: Eu trabalhava numa empresa que ajudava as pessoas a comprar e vender casas. Minha função era fazer tudo correr bem dentro do escritório. *Não era nada de especial.* Eu até era boa no trabalho, mas nunca ligaria para eles agora. *Eu saí de lá fechando as portas. Duvido que eles sequer se lembrem de mim, e mesmo que se lembrem, certamente isso não vai contar a meu favor.* Além disso, não quero mais esse tipo de trabalho. *Eu vivia resolvendo um abacaxi atrás do outro.*

Jacob: Talvez uma boa forma de enxergar a situação seja pensar em quais são seus pontos fortes e o que a empolga, depois a gente podia fazer um brainstorm para ter ideias sobre que trabalhos se encaixariam.

Jody: Pontos fortes. Essa é difícil.

Tori: Você é uma mãe incrível. Isso é um ponto forte?

Jody: Obrigada, meu amor. Você é um doce, mas acho que ser uma mãe incrível não vai me ajudar a conseguir um emprego.

Jacob: Ei, espera aí. Isso não é verdade. Pode ajudar, sim. E se você tentasse uma vaga em creches? Aliás, você é uma mãe incrível porque é paciente, criativa e cheia de energia. Esses são seus pontos fortes. Então, que tal procurar...

Jody: Jake, eu agradeço toda a ajuda, mas não imagino isso acontecendo. Qualquer que seja o trabalho em que a gente pense, o fato é que *eu vou competir com pessoas muito mais novas, mais escolarizadas e que não estão fora da força de trabalho há uma década.* Por que contratar uma dona de casa de meia-idade se você pode selecionar alguém mais bem treinado e mais qualificado?

Jacob: Nossa, Jody, você realmente está nervosa. Mas talvez você só precise começar. Sabe, precisa se lançar. Por que não cria o objetivo de, esta semana, olhar os classificados, atualizar o currículo ou alguma coisa do tipo? Eu sei que isso funciona para mim.

Tori: É igual a mim, quando eu não quero limpar o quarto... você sempre diz que eu devo começar pegando todas as roupas amarelas, ou as meias, ou as roupas que começam com a letra S, alguma coisa do tipo. Assim eu faço a tarefa mais depressa, e às vezes até me divirto.

Jody: Acho que a minha situação é um pouco mais complicada que isso, Tori. Não é questão de eu precisar de um empurrãozinho. *É uma questão de não ter os requisitos necessários para ser contratada*, e por mais que vocês inventem truques engraçadinhos para me motivar, o resultado final vai continuar sendo o mesmo.

Jody é pessimista e está transmitindo seu estilo com força total para os filhos. Observe o estilo de suas explicações sobre por que não conseguirá emprego:

- É uma questão de não ter os requisitos necessários para ser contratada (permanente, universal, pessoal).
- Qualquer que seja o trabalho em que a gente pense, o fato é que eu vou competir com pessoas muito mais novas, mais escolarizadas e que não estão fora da força de trabalho há uma década (permanente, universal, pessoal).
- Estou sempre tão atolada (permanente, universal, pessoal).
- Eu vivia resolvendo um abacaxi atrás do outro. (permanente, universal).

Para tentar combater a negatividade, a família mostra um estilo explicativo muito mais otimista que o dela. Eles elaboram argumentos que Jody poderia elaborar por conta própria, de forma espontânea, caso fosse capaz de questionar seus próprios pensamentos catastrofistas.

- É claro que vai haver uma transição (temporário, específico, impessoal).
- Mas talvez você só precise começar (mutável, localizado).
- Você realmente está nervosa (temporário).

Nossos dados mostram que aos poucos os filhos de Jody estão aprendendo a teoria pessimista sobre por que coisas ruins acontecem com ela. E não só aprendendo, como internalizando. Descobrimos uma forte correlação entre o nível de otimismo ou pessimismo da mãe e dos filhos, sejam meninos ou meninas.[5]

Ao contrário de Jody, o pai de Zach está ensinando ao filho um estilo explicativo otimista mesmo em meio a uma tragédia familiar.

É sempre igual. Todo domingo, pouco depois do nascer do sol, Zach, de sete anos, entra como um furacão no quarto dos pais e se joga na cama, em cima da barriga do pai, e cai na gargalhada enquanto seu pai acorda assustado. A rotina começou oficialmente. Fingindo mau humor, o pai de Zach se levanta devagar e coloca a roupa de domingo: short, camiseta e boné. Em seguida, os dois vão para o quarto de Zach, e então é a vez de a criança trocar o pijama e vestir uma roupa igual à do pai. Por fim, eles saem de casa.

Vinte minutos depois do despertar brusco, Zach e o pai estão no carro rumo à padaria onde vão pedir o de sempre no café da manhã, o "Especial do Noah": dois ovos, duas panquecas, duas fatias de bacon e duas torradas. Zach come um especial, e seu pai come três. Durante o café da manhã eles conversam sobre diversos assuntos, mas antes de tudo fazem um apanhado das notícias esportivas ao longo da semana. Após reclamarem do time de basquete pelo qual torcem, a conversa passa a girar em torno da mãe de Zach.

Zach: Domingo a mamãe sempre dormia até tarde.

Pai: Pois é, ela gostava de dormir pelo menos até dez e meia. Quando o sol entrava pela janela, ela roubava meu travesseiro e tapava o rosto. Está com saudade dela hoje?

Zach: É. Eu sinto muita saudade dela. Ontem à noite sonhei com o dia em que a gente foi naquele museu chato e ela começou a falar um monte de coisas engraçadas sobre os quadros. Só que no meu sonho ela era loira, e não morena. Por que será?

Pai: Hmmm, não sei, Zach. Eu também sonho com ela, sabe?

Zach: Sonhou com ela ontem à noite?

Pai: Não. Ontem à noite eu sonhei com... hmmm... não lembro. Ah, lembrei! Sonhei com um amigo de infância quando morava na avenida Olney. Nossa, faz muitos anos que eu nem pensava nele. Ele era meu melhor amigo quando eu tinha a sua idade. Eu me lembro desse dia no museu.

Você não estava a fim de ir, mas eu e sua mãe estávamos naquela fase em que nos obrigávamos a ter "pelo menos duas horas de cultura por semana". Nossa, a gente fez você passar por cada uma... Você estava tão entediado que o único jeito de manter você ali era fazer piada com aqueles quadros todos... uma grande experiência cultural!

Zach: Eu tenho muita saudade da mamãe. A gente era uma família, e agora não é mais. Desde que ela morreu você me trata mal.

Pai (explicações em itálico): *Têm sido tempos muito difíceis para nós dois,* Zach. Nunca achei que a gente teria que passar por algo assim. Mas a gente vai superar, por mais difícil que seja. Quero que você saiba disso, tá? É sério. Agora talvez não pareça que isso vai acontecer, *mas aos poucos vamos passar a ter mais dias bons do que dias em que nos sentimos horríveis.* Vai demorar, mas vai acontecer.

Zach: Sei...

Pai: Sei que às vezes fui brusco, e sei que às vezes não escutei você como deveria. Não é justo com você. Olha, não posso prometer que as coisas vão voltar a ser como antes. Vai haver momentos em que não vou tratar você tão bem quanto deveria, ou quanto eu mesmo gostaria, mas isso *não é porque estou zangado com você ou porque não te amo. Às vezes, eu sinto tanta saudade da mamãe que é difícil pensar em outra coisa e me concentrar em ser um bom pai.* Mas assim como os dias bons vão aumentar no futuro, os dias em que não te escuto ou estou zangado com você vão diminuir. E me desculpa pelas vezes em que fiz coisas que te magoaram, Zach. Tá bom?

Zach: Tá bom. Às vezes eu também fico zangado. Desculpa. Sabe, a mãe do Joey se mudou para San Diego, e o pai dele arrumou uma namorada. Você nunca faria isso, né?

Pai: Por enquanto não sinto vontade de conhecer outras mulheres, mas em algum momento no futuro eu vou querer, e quando isso acontecer, vou passar a sair com algumas mulheres. Sua mãe e eu ficamos juntos por muito tempo, então vai ser estranho conhecer outra pessoa, mas em algum momento isso vai acontecer. Eu e você vamos ter que nos acostumar com muitas coisas.

Zach: Será que ela vai ser loira igual ao meu sonho?

Para explicar por que destratou Zach, o pai não foge da responsabilidade e dá explicações otimistas diante da triste realidade que estão vivendo: explicações temporárias, mutáveis e específicas. Num momento em que Zach parece desesperançoso, seu pai o ensina a ter esperança.

- Têm sido tempos muito difíceis para nós dois.
- Mas aos poucos vamos passar a ter mais dias bons.
- Não é porque estou zangado com você ou porque não te amo.
- Às vezes, eu sinto tanta saudade da mamãe que é difícil pensar em outra coisa e me concentrar em ser um bom pai.

Como parte do estilo explicativo das crianças é aprendida com os pais, é importante que você mude seu estilo, caso seja pessimista. Nos capítulos 10, 11 e 12, apresentaremos o programa de habilidades cognitivas para mudar o estilo explicativo do seu filho e também ensinaremos você a mudar seu jeito pessimista.

PROFESSORES E TÉCNICOS

Os pais não são os únicos adultos que sem querer impõem seus estilos explicativos às crianças. Professores e técnicos também são extremamente influentes. A matéria-prima cotidiana deles é o sucesso e, sobretudo, o fracasso das crianças, e quando eles fazem uma crítica, estão influenciando a teoria de funcionamento do mundo dessa criança. Com isso, em pouco tempo a criança começa a se criticar no estilo explicativo que recebe de seus mentores.

Jamel e Rachel estão na turma de inglês do sétimo ano, com a professora Fitzwater, que é conhecida por elaborar provas difíceis, por obrigar os alunos a memorizar e recitar trechos de livros clássicos e por tirar um dia para fazer os alunos irem vestidos de personagens de seus poemas prediletos. Ninguém questiona a criatividade e a paixão da professora Fitzwater pelo ensino. A maioria dos alunos termina o sétimo ano entusiasmada pela leitura, pela escrita, e mais importante, pelo raciocínio. Mas apesar da grande capacidade da professora Fitzwater, às vezes ela comete um erro comum. Perceba a diferença entre a maneira como ela fala com Rachel e a maneira como fala com Jamel durante as avaliações individuais que faz a cada bimestre.

Professora Fitzwater: Entre, Rachel. Vamos conversar sobre seu desempenho nesse bimestre. O que está achando até agora?

Rachel: Eu adorei as aulas sobre sátira e ironia. Meus pais vivem me dizendo que eu sou muito sarcástica, e agora posso falar com eles sobre outras pessoas sarcásticas. Eles vão adorar!

Professora Fitzwater: Que ótimo! Estou transformando a filhinha deles num monstrinho sarcástico! Que bom que você gostou desse tema, mas suas notas estão baixas, especialmente em escrita. Você tem tirado 6, no máximo 7 nas redações. Parece que você não é muito boa em redação. Algumas pessoas têm o dom, e outras simplesmente não têm. Mas suas notas nos testes de ortografia e recitação são melhores. Você certamente tem jeito para esse tipo de coisa.

Rachel: É, acho que você tem razão. Não sou boa em redação. Acho que puxei meu pai. Ele diz que escreve muito mal e que é péssimo em tudo que tem a ver com línguas. Prefere matemática.

Professora Fitzwater: Bom, todos nós temos nossos pontos fracos e fortes. Eu adoraria ler sua próxima redação e ajudá-la antes da entrega final. Que acha?

Rachel: Obrigada!

Agora veja o que ela diz a Jamel, que também vem tirando notas baixas nas redações.

Professora Fitzwater: Vamos dar uma olhada nas suas notas, Jamel. Sente-se.

Jamel: Ah, odeio essa parte.

Professora Fitzwater: Tenho boas e más notícias. Qual delas quer primeiro?

Jamel: Me dá as más primeiro.

Professora Fitzwater: Bom, suas notas em redação estão baixas. Você tem tirado 7 na maioria das vezes. Me parece que você não tem dedicado muito tempo a essas tarefas. Estou certa?

Jamel: É que não sou muito de escrever, sabe? Eu não me expresso dessa forma.

Professora Fitzwater: Como assim? Já ouvi você falando com as garotas. Tenho a impressão de que, quando quer, você sabe usar as palavras de maneira muito eficaz! Tenho certeza de que se você se esforçar pode passar a tirar 8 ou até mais de 9.

Jamel: Talvez. O problema é que os temas das redações não me animam. Não tenho nada a dizer sobre Boo Radley.

Professora Fitzwater: E tem a dizer sobre o quê, então?

Jamel: Garotas. Tenho muito a falar sobre garotas.

Professora Fitzwater: Então está bem. Por que não escreve uma redação sobre garotas esta semana? Vamos ver como se sai. Mas você tem que se esforçar. Sei que é capaz, só precisa colocar no papel. Agora, a boa notícia é que suas notas em ortografia estão melhores. Viu? Eu tinha razão. É só questão de foco. Você se esforçou um pouco e suas notas melhoraram. Faça o mesmo com as redações!

Professores criticam crianças diferentes de maneiras diferentes. Às vezes as críticas refletem a realidade ("Você é baixo demais para saltar 1,8 metro de altura"), mas outras vezes refletem vieses e maus hábitos do próprio professor. Um viés bem documentado tem a ver com a diferença de tratamento entre garotas e garotos. Carol Dweck, pesquisadora de destaque sobre o desamparo em sala de aula, monitorou alunos do terceiro ano para ver como os professores os criticavam quando eles fracassavam. Quando uma garota vai mal, como é o caso de Rachel, o professor critica a falta de habilidade dela, como fez a professora Fitzwater:[6] "algumas pessoas têm o dom, e outras simplesmente não têm". A criança criticada internaliza a crítica, como fez Rachel. "Não sou boa em redação. Acho que puxei meu pai. Ele diz que escreve muito mal e que é péssimo em tudo que tem a ver com línguas."

Perceba que culpar a falta de habilidade pelo fracasso é um comportamento extremamente pessimista — a habilidade é algo permanente —, e meninas em idade escolar são bombardeadas com críticas às habilidades. Por outro lado, quando meninos vão mal, os professores do terceiro ano os criticam pela falta de esforço, pelo fato de serem encrenqueiros e por não prestarem atenção em sala de aula. (Claro que há algo de verdade nessas críticas.) No entanto, esse tipo de crítica é mais benigno — o esforço, a atenção e o comportamento são temporários e mutáveis. A professora Fitzwater critica Jamel exatamente dessa forma: "Você não tem dedicado muito tempo a essas tarefas"; "Se você se esforçar pode passar a tirar 8 ou até mais de 9"; "É só questão de foco".

Jamel olha para as notas baixas com um estilo explicativo otimista. Lembra fatores que, ao contrário da falta de habilidade, são temporários e mutáveis: "Não sou muito de escrever"; "Os temas das redações não me animam".

Essa sutil diferença entre os sexos tem uma importância considerável. Lembre-se: explicações pessimistas do fracasso solapam a vontade de seguir tentando, produzem desamparo e passividade ante o fracasso, ao passo que explicações otimistas são fundamentais para ver os fracassos como desafios, reagir com atividade e ter esperança. Jacques Barber, um pesquisador da personalidade, estudou como homens e mulheres na idade adulta explicam seus fracassos interpessoais comparando-os com a maneira como explicam seus fracassos em alcançar objetivos. Em geral, homens e mulheres não apresentaram diferenças na média do otimismo. Mas quando os pesquisadores estudaram cada aspecto separadamente, surgiram discrepâncias importantes. Homens são otimistas a respeito do trabalho, atribuindo seus fracassos a causas temporárias, localizadas e externas; e são pessimistas com relação aos fracassos interpessoais, atribuindo a eles causas permanentes, universais e pessoais. Mulheres são o contrário: otimistas em relação às adversidades sociais, mas pessimistas em relação aos objetivos.[7]

Nas últimas décadas as mulheres entraram no mercado de trabalho numa proporção sem precedentes, e, para a surpresa de muitos, alcançaram um grande sucesso. Ainda assim, muitas barreiras se mantêm para o sexo feminino: o chamado "fenômeno do teto de vidro", os salários sistematicamente inferiores, o ritmo mais lento de promoção. Algumas dessas barreiras podem ser externas, porém outras, mais traiçoeiras, podem ser internas. No começo da década de 1980, no estado de Ohio a maioria dos alunos que terminavam o ensino médio ia para a faculdade. Depois de se formarem, os homens em geral começavam trajetórias profissionais ambiciosas, ao passo que as mulheres começavam a ter dificuldades ao fim da faculdade, escolhendo carreiras menos ambiciosas ou até mesmo se afastando do mercado de trabalho. Talvez parte da explicação seja o fato de que quando garotas não conseguem alcançar um objetivo, ouvem explicações relacionadas à sua falta de capacidade e são socialmente condicionadas a acreditar nessa hipótese, enquanto os garotos ouvem — e acreditam — que podem superar o fracasso caso se esforcem mais, se comportem melhor e prestem mais atenção. Quando chegam à idade adulta, essas garotas carregam o peso de um estilo explicativo que enxerga o fracasso no trabalho como algo permanente; já os garotos, ao se tornarem homens adultos, aprendem um estilo no qual o fracasso pode ser revertido se eles se esforçarem mais e se entregarem totalmente ao trabalho.[8]

O EFEITO HOVING

Thomas Hoving, o formidável curador do Metropolitan Museum of Art em Nova York, era conhecido não só por seu extraordinário bom gosto, mas também por sua capacidade de descobrir fraudes e pela confiança inabalável em sua capacidade de avaliar obras de arte. Mas nem sempre ele foi tão confiante.[9]

Hoving conta sobre quando tinha dezenove anos e era um mau aluno na Universidade de Princeton, um jovem ansioso, com baixa autoestima e inseguro de suas opiniões. Antes de largar a faculdade, porém, Hoving decidiu fazer um último curso, de escultura. No primeiro dia, o professor colocou um objeto reluzente de linhas aerodinâmicas na mesa.

"Senhores, quero que comentem sobre os méritos estéticos deste objeto", instruiu o professor aos oito alunos.

"Fluidez melíflua", disse um aluno do último ano de graduação.

"Harmonia das esferas", concordou um calouro em tom delicado. E seguiram-se os elogios, até que só faltava falar o titubeante aluno cheio de espinhas que fazia o segundo ano de faculdade. Hoving.

"Bem, esse objeto é bem construído demais, mecânico demais, frio demais e aerodinâmico demais. É funcional demais. Isso não é arte", murmurou Hoving, em tom de pedido de desculpas.

O objeto era um espéculo vaginal.

"Depois disso, ninguém me parou!", contou-nos Hoving.

O evento transformador de Hoving foi positivo, mas estou convencido de que uma única experiência fundamental que quebre a rotina da infância ou da adolescência — para melhor ou para pior — pode alterar notavelmente o pessimismo ou o otimismo, mudando a teoria da criança sobre si mesma e sobre seu valor. É extremamente difícil estudar esses eventos raros, exatamente porque eles são raros, portanto as evidências do Efeito Hoving são mais fracas do que as das influências genéticas ou de pais e professores no otimismo da criança. Apesar disso, existe uma linha de evidências que provém de uma situação trágica que, infelizmente, acontece com frequência suficiente para ser estudada: a morte da mãe.

George Brown é um incansável e excêntrico professor de sociologia em Londres que há mais de trinta anos vem estudando os antecedentes da depressão entre donas de casa pobres na cidade de Londres. Ele descobriu que, nas mulheres adultas que tinham onze anos ou menos quando perderam a mãe, havia uma chance maior de depressão pelo resto da vida. A morte da mãe, que é um acontecimento permanente (ela nunca volta) e universal (grande parte do mundo da criança depende de sua mãe), se torna o modelo de pensamento sobre perda a partir do dia da morte. Em pouco tempo todos os outros contratempos se tornam catastróficos — perdas permanentes e universais. Houve o caso de uma mulher que perdeu a mãe ainda jovem e foi confrontada com a notícia de que seu filho adulto estava emigrando para a Nova Zelândia. Em vez de pensar que ele estava se mudando para ganhar a vida e depois voltar para a terra natal, para ela foi como se ele tivesse morrido.[10] Adultos que relatam ter sofrido abuso físico ou sexual na infância também têm um estilo explicativo pessimista.[11] Traumas ainda mais comuns para as crianças são as brigas dos pais, a separação, o divórcio. Filhos que passam por turbulências entre os pais se tornam pessimistas e correm grande risco de depressão.[12]

Por outro lado, um desafio inesperado que resulta em maestria pode se tornar o ponto de apoio que permite ao indivíduo dar uma guinada radical em direção a um otimismo duradouro. É o que mostra o relato a seguir.

Em 1950, quando tinha quinze anos, eu sonhava acordado na plantação de batatas de Unk, imaginando que seria um grande jogador de beisebol. Dei duro para desenvolver minhas modestas habilidades no esporte, mas era difícil esconder de mim mesmo que eu era míope, obeso, lento e desajeitado. A bola geralmente encontrava um jeito de desviar da minha luva ou fazia uma curva e escapava do bastão. Eu falava uma língua que as garotas não entendiam. Corava com facilidade. Não era de admirar que aquele monte de garotas pelas quais eu me apaixonava nem sequer me olhassem.

E foi naquelas férias de verão que eu conheci minha cascavel.

Ela estava olhando para a minha direita, e embora estivesse com a língua bifurcada de fora, ainda não tinha sentido minha presença. Eu dei alguns passos e parei. Não podia desperdiçar aquela chance, não podia errar aquela bola, não podia deixar aquela serpente repulsiva ficar descansando livremente, quase no meu quintal. Eu tinha o bastão e tinha a cascavel: só não tinha o resultado — a morte de um de nós.

Eu ataquei e errei. O bastão bateu a centímetros dela e a acertou somente com a ponta — justamente o que meu avô me avisou que eu não poderia fazer. Quando a cascavel virou a cabeça parecia apenas irritada, como se estivesse decidindo, despreocupadamente, se iria me matar ou não, mas logo em seguida seus olhos brilharam com um ódio crescente, e ela sibilou para mim. Em seguida, desenrolou o corpo e partiu na minha direção, o chocalho barulhento, furioso. Ela me mostrou as presas ocas onde guardava o veneno, a boca branca e escancarada. Eu me agachei e comecei a bater com o bastão, várias vezes, e os golpes a acertaram. Ela parou a centímetros de mim.

Eu esperei as convulsões cessarem, segurei-a próximo ao chocalho e caminhei, braço esticado, com minha cobra pendurada, balançando à frente do corpo. "Caramba, o garoto pegou uma cascavel", disse minha avó.

Naquelas férias perdi sete quilos. Quando voltei para a escola, estava magro e caminhava com elegância. Eu corria mais rápido. Eu ia aos bailes da escola e aprendi a elogiar as garotas.

Recentemente, encontrei na casa dos meus pais um instantâneo em preto e branco de um guerreiro gorducho de óculos segurando uma cascavel de um metro recém-morta. O sorriso daquele garoto é de êxtase.[13]

O inverso também é verdadeiro: situações de fracasso e desamparo extraordinários — como a morte da mãe, abusos físicos, conflitos violentos entre os pais ou uma rejeição cruel nas primeiras tentativas adolescentes de descobrir o sexo — podem desfazer uma visão de mundo otimista. Uma teoria que nasce com ideias como "as coisas nunca vão dar certo para mim", "o mundo é injusto" ou "ninguém nunca vai me amar" se torna autorrealizável. Quando o pessimismo se instala, vemos a confirmação por todos os lados. Cada rejeição ou derrota seguinte tem pelo menos alguns elementos reais que são permanentes e universais. O pessimista em desenvolvimento percebe esses elementos como a *única* explicação e ignora as explicações mais otimistas. Tudo o que uma criança pessimista em desenvolvimento precisa fazer é ligar a TV ou ler o jornal para ter seu pessimismo reforçado. Com isso ele pode se tornar um estilo de vida.

Resumidamente, o pessimismo pode se originar de quatro fontes:

- Genética
- Pessimismo dos pais
- Críticas pessimistas de pais, professores ou treinadores
- Experiências de maestria e de desamparo

As perguntas mais importantes passam a ser "Como você pode intervir? Como transformar o pessimismo em otimismo? Como fortalecer e manter o otimismo dos seus filhos?". Não há muito que você possa fazer a respeito da genética do seu filho, e muita coisa depende de quanto sucesso e quanto fracasso ele vivencia. No entanto, você pode mudar seu próprio pessimismo, pode mudar a forma como critica seu filho, pode proporcionar a ele experiências de maestria no momento ideal e pode ensinar ao seu filho as habilidades do otimismo. Essa é a pauta da Parte IV deste livro.

Parte IV

Como educar os filhos no otimismo e na maestria

9. O Programa de Prevenção da Universidade da Pensilvânia

Encorajados pelos resultados do nosso estudo-piloto com um pequeno grupo de alunos do quinto e do sexto anos, estávamos prontos para encontrar um distrito escolar e executar o projeto em grande escala. Abington, cidadezinha arborizada de classe média nos arredores de Filadélfia, foi nossa primeira escolha. Numa conferência que eu tinha dado a secretários de educação de cidades da região leste da Pensilvânia, o dr. Louis Hebert, superintendente de Abington, me deixou extremamente impressionado com suas perguntas ousadas e sua vontade de fazer parte de uma grande mudança no sistema educacional de jovens adolescentes. A localização de Abington também era conveniente para Karen, Lisa e Jane, que seriam fundamentais para o programa. Marcamos uma reunião com o dr. Hebert e a dra. Amy Sichel, diretora do departamento de orientação e supervisão pedagógica, para discutir os detalhes do projeto.

Conduzir pesquisa em escolas, com as agendas de professores, diretores, conselhos escolares e pais em conflito constante, é exponencialmente mais difícil que conduzir uma pesquisa no ambiente controlado de um laboratório. Pesquisas baseadas na comunidade geralmente exigem tanta diplomacia e negociação quanto uma base científica sólida. Devido à complexidade desse tipo de pesquisa, por vezes as primeiras reuniões são complicadas. Como pesquisadores, precisamos exigir certos requisitos para garantir que o projeto, caso bem-sucedido, possa ser reproduzido por outros e amplamente disseminado. Como funcionários da escola, os drs. Hebert e Sichel precisam tomar todos os cuidados para que o risco de prejudicar as crianças seja pequeno e para que os pais e alunos não se sintam ratos de laboratório. Para nossa sorte, os drs. Hebert e Sichel pensam como cientistas. Os dois sabiam que a integridade do programa e sua aplicação em larga escala dependeriam da nossa capacidade de avaliar seus efeitos.

O primeiro objetivo foi, portanto, chegar a um acordo sobre os métodos a serem usados para medir os resultados do programa. Concordamos em dar questionários às crianças, aos seus pais e aos professores antes e depois do período de treinamento. Dessa forma, não só nós, pesquisadores, seríamos capazes de avaliar as mudanças, como também os pais e professores. Explicamos que nossa intenção não era desenvolver um "conserto rápido" que ajudaria as crianças em curto prazo. Em vez disso, estávamos comprometidos a acompanhar aquelas crianças ao longo do ensino médio, indo à escola a cada seis meses pelos anos seguintes para avaliar os participantes e descobrir se o programa era de fato capaz de prevenir a depressão no longo prazo.

Depois disso abordamos a questão mais espinhosa: o estabelecimento de um grupo de controle. Um grupo de controle escolhido aleatoriamente é a melhor forma de avaliar a eficácia de qualquer programa. Como pesquisadores, queríamos oferecer os questionários de triagem a todos os alunos de quinto e sexto ano cujos pais concordassem. Em seguida, formaríamos dois grupos com as crianças testadas que apresentassem o maior risco de depressão: metade participaria do nosso curso e a outra metade faria parte do grupo de controle. Ao selecionar quem participa de qual grupo de forma aleatória, os pesquisadores garantem que não haverá diferenças sistemáticas entre os grupos — por exemplo, diferenças no nível educacional dos pais. A única diferença sistemática entre os grupos será o fato de que um grupo de crianças participará do curso e outro não. Depois, todas as crianças selecionadas para ambos os grupos responderão aos mesmos questionários. Como as crianças são selecionadas aleatoriamente, podendo cair no grupo de controle ou no grupo que fará o curso, qualquer diferença no nível de depressão entre os grupos ao fim do programa — diferenças essas que seriam reveladas pelas respostas dos próprios alunos nos questionários — nos diria se o programa havia funcionado. Se as crianças que participaram do grupo que fez o curso se mostrarem significativamente menos deprimidas que as crianças no grupo de controle, poderemos concluir que foi o programa que preveniu a depressão.

Como administradores de um sistema escolar, os drs. Hebert e Sichel estavam compreensivelmente preocupados com o que os pais e membros do conselho escolar pensariam a respeito de identificarmos crianças que corriam risco de depressão e oferecermos ajuda a só metade deles, abandonando a outra metade à própria sorte. Assim, fizemos um acordo. Faríamos um grupo de controle de "lista de espera". Um total de setenta crianças faria o curso e trinta ficariam no grupo de controle, mas na lista de espera. Depois de um ano, as crianças que tivessem feito parte do grupo de controle fariam o mesmo curso que as setenta outras haviam concluído no ano anterior. Em vez de não ter a oportunidade de participar do curso para desenvolver as habilidades de combate à depressão, as crianças do grupo de controle entrariam para o programa um ano depois. Essa solução era satisfatória para os funcionários de Abington, mas não para nós.

Nossa preocupação era a prevenção em longo prazo, e se tivéssemos um grupo de comparação por apenas um ano, não descobriríamos se conseguiríamos prevenir a depressão em longo prazo. Os resultados de programas escolares e da terapia geralmente perdem força com o tempo — e às vezes perdem força rápido. Nossa missão era desenvolver um programa que mudasse a trajetória de vida daquelas crianças, e precisávamos de um grupo de controle de longo prazo que pudéssemos acompanhar ao longo do ensino médio. As pesquisas mostram que os índices de depressão sobem acentuadamente conforme as crianças chegam à puberdade. Se não pudéssemos fazer comparações fundamentais ao longo da puberdade, qualquer um poderia pôr em dúvida nossas alegações sobre uma possível proteção contra a depressão.

Assim, decidimos criar um grupo de controle de longo prazo em outro distrito semelhante a Abington em questões como nível de renda, escolarização e composição étnica. Não era a solução perfeita, mas era uma boa segunda escolha. Assim, um distrito escolar próximo a Abington passou a fazer parte da pesquisa. Decidimos que, após concluir a fase do projeto realizada em Abington, aplicaríamos o mesmo programa às crianças desse segundo distrito escolar, já melhorado a partir das conclusões que tirássemos em Abington.

O PROGRAMA

Concebemos nosso programa para que não se parecesse em nada com as atividades escolares. Muitas das crianças com as quais trabalharíamos tinham uma visão negativa da escola. Conforme entram em depressão, as crianças começam a se distanciar de pessoas e experiências importantes, e a escola e suas conexões sociais são os candidatos mais prováveis a afastamento. Quando as crianças começam a se distanciar da escola, o desempenho acadêmico cai. Quando elas estão deprimidas, atividades que costumavam ser prazerosas deixam de ser. Quando não estava deprimida, Wendy ficava ansiosa pelas aulas de história, especialmente quando o assunto era a Guerra Civil norte-americana. Mas, como ela mesma descreve, durante a depressão, "era como se eu nem me importasse mais. Eu sabia que gostava do assunto, mas me sentia entediada o tempo todo e parei de gostar até das disciplinas e dos professores prediletos". Como já era de esperar, seu desempenho escolar caiu.

Mesmo que a criança com depressão permaneça interessada na escola, em geral ela tem dificuldade para prestar atenção. Um sintoma importante da depressão é uma queda acentuada no nível de concentração. Em geral, o nível de concentração de crianças em idade escolar é baixo, e nas crianças com depressão é mais baixo ainda. Nesses casos, não só o ambiente escolar serve como distração — crianças contando piadas, barulhos nos corredores, o som do pátio nos intervalos —, como também a mente da própria criança deprimida a bombardeia com pensamentos negativos que a impedem de se concentrar: "Eu nunca vou entender essa matéria"; "Jamie não gosta mais de mim"; "Eu odeio a escola". Conforme a concentração perde força, as notas da criança começam a cair, sobretudo porque a depressão acaba com sua capacidade de se empenhar e se esforçar mais.

Considerando esse conjunto especial de circunstâncias, sabíamos que o programa deveria incorporar as técnicas antidepressão fundamentais num formato que fosse atraente e interativo. Assim, meses antes do início do ano letivo tínhamos desenvolvido um programa de doze semanas, com 24 horas de duração, que utilizava tirinhas, interpretação de papéis, jogos, discussões e vídeos para ensinar cada conceito-chave. Também criamos dois personagens que representavam as técnicas que estávamos ensinando: Holly Esperançosa e seu irmão, Howard Esperançoso. A dupla otimista era capaz de encontrar algo de positivo em qualquer situação ruim e, como adoravam um desafio, serviam como base de comparação com outros dois personagens: Greg Deprê e Penny Pessimista. Nas historinhas, os Irmãos Esperançosos ensinavam a Dupla Desanimada a questionar seus sentimentos negativos e os ajudavam a pensar numa forma de enfrentar os problemas. Samantha Firme ajudava Brenda Briguenta e Pete Molenga a aprender técnicas de assertividade. Cada conceito foi trazido à vida através de um personagem, e ao longo do programa eles aparecem em tirinhas e historinhas que apresentavam as técnicas de combate à depressão.

Os dois principais componentes do Programa de Prevenção da Universidade da Pensilvânia eram o cognitivo e o de resolução de problemas sociais. Ao adaptar os elementos-chave da terapia cognitiva para crianças normais em idade de ensino fundamental, queríamos ensinar às crianças que somos capazes de checar se nossos pensamentos estão corretos e modificá-los, queríamos mostrar a elas que não precisavam acreditar na primeira coisa em que pensassem. Todos nós temos "pensamentos automáticos", que ocorrem no limite entre o consciente e o inconsciente. São afirmações fugazes, quase imperceptíveis, que fazemos a nós mesmos ao longo do dia. Embora sejam rápidas — e por isso mesmo difíceis de detectar —, essas afirmações são diretamente responsáveis por produzir tristeza, ansiedade e raiva. Nosso primeiro passo, portanto, foi ensinar as crianças a monitorar o que dizem a si mesmas.

Laurie, aluna do sexto ano do ensino fundamental, fala sobre seu aprendizado para detectar os pensamentos automáticos.

Sabe quando uma música não sai da sua cabeça? Uma vez, meus pais me levaram para assistir a um show chamado *O homem música*, e eu passei uma semana inteira tentando tirar uma das músicas da minha cabeça, e olha que eu nem gostei tanto do espetáculo. Karen nos ensinou que nós também temos palavras, frases, coisas que dizemos a nós mesmos e que ficam na nossa cabeça. No começo, achei que ela estava maluca, mas ela ensinou a gente a prestar atenção nisso, e estava certa. Karen fez um exercício legal com a gente. Ela usava um relógio, e quando o alarme do relógio tocava a gente escrevia o que estivesse pensando naquele exato momento. Às vezes eu estava pensando coisas como "Meu cabelo é horrível" ou "Nenhum garoto gosta de mim". Vez ou outra eu tinha pensamentos felizes, mas na maioria das vezes não era o caso.

Com a prática, Laurie se tornou capaz de ouvir os próprios pensamentos automáticos. Após aprender a detectar os pensamentos automáticos, a criança precisa aprender a avaliar o grau de precisão desses pensamentos. Julgar a precisão das acusações é uma habilidade que a maioria das crianças já tem, mas não usa quando a acusação vem de dentro. Quando são chamados de preguiçosos, egoístas ou insensíveis por, digamos, um amigo, a maioria das crianças e dos adultos contesta a crítica enumerando uma lista de situações concretas comprovando que a acusação é falsa: "Preguiçosa?! Como assim? E daí que tem alguns pratos na pia? Eu acordei seis e meia da manhã, malhei até as oito, trabalhei no escritório das nove às seis e quando estava voltando para casa ainda passei na lavanderia para pegar a *sua* roupa limpa! Preguiçosa? Você deve estar maluco!".

Em geral, porém, não usamos essa habilidade quando acusamos a nós mesmos. Agimos como se aquilo que dizemos a nós mesmos fosse uma verdade absoluta, e a tendência a aceitar os pensamentos autocríticos como fatos é especialmente acentuada em pessoas com depressão.

Para combater essa tendência, nosso programa ensina as crianças a adotar o papel de um detetive cuja tarefa é julgar a precisão dos próprios pensamentos e acusações pessimistas. Para introduzir esse conceito, usamos histórias de Sherlock Holmes e sua contraparte desorientada, o detetive Hemlock Jones.

Era uma vez, numa cidadezinha muito parecida com Abington, uma garotinha de dez anos que usava sua bicicleta vermelha para ir para a escola. Quando chegava, ela prendia a bicicleta no estacionamento e ia toda feliz assistir às aulas. Quando soava a campainha anunciando o fim das aulas, a menina ia correndo empolgada para a bicicleta. Ela mal podia esperar para empinar a bicicleta e pedalar o mais rápido possível de volta para casa. Mas espere! O que é isso? Quando ela chegou ao estacionamento de bicicletas, não encontrou nada.

"Ah... minha bicicleta vermelha novinha!", chorou a garotinha. Ela estava muito, muito chateada. "Eu estou muito, muito chateada." E foi então que um homem muito estranho usando um chapéu enorme apareceu ao seu lado. Ela não reconheceu o homem. Nunca tinha visto o sujeito na vida. *Não reconheço este homem*, pensou. *Nunca vi este sujeito na vida.*

"Por favor, não se assuste, pequena. Eu sou o famoso, o grande, o famoso... detetive Hemlock Jones. A seu dispor."

"Nunca ouvi falar de um detetive chamado Hemlock Jones. Tem certeza de que não é Sherlock Holmes?"

"Não, meu nome é Hemlock Jones", respondeu o detetive, com certa irritação. "Por que todo mundo vive me confundindo com esse cara? Enfim, eu sei quem roubou sua bicicleta. Foi o terrível Danny Perigoso!"

"Nossa!", gritou a garota. "Que rápido! Como você descobriu quem roubou minha bicicleta tão rápido?"

"Ah, não foi nada de mais. O nome dele foi o primeiro que me veio à cabeça, então deve ter sido ele!" E, com isso, Hemlock Jones deu meia-volta, tropeçou e saiu caminhando em direção ao sol poente, até desaparecer.

Mas nossa história não acabou, pois nesse exato momento surgiu o arrojado, o corajoso, o famoso Sherlock Holmes. Ele abriu a capa, ajeitou a boina e disse:

"Eu não concordo com aquele tolo do Hemlock Jones. Eu sou o arrojado, o corajoso, o famoso Sherlock Holmes, protagonista de inúmeros livros."

A garotinha achou o homem um pouco arrogante, mas estava precisando da ajuda dele. Sherlock Holmes continuou:

"Minha amiga, eu não concordo com aquele tonto do Hemlock Jones. Que tipo de detetive é ele? Detetives de verdade não acreditam no primeiro nome que lhes vem à cabeça. Um bom detetive faz uma lista de suspeitos e depois procura as provas para pegar o ladrão. Agora vou lá procurar pistas e provas, e quando voltar vou lhe dizer quem roubou sua bicicleta."

Dito isso, Sherlock Holmes fechou a capa, ajeitou a boina e saiu correndo pela rua.

Que homem estranho, pensou a garotinha, *mas ele parece levar o trabalho a sério.*

Naquele mesmo dia, a garotinha estava brincando na frente de casa quando ouviu um barulho estranho. Virou para trás, e diante dela estava ninguém menos que Sherlock Holmes.

"Olá! Aqui estou eu, o arrojado, o corajoso, o famoso Sherlock Holmes, protagonista de inúmeros livros."

De novo essa história..., pensou a garotinha. "Você descobriu quem roubou minha bicicleta?", perguntou.

"Sim, descobri. Primeiro pensei que talvez tivesse sido o Danny Perigoso. Mas quando procurei as evidências descobri que, no momento em que sua bicicleta foi roubada, ele estava de castigo na escola por ter matado aula. Não pode ter sido ele. Então, pensei que talvez tivesse sido o Steve Dedos Ligeiros. Mas quando fui atrás de provas descobri que ele estava no fliperama quando sua bicicleta foi roubada. Não podia ter sido ele. Por fim, decidi averiguar Betty Malvada. Quando averiguei, descobri algumas pistas reveladoras. Primeiro, encontrei um laço de cabelo com as iniciais 'BM' perto do estacionamento de bicicletas. Depois fui à casa de Betty, e a mãe dela me disse que ela estava andando numa bicicleta vermelha novinha em folha que tinha ganhado na escola por bom comportamento. Por fim, procurei Betty no bairro inteiro, e quando a encontrei, ela estava implicando com crianças pequenas na *sua* bicicleta."

"Sherlock Holmes, você é maravilhoso! Você é tão mais inteligente do que aquele bobalhão do Hemlock Jones. Por favor, detetive Holmes, pode me devolver minha bicicleta vermelha novinha em folha agora?"

Sherlock Holmes baixou a cabeça e começou a gaguejar.

"Hã... bom... eu não *recuperei* sua bicicleta, propriamente falando. A Betty Malvada é enorme e, bom... é assustadora! Acho melhor você pedir para os seus pais pegarem a bicicleta de volta por você."

Com isso, o famoso Sherlock Holmes fechou a capa, ajeitou a boina e saiu caminhando em direção ao sol poente, até desaparecer.

Fim.

Nos capítulos 10, 11 e 12 você aprenderá a aplicar os conceitos-chave e a fazer com seu filho as atividades do componente cognitivo do Programa de Prevenção da Universidade da Pensilvânia.

O segundo componente do programa ensina as crianças a lidar com conflitos interpessoais e a resolver problemas sociais. Crianças propensas à depressão geralmente apresentam um de dois estilos interpessoais. Ou são valentonas e explodem quando não conseguem imediatamente o que querem ou são passivas e não querem se meter em problemas ou confusões, e por isso permitem que os outros se aproveitem delas. Não surpreende que a criança passiva seja uma presa fácil para a valentona.

A criança valentona vê hostilidade e agressão por todos os lados e reage da mesma forma. Seu lema é: "A melhor defesa é um forte ataque". Ela precisa aprender a se acalmar, a reduzir a sensibilidade do seu "detector de agressividade" — e também precisa aprender outras estratégias para lidar com a frustração. A criança passiva, cujo lema é "Se jogue no chão e se finja de morto", é incapaz de se impor, por isso sempre foge dos conflitos. Essa criança precisa reconhecer que não é incapaz e precisa aprender a ser mais assertiva. No capítulo 13 você verá como ensinar ao seu filho as habilidades sociais e interpessoais.

CRIANÇAS EM SITUAÇÃO DE RISCO

O primeiro passo do nosso programa foi identificar crianças propensas à depressão. Existem vários fatores que aumentam esse risco: ter pais com depressão, passar pela morte da mãe, manifestar pequenos sintomas depressivos, fazer parte de uma família que briga com frequência, entre outros. Como é difícil descobrir se os pais têm depressão e, felizmente, não havia muitos casos de morte materna em Abington, nosso foco foi nos últimos dois fatores, com o objetivo de incluir o maior número possível de crianças no programa.

O processo de seleção foi rápido e simples. Aplicamos dois questionários, um que media os sintomas de depressão e outro que media a percepção da criança sobre os conflitos familiares. Como nosso método de triagem não exigia entrevistas demoradas, era possível aplicar os questionários a um grupo de vinte crianças em apenas vinte minutos.

OS GRUPOS SE INICIAM

No início de 1990, o Programa de Prevenção da Universidade da Pensilvânia começou oficialmente. Lisa, Jane e Karen avaliaram duzentas crianças do quinto e do sexto anos do ensino fundamental do distrito escolar de Abington e ofereceram vagas no programa a setenta crianças que corriam mais risco de depressão. As setenta crianças foram divididas em seis grupos; Lisa, Jane e Karen deram aulas a dois grupos cada. Para garantir que todos os grupos estivessem aprendendo os mesmos conteúdos, desenvolvemos um manual descrevendo cada sessão, minuto a minuto. Também gravamos cada sessão em vídeo, para monitorar as aulas e saber se estávamos seguindo o manual à risca, além de avaliar se estávamos ensinando o conteúdo da maneira correta.

Durante o jantar após o primeiro dia do programa, a equipe de pesquisa conversou sobre o trabalho e compartilhou da empolgação e do nervosismo por finalmente estar em sala de aula com as crianças. Tínhamos passado dois anos desenvolvendo o programa; o dia seguinte seria o primeiro em que de fato o levaríamos a cabo, do começo ao fim, com um grupo de crianças que corria risco de depressão. Levar a ciência à comunidade é uma tarefa emocionante, e, ao mesmo tempo, uma enorme responsabilidade. Enquanto pensávamos em entrar na vida daquelas setenta crianças, eu me lembrei da minha conversa com Jonas Salk e torci para que o experimento de imunização psicológica, algo inédito até então, honrasse seu nobre legado.

Seguimos com nossos grupos durante o primeiro semestre daquele ano. Cada grupo tinha uma personalidade própria. Um era especialmente coeso e sociável. Esse grupo fez uma festa de aniversário surpresa para Karen, com direito a presentes confeccionados por eles mesmos e biscoitos caseiros. Foi uma surpresa total, porque o aniversário de Karen só aconteceria quatro meses depois. Outro grupo era mais calado, mas aprendia as habilidades com grande precisão. Um terceiro grupo era composto de membros que tratavam mal uns aos outros. As técnicas de assertividade foram especialmente úteis para esse grupo. Tínhamos a expectativa de passar a fazer parte da vida dessas crianças, mas ficamos surpresos ao descobrir como *elas* passaram a fazer parte das *nossas* vidas.

Muitas dessas crianças tinham experiências familiares semelhantes. Como um dos critérios de seleção era a presença de conflitos familiares, muitas moravam com pais separados ou divorciados que brigavam com frequência. No entanto, cada criança tinha uma história própria. A mãe de um aluno do quinto ano sofreu um grave acidente de carro, e o pai, amargurado por essa desagradável obra do destino, nunca tinha tempo para o filho. Quando entrou para o programa, Toby acreditava que tinha feito algo para que seu pai o odiasse. Vivia se perguntando o que tinha feito, com a esperança de descobrir seu erro, para consertá-lo e fazer as pazes com o pai.

A minha casa é horrível. Minha mãe está muito doente e não consegue sair da cama. Nós colocamos uma cama na sala de estar para ela poder ver mais gente e tal, mas mesmo assim está sendo muito difícil para ela. Minha irmã mais velha está pensando em sair da faculdade e voltar para casa para ajudar, mas minha mãe não quer que ela abandone os estudos. Mas o que me incomoda mesmo é que meu pai quase não fala mais comigo. Sei que às vezes me meto em encrenca e irrito meus pais, mas desta vez não tenho a menor ideia do que fiz. Geralmente eu sei o que fiz de errado, como arrumar briga com Mark ou tirar nota baixa na prova da professora Bowman, mas desta vez realmente não sei. Eu já perguntei ao meu pai algumas vezes, e ele sempre responde que eu não fiz nada, mas sei que devo ter feito alguma coisa. Ele não estaria tão chateado comigo se eu não tivesse feito nada de errado.

A vida familiar de Toby estava em crise. Embora nosso programa não fosse capaz de mudar a infeliz realidade dessa situação, nós podíamos ajudar Toby a aprender a parar de se culpar pelo caos e a fortalecer seus recursos mentais para lidar com a perda e a dor. Toby descreve as mudanças que viu em si mesmo:

A situação continua horrível lá em casa. Minha irmã trancou a faculdade por um semestre e está ajudando um pouco. E acho que minha situação com meu pai está um pouco melhor, mas não muito. Seja como for, aprendi a parar de me culpar por isso o tempo todo. Os jogos de detetive que jogamos me ajudaram a descobrir que estou me culpando demais. Às vezes, quando começo a pensar que é tudo culpa minha, eu me lembro dos exercícios que fazíamos em sala de aula, e isso ajuda. Por exemplo, algumas noites atrás, eu estava na cama pensando que provavelmente tinha feito algo errado, pois, se não fosse isso, por que tantas coisas ruins estariam acontecendo com a minha família? Fiquei pensando em todas as coisas ruins que já tinha feito e comecei a me sentir muito mal. Aí, eu me lembrei de Karen me mostrando como procurar as provas, igual ao Sherlock Holmes, e comecei a fazer isso. Eu ia ligar a luz do quarto para anotar tudo, mas decidi gravar na memória mesmo. E isso me ajudou muito. Consegui me lembrar de um monte de coisas boas que faço. Por exemplo, ajudo minha mãe com as tarefas de casa e meu pai a cozinhar e a fazer outras coisas. Essa lembrança me fez sentir muito melhor. Às vezes eu me esqueço de fazer igual ao Sherlock Holmes, mas quando me lembro de fazer sempre me ajuda muito.

Miriam, aluna do sexto ano que fazia parte do programa, havia descoberto pouco tempo antes que tinha sido adotada. Para ela, a sensação era de que o mundo todo tinha se transformado. Nada mais parecia igual, e ela estava furiosa com os pais por não terem lhe contado antes.

Eu me lembro perfeitamente de tudo o que aconteceu no dia em que me contaram. Eu estava na casa do Glenn brincando com os porquinhos-da-índia dele quando minha mãe telefonou para lá e pediu que eu voltasse para casa. A voz dela parecia meio estranha, por isso pensei que ela havia descoberto que eu vinha dando trotes em Danielle Davis. Imaginei que iria ficar de castigo ou coisa assim. Quando entrei em casa, minha mãe e meu pai estavam me esperando e pediram que me sentasse com eles na sala. Nessa hora eu comecei a morrer de medo, porque os dois estavam muito sérios, só que quando descobrem que eu fiz algo de errado eles começam a gritar comigo na hora. Eles nunca pedem para eu me sentar. Enfim, a gente se sentou na sala, e minha mãe começou, dizendo: "Miriam, seu pai e eu te amamos muito e queremos falar com você sobre uma coisa importante".

Eu já estava imaginando que eles iriam me contar que estavam se divorciando ou coisa assim. Eles não brigavam muito, mas os pais de alguns amigos meus se divorciaram, e pelo jeito que eles falaram na hora fiquei com essa impressão. Quando contaram que eu tinha sido adotada, eu quase morri. Na hora fiquei um tempão sem acreditar. Fiquei sentada ali, pensando: "Cara, eles estão malucos. Não acredito que estão fazendo uma brincadeira desse tipo comigo". Mas por fim eu caí na real e aí fiquei muito, muito, muito furiosa. Com certeza nunca fiquei tão furiosa na minha vida. E eles só me contaram porque Jonathan estava xeretando no escritório do meu pai e encontrou uns papéis no fundo de um gaveteiro. Os papéis diziam que eu tinha sido adotada. Eles ficaram com medo de eu descobrir por Jonathan e preferiram que eu ouvisse a verdade deles próprios. Se não fosse por Jonathan, eu ainda pensaria que era uma Cooper de verdade.

Durante o programa, o foco principal de Miriam era no fato de que seus pais tinham escondido a informação. Ela acreditava que os dois tinham conspirado para mantê-la na ignorância e que só lhe contaram porque seu irmão havia descoberto. Miriam estava tão furiosa com os pais que se recusava a falar com eles sobre o assunto e passava todo o tempo possível no quarto ou na casa de uma amiga.

Ao longo do programa, nós ajudamos Miriam a adotar um ponto de vista mais flexível com relação às motivações de seus pais. Com essa mudança, Miriam diminuiu sua raiva e se tornou capaz de falar com eles sobre como se sentia.

Eu adorei entrar para o programa. Jane foi muito legal e me ajudou demais. A maior ajuda que ela me deu foi com relação a essa coisa da adoção. Eu estava tão furiosa com meus pais que nem queria ficar perto deles. Chegava da escola e ia direto para a casa da Sarah ou me trancava no quarto. Acho que estava tentando castigar os dois com meu silêncio. Sei que isso é infantil, mas eu não conseguia evitar. Eu me sentava à mesa e precisava ficar repetindo para mim mesma: "Não faça nenhuma idiotice. Coma a sua comida e fique de boca calada". Mas confesso que minha vontade era tacar o prato de comida neles.

Jane me ajudou a pensar mais devagar para descobrir o que eu estava dizendo a mim mesma sobre esse assunto. Eu achava que se eles me amassem de verdade teriam me dito de cara e que, como só me contaram porque Jonathan descobriu os papéis, provavelmente não estavam sequer planejando me contar um dia. Mas Jane me ajudou a pensar num monte de razões para explicar por que eles não tinham me contado e por que talvez tivessem decidido revelar quando eu fosse mais velha. Vai ver eles queriam ter certeza de que eu tinha idade suficiente para entender, ou talvez tivessem medo de eu ficar mal e por isso não queriam me contar. Eu mesma consegui pensar em uns sete motivos. Depois que comecei a pensar neles, eu não me senti tão mal e até comecei a fazer algumas perguntas a eles sobre o assunto.

Após passar um total de 24 horas com essas crianças ao longo de doze semanas, ouvido suas histórias e as ajudando a melhorar a capacidade de lidar com os problemas, era hora de dar adeus. Teria sido legal poder ligar de vez em quando para dar um oi e saber como estavam. Mas como estávamos conduzindo uma pesquisa concebida para avaliar se o curso de doze semanas teria efeitos antidepressivos duradouros nas crianças, sabíamos que assim que o programa acabasse, teríamos que tratar as crianças que participaram do curso exatamente igual às crianças do grupo de controle.

OS RESULTADOS

Nos dois anos seguintes, voltamos às escolas para medir os sintomas de depressão das crianças. E o fato foi que o programa teve um efeito claro e imediato na depressão. Antes do início do programa, 24% das crianças tanto do grupo de controle quanto do grupo de prevenção tinham sintomas depressivos de moderados a graves. Imediatamente após o fim do programa, o número de crianças com esses sintomas no grupo de prevenção caiu para 13%, enquanto o grupo de controle se manteve em 23%. Mas como o programa tinha sido concebido para prevenir a depressão, o que nos interessava de verdade eram os dados em longo prazo, não o alívio imediato causado por ele. Se descobríssemos que o programa reduzia a depressão imediatamente mas não provocava mudanças duradouras, teríamos falhado. Nosso objetivo era ensinar as crianças um conjunto de habilidades que elas fossem capazes de usar ao longo da vida. Acreditávamos que quando as crianças começassem a usar essas habilidades, passariam a ter mais momentos de maestria e menos fracassos, o que melhoraria o humor delas e reforçaria o uso dessas habilidades. Queríamos criar um círculo virtuoso de um sistema de autorreforço.

Analisamos os dados a cada seis meses, e todas as vezes chegamos à conclusão de que a prevenção funcionava. Dois anos após o fim do programa, só 22% das crianças no grupo de prevenção relatou sintomas depressivos de moderados a graves, contra 44% das crianças no grupo de controle. Ou seja: dois anos após dar adeus às crianças — e de, ao longo desse tempo, só ter contato com elas durante as avaliações semestrais —, a probabilidade de depressão nas crianças do grupo de prevenção havia caído pela metade.

Existem dois fatos que você precisa saber para enxergar esses dados pela perspectiva correta. Em primeiro lugar, é quase uma conclusão universal que os efeitos positivos de todos os tratamentos psicológicos perdem força com o passar do tempo. Isso não é nenhuma surpresa. As pessoas esquecem o que aprenderam. Elas voltam aos ambientes que agravam seus problemas. Deixam de contar com o apoio e o estímulo de quem as ajudou. Embora esperássemos que nosso programa fosse capaz de gerar uma mudança duradoura, com base na literatura, nossa expectativa mais razoável seria de que o programa teria um pico de eficácia precoce, depois os benefícios diminuiriam com o passar do tempo. O segundo fato é que o índice de depressão aumenta constantemente ao longo da puberdade e é maior na adolescência que na infância. Assim, esperávamos que o número de crianças com sintomas depressivos aumentaria ao longo do período de acompanhamento, mas acreditávamos que o programa de combate à depressão reduziria essa tendência.

Agora vamos rever os resultados. Imediatamente após o fim do programa, reduzimos em 35% o número de crianças com sintomas fortes de depressão. Dois anos depois, tínhamos reduzido o número de crianças com sintomas fortes de depressão em 100%. Conforme as crianças entram na adolescência, a tendência de depressão é ascendente. No entanto, com o passar do tempo, as crianças no grupo de controle apresentaram um crescimento muito maior nos sintomas depressivos que as crianças no grupo de prevenção. Assim, o Programa de Prevenção da Universidade da Pensilvânia nitidamente reduzia o aumento natural nos índices de depressão. Nosso programa era a exceção à regra: o efeito preventivo crescia com o passar do tempo.

A primeira pergunta que fizemos foi: "Nosso programa preveniu a depressão?". A resposta foi sim. A pergunta seguinte foi: "Nosso programa aumentou o otimismo das crianças?". Novamente, a resposta foi sim. Toda vez que faziam o teste de depressão, as crianças também respondiam o teste de otimismo e pessimismo do capítulo 7. Verificamos que as crianças nos grupos de prevenção eram consistentemente menos propensas a explicar acontecimentos ruins de forma pessimista. Em particular, o programa as ajudou a reduzir a tendência a atribuir os problemas a causas permanentes. Shawanna percebeu essa mudança em si mesma.

Quando eu comecei no programa, era igual à Penny Pessimista. Vivia para baixo e achava que sempre fazia besteira. Por exemplo, quando meu padrasto saiu de casa, eu achei que aquilo tinha sido culpa minha. Quando meu pai morreu eu era bem pequena, mas achei que tinha feito ele morrer porque estava muito chateada com ele no dia por não me deixar dormir na casa da Kiona. Acho que agora não faço mais isso. O pessoal da Universidade da Pensilvânia foi até a nossa escola e nos ajudou a estar sempre menos tristes. A gente fazia uns exercícios com umas tirinhas com situações do dia a dia. Por exemplo, na primeira parte tinha dois meninos brigando, e na última dizia como um deles estava se sentindo... muito triste ou muito irritado, por exemplo. Então, a gente precisava imaginar o que a criança estava pensando no balão de pensamento no meio da página. Sabe, como aqueles balões das tirinhas do jornal. Fizemos exercícios com um monte dessas tirinhas, e às vezes desenhávamos alguma coisa que tinha acontecido com a gente, em vez de usar uma tirinha pronta.

Eu adorava as tirinhas porque elas me ajudavam a pensar como a Holly Esperançosa quando aconteciam coisas ruins comigo. Lisa me ensinou a diferença entre pensar que uma coisa vai durar para sempre e você não pode fazer nada para mudar e pensar que você pode mudar pelo menos uma parte. E ela fazia a gente exercitar esse pensamento o tempo todo. Chegava até a passar dever de casa. Às vezes eu não gostava muito de fazer. Odeio dever de casa. Mas ela não passava muito, então tudo bem.

Desde então, executamos o programa de prevenção em escolas do distrito escolar de Wissahickon, Pensilvânia, com êxito semelhante ao de Abington. Em seguida, modificamos o programa para aplicá-lo nas crianças da região metropolitana de Filadélfia, alterando a linguagem e as histórias, de modo a refletir as dificuldades da vida numa metrópole. Também tivemos bons resultados a curto prazo, e agora estamos acompanhando as crianças para ver se os efeitos são duradouros. No total, certa de 350 crianças de quatro distritos escolares na região metropolitana de Filadélfia participaram até o momento.

Embora estejamos orgulhosos dos resultados, uma pergunta importante permanece sem resposta. Tínhamos estabelecido que Karen, Lisa e Jane, que na época estavam fazendo doutorado em psicologia clínica, podiam ensinar às crianças as habilidades que reduziam permanentemente o risco de depressão. Mas se outras pessoas não fossem capazes de fazer o mesmo, o escopo do nosso trabalho seria bastante limitado. Só poderíamos ensinar no máximo cem crianças por ano, mas existem centenas de milhares de crianças que poderiam se beneficiar desse programa. Nem mesmo um pequeno exército de psicólogos com licenciatura seria suficiente. Psicólogos são caros, e o orçamento das escolas apertados.

Para usar nosso programa de forma ampla, precisávamos de dois braços: um relativo à participação dos professores, que seriam a nossa verdadeira linha de frente; e outro relativo à participação dos pais. Portanto, primeiro precisávamos treinar os professores, para que fossem capazes de ensinar as habilidades tão bem quanto os psicólogos. Selecionamos um grupo de professores do distrito escolar de Upper Darby, no subúrbio de Filadélfia, para serem os primeiros professores a aplicar o programa diretamente a seus alunos. Eles concordaram em participar de um amplo programa de formação e em dedicar uma tarde por semana a aplicar os conhecimentos em grupos de crianças nas escolas em que trabalhavam. No momento em que escrevo este capítulo, seis professores estão ensinando grupos de alunos do sétimo e do oitavo anos do ensino fundamental, e estamos comparando o nível de prevenção à depressão dessas sessões com as dos grupos conduzidos por estudantes de psicologia da Faculdade Bryn Mawr. Outras crianças, com níveis de risco de depressão semelhantes ao das crianças nos grupos de prevenção, fazem parte do grupo de controle. Assim como fizemos em Abington, vamos acompanhar essas crianças conforme elas fazem a transição do ensino fundamental para o ensino médio.

O segundo braço necessário para a ampla disseminação do programa é mostrar aos pais como ensinar seus próprios filhos. Quando ensinamos aos pais as técnicas que seus filhos estão aprendendo, estamos cercando as crianças de um ambiente otimista, e os pais podem continuar reforçando as habilidades dos filhos muito depois do fim do programa. No programa para os pais, eles aprendem e treinam as habilidades que estamos ensinando a seus filhos no programa de prevenção à depressão.

Até o momento, trinta pais do distrito escolar de Wissahickon participaram, comparecendo a sete sessões de duas horas cada. Comparamos as crianças cujos pais estavam envolvidos no programa com crianças que foram treinadas por nós, mas cujos pais não participaram do treinamento. Logo após o fim do programa, não encontramos diferenças significativas entre os dois grupos. Isso não surpreende, pois o período de reforço em casa ainda não havia começado de fato. No momento, estamos fazendo um acompanhamento para descobrir se com o passar do tempo surgem diferenças entre os grupos.

Nesse meio-tempo, recebemos vários relatos de histórias de "sucesso" dos pais. Por meio de formulários de feedback, cartas e telefonemas, os pais que participaram do programa têm relatado as mudanças que viram em seus filhos e em si mesmos. Uma mãe revelou que havia desenvolvido com o filho uma conexão que nunca havia sentido antes: "Para mim, a melhor parte do programa foi o fato de que eu e meu filho estamos muito mais conectados agora. Quando surge algum problema, agora ele me enxerga como um recurso, como uma pessoa com quem pode contar para ajudá-lo a resolver o problema. Antes, eu era a última pessoa a quem ele recorria".

Outra mãe contou que houve um aumento no tempo que passavam em família: "Em geral passávamos as tardes de domingo em família, e só. Mas desde que entramos para o programa, comecei a notar que estamos próximos um do outro por muito mais tempo. Minha filha não tenta fugir da mesa de jantar minutos depois de engolir a comida. Além disso, a comunicação entre ela e meu marido melhorou muito".

Os próximos quatro capítulos tratam dos aspectos fundamentais dos programas de formação de pais e professores, com diversos exercícios tanto para os pais quanto para os filhos.

10. Como mudar o pessimismo automático do seu filho

Como o Programa de Prevenção da Universidade da Pensilvânia de fato preveniu a depressão quando ensinamos as habilidades às crianças em suas escolas, criamos uma forma de ensiná-la aos pais, de modo que eles próprios, por sua vez, pudessem ensiná-las a seus filhos em casa. Nos quatro próximos capítulos, você aprenderá a ensinar ao seu filho as técnicas fundamentais do otimismo, as mesmas que imunizaram contra a depressão as crianças que participaram do Programa de Prevenção. Neste capítulo explicaremos como ensinar seu filho a enxergar o vínculo entre pensamento e reações emocionais. O capítulo 11 ensinará as habilidades que estimulam um estilo explicativo otimista, e no capítulo 12 você aprenderá a transformar seu filho num especialista em contestar os próprios pensamentos pessimistas. As habilidades sociais que a criança pode aprender para combater a depressão fazem parte do capítulo 13.

Para ensinar ao filho as habilidades cognitivas do otimismo, primeiro os pais devem incorporá-las ao próprio modo de pensar. As crianças aprendem a ser pessimistas, em parte, com os pais e professores; portanto, como um primeiro passo, é fundamental que você se torne um modelo de otimismo para seu filho. Assim, este capítulo apresenta uma abordagem com duas vertentes. Primeiro ensina você a usar cada técnica na sua própria vida e, depois, a ensinar a mesma técnica ao seu filho. Enquanto você não se sentir à vontade usando a habilidade em si mesmo não conseguirá ensiná-la a outra pessoa.

Antes de mergulhar neste capítulo, entenda que as estratégias que você aprenderá não fazem milagre. Se você é pessimista, uma pessoa capaz de encontrar uma crítica escondida em cada elogio, um mau agouro em tudo o que dá certo, você não vai largar este livro e passar automaticamente a ver o copo meio cheio. Com a prática, porém, aprenderá a contestar suas suposições pessimistas, mas isso requer trabalho. Lembre-se: as crianças que fizeram parte do Programa de Prevenção da Universidade da Pensilvânia passaram um total de 24 horas no curso, aprendendo e treinando as habilidades do otimismo, e ainda precisaram fazer deveres de casa. A melhor forma de usar estes quatro capítulos para ensinar seu filho é a seguinte: leia cada capítulo do começo ao fim. Você verá que algumas partes são para você e outras são para seu filho. Depois, volte para a primeira parte, destinada a adultos, e treine a técnica descrita nela. Dedique uma hora ininterrupta a treinar cada habilidade sem se distrair. E seja paciente. Esse aprendizado não se dá de uma hora para outra, mas as habilidades que você aprenderá podem mudar sua vida. Quando se sentir bem com seu nível de habilidade, vá para a próxima seção, em que você ensinará a mesma habilidade ao seu filho.

UMA VISÃO GERAL

As técnicas que você aprenderá neste e nos próximos dois capítulos são as principais estratégias usadas por terapeutas cognitivos para tratar a depressão, mas nós as adaptamos a pessoas que não têm depressão. A terapia cognitiva é um tratamento a curto prazo e tem mais ou menos a mesma eficácia de medicamentos para a depressão. Ou seja, quando pacientes que têm níveis igualmente graves de depressão recebem aleatoriamente terapia cognitiva ou o tratamento medicamentoso mais eficaz, aproximadamente o mesmo número de pacientes (cerca de 70%) apresenta uma melhora notável. Com o passar do tempo, porém, surge uma diferença importante. Se acompanharmos ao longo do tempo as pessoas que reagiram bem ao tratamento, avaliando os níveis de depressão neles a cada seis meses, descobriremos que os pacientes tratados com medicamentos têm duas vezes mais chances de uma recaída, em comparação com os que fizeram terapia cognitiva. A terapia cognitiva reduz o risco futuro de depressão ensinando novas habilidades de pensamento, que o paciente usará quando algo ruim voltar a acontecer com ele. Portanto, embora de início tanto os medicamentos quanto a terapia cognitiva funcionem bem, a terapia cognitiva tem um efeito preventivo duas vezes maior.[1]

Existem quatro habilidades básicas de otimismo que são ensinadas tanto pela terapia cognitiva quanto pelo Programa de Prevenção da Universidade da Pensilvânia. Primeiro, você aprende a reconhecer os pensamentos que surgem na sua mente nos momentos em que se sente mal. Embora sejam quase imperceptíveis, esses pensamentos afetam profundamente seu humor e seu comportamento. Esta técnica é denominada *detecção de pensamentos*.

Lydia aprendeu a detectar as coisas negativas que diz a si mesma. Ela tem três filhos, o mais novo no primeiro ano do ensino fundamental e o mais velho no quinto, por isso as manhãs não são seu momento predileto do dia. Aprontar as crianças para a escola toda manhã pode ser bem difícil. Às vezes, a última coisa que as crianças ouvem ao saírem às pressas pela porta é Lydia gritando alguma coisa da qual mais tarde se arrepende. Como consequência disso, Lydia se sente deprimida. Mas, com a detecção de pensamentos, ela percebeu que logo depois de gritar com as crianças ela sempre diz a si mesma: "Eu sou uma mãe horrível, uma verdadeira megera. Meus filhos vão me odiar, e tenho certeza de que a minha gritaria faz muito mal a eles".

A segunda habilidade do otimismo é *avaliar* esses pensamentos automáticos. Isso significa reconhecer que as coisas que você diz a si mesmo não necessariamente são precisas, refletem a realidade. Assim, Lydia é ensinada a enxergar suas crenças sobre si mesma e sobre o mundo como hipóteses que ainda precisam ser testadas. Ela aprende a reunir provas e refletir sobre elas para determinar a veracidade de suas crenças.

Quando pedimos a Lydia que embasasse sua própria teoria de que é uma mãe ruim, ela citou uma longa lista de falhas. Em seguida, pedimos a Lydia, que na época estava aprendendo a ser otimista, que elaborasse uma lista de elementos que indicassem que ela não era uma mãe tão ruim, tarefa muito mais difícil que listar as próprias falhas. A lista parecia muito curta, por isso pedimos que ela pensasse mais. Pouco depois a lista já estava maior que a de falha: ela prepara as refeições, lava a roupa das crianças, joga futebol com elas depois da escola, ajuda com os deveres de matemática, alivia as preocupações dos filhos, ensina-os a tocar violão, mostra-se compreensiva com os problemas deles. Depois de listar essas evidências, Lydia não parecia ter tanta certeza de ser uma mãe horrível.

A terceira habilidade é gerar *explicações mais precisas* quando algo de ruim acontece e usá-las para contestar seus pensamentos automáticos. Lydia aprendeu a dizer: "Eu sou legal com as crianças de tarde, mas não tanto de manhã. Nunca fui uma pessoa muito matutina. Acho que preciso aprender a conter melhor minha irritabilidade matinal". "Nunca fui uma pessoa muito matutina" é uma explicação muito menos permanente para o fato de ela gritar com as crianças, e Lydia aprendeu a substituir a explicação de que é "uma mãe horrível" por essa. Com a prática, Lydia foi capaz de interromper a cadeia de explicações negativas, segundo a qual "eu sou uma mãe horrível, não sirvo para ter filhos, por isso não mereço viver", e substituí-las pela nova explicação. Agora ela é capaz de dizer a si mesma: "Não tem a menor lógica concluir que não mereço viver só porque não fico de bom humor de manhã". Quando Lydia viu que tinha problema com as manhãs em vez de ser um fracasso total como mãe, seu humor melhorou. Com isso, ela passou a ter mais energia e percebeu que as manhãs se tornaram mais toleráveis.

A quarta técnica é *descatastrofizar*. Pense numa situação em que algo deu errado: você planejou um jantar elaborado e o convidado de honra teve uma reação alérgica a um molho ou a musse de chocolate estava empelotada. Ou alguém perguntou quando você voltaria a fazer exercícios físicos. Ou você pegou seu filho fumando maconha no quintal. Ou seu chefe lhe disse que estava decepcionado com seu desempenho. Quando algo dá errado, você fica imaginando as piores consequências possíveis? Fica fantasiando sobre as implicações mais terríveis? É claro que pensar no pior cenário possível — catastrofizar — pode ser produtivo em certas situações, mas, quando há pouca chance de ele se concretizar, catastrofizar é contraproducente. Nesses casos, planejar-se para o pior é um mau uso do tempo, pois drena suas energias e acaba com seu humor.

Lydia era uma catastrofizadora. Certa vez sua amiga Eileen revelou que estava frustrada, pois Lydia vivia cancelando os planos que elas faziam. Lydia achou que isso significava não só que aquele era o fim da amizade, mas também que todas as suas outras amizades seriam prejudicadas. "Quando Eileen me contou como estava se sentindo, eu imediatamente pensei: *Já era... eu estraguei a amizade. Eileen é muito legal para falar com todas as letras, mas quer se afastar de mim. Já até sei o que vai acontecer. Ela vai contar a Sharon, Lynn e Toni, e elas vão começar a se afastar de mim também*".

Lydia aprendeu a avaliar de maneira mais precisa a probabilidade de as catástrofes que ela tanto temia de fato se concretizarem. Assim, em vez de ficar desanimada, fantasiando tragédias pouco realistas, ela pôde canalizar a energia na correção de problemas.

Detectar os pensamentos automáticos, buscar evidências, gerar alternativas e descatastrofizar são as principais habilidades cognitivas do Programa de Prevenção da Universidade da Pensilvânia. Até o fim do capítulo vou lhe mostrar como ensinar as duas primeiras técnicas a si mesmo e depois ao seu filho. E nos próximos dois capítulos, vamos trabalhar na criação de alternativas e na descatastrofização, as técnicas que nos possibilitam contestar os pensamentos automáticos com mais eficácia.

O MODELO CCC*

Muitas pessoas acreditam que são os "estressores", as adversidades, que determinam que vamos nos sentir mal. Nos irritamos quando alguém nos agride. Nos deprimimos quando perdemos algo que apreciamos. É claro que os acontecimentos da vida estão ligados às emoções, mas essa conexão é muito mais fraca do que se costumava crer. Isso fica óbvio quando você imagina duas pessoas na mesma situação.

Jennifer e Tara são amigas íntimas e vizinhas há doze anos. Nesse meio-tempo uma testemunhou os sucessos e fracassos da outra. Ano passado, elas decidiram sair de férias juntas, sem os maridos, sem as crianças. Como não tinham muito dinheiro, queriam fazer uma viagem barata. Nenhuma

---

* *ABC Model, Adversity, Beliefs* e *Consequences*, que no Brasil são traduzidos, respectivamente, como contrariedades, crenças e consequências. (N. T.)

tinha acampado antes na vida, mas ambas pensaram que seria um desafio. Elas pesquisaram diferentes localizações e decidiram ir de carro até a Carolina do Norte para acampar em Outer Banks, na costa do estado. Por fim, despediram-se das famílias na entrada da garagem da casa de Tara, com o carro cheio de coisas que haviam pegado emprestadas de amigos.

Três dias depois, Tara e Jennifer estavam na tenda quando a chuva começou. No início, fraca, mas logo depois virou uma tempestade. Os ventos ficaram mais fortes, arrancando as estacas do chão e fazendo a tenda sacudir com violência. Elas tinham se esquecido de levar uma lona, e em questão de minutos o chão da casa temporária começou a virar lama. Quando a tempestade ficou ensurdecedora, o bom humor deu lugar ao medo, e as duas decidiram se abrigar e correram para o carro o mais rápido possível. Voltariam para pegar suas coisas na manhã seguinte. A tempestade durou dezoito horas.

Por causa dos estragos e do alagamento, Jennifer e Tara só puderam voltar para o local do acampamento três dias depois. Elas passaram esse tempo num hotel barato — sem telefone no quarto, uma TV com som tão ruim que parecia estar debaixo d'água e um recepcionista numa salinha com um quadro de um cervo morto e a frase NASCIDO PARA CAÇAR tatuada no peito.

Quando elas voltaram ao local do acampamento, suas coisas estavam totalmente destruídas. A tenda estava rasgada. Os sacos de dormir e o fogareiro tinham sumido. O vidro do lampião estava quebrado. Elas tinham pouca coisa para devolver aos amigos.

Embora a viagem tenha sido um fiasco para ambas, Tara e Jennifer reagiram de maneiras opostas em relação à experiência. De início, as duas ficaram chateadas. Estavam horrorizadas com o tamanho do estrago e desanimadas só de pensar em quanto custaria para comprar tudo o que tinha sido destruído.

A volta de carro para casa foi longa, e no começo as duas estavam para baixo. Mas, algumas horas de estrada depois, Jennifer começou a dar umas risadinhas, e logo a ironia da desventura que tinham acabado de viver a fez cair na gargalhada. "Ah, sim, a gente fez uma viagem bem baratinha! Nada de hotel de luxo! Vamos fazer uma viagem de baixo custo! Duas mulheres ao ar livre. Só, eu, você e a natureza selvagem!" Quanto mais Jennifer ria, mais chateada Tara ficava.

Quando chegaram em casa, Jennifer estava empolgada com a história "das garotas da cidade que se perderam na natureza". A primeira coisa que fez foi contar à família sobre a experiência assustadora, mas sempre que tentava começar caía na gargalhada e tinha que voltar ao início. Tara, por outro lado, saiu do carro o mais rápido possível e disse à família que queria descansar e que contaria tudo na manhã seguinte.

Albert Ellis, idealizador da terapia cognitiva junto com Aaron Beck, desenvolveu o chamado "Modelo CCC".[2] Uma contrariedade é qualquer acontecimento ou situação negativa: uma viagem frustrada, uma briga com um amigo próximo, a morte de um ente querido. As consequências tratam de como você se sente e como se comporta após a adversidade. Em geral, parece que a adversidade produz consequências de forma imediata e automática. Ellis, porém, defende que são as crenças e interpretações sobre as adversidades que provocam as consequências.

Jennifer e Tara passaram pela mesma adversidade — uma viagem desastrosa —, mas as consequências foram totalmente diferentes. E essas diferenças se baseiam nas interpretações que elas fizeram. Eis a crença de Jennifer:

Contrariedade: Nossa, que viagem! Sinceramente, acho que essa foi a pior semana que eu já tive desde aquele trauma que tivemos no nosso apartamento. Resumindo: viajamos três dias e demos de cara com uma das piores tempestades da história recente da Carolina do Norte. A tempestade destruiu todo o terreno do camping e quase todo o material de acampamento que Bill e Roger nos emprestaram. Tara e eu passamos o tempo todo num hotelzinho caindo aos pedaços e infestado de baratas. É sério: o lugar faz o hotel onde paramos no verão passado parecer o Taj Mahal.

Crenças: Eu não conseguia acreditar no que estava acontecendo. Que falta de sorte! No começo achei que éramos duas tolas por tentar acampar. Sabe, Tara e eu não temos muita experiência na natureza selvagem. O mais perto que chegamos disso até hoje foi quando levamos as crianças à exibição de espécies ameaçadas de extinção no museu. Então, fiquei achando que nós éramos duas idiotas por termos feito essa viagem. Mas depois fiquei pensando que aquilo tudo só podia ser uma piada. Sabe, tudo o que podia dar errado deu. Sério, nós duas vamos passar a ser as mascotes da Lei de

Murphy! Não foi a falta de experiência em acampar que fez a tempestade chegar. Acho que foi só uma tremenda falta de sorte mesmo!

Consequências: Nos dois primeiros dias depois da tempestade eu fiquei péssima. Me senti tão envergonhada que nem queria falar sobre o assunto com Tara. Estava me sentindo muito mal. O pior foi quando finalmente voltamos ao acampamento e vimos que estava tudo destruído. Eu não queria ter que explicar o acontecido a Roger e Bill. Mas, depois do choque inicial, comecei a rir da situação. Sabe, de uma forma sádica, aquilo era engraçado! Quando comecei a rir, a coisa toda pareceu cada vez mais engraçada. Tara ficou muito mal, então tentei animá-la, mas ela não estava disposta. Talvez eu escreva sobre essa experiência toda. Que pena que os jornais não têm uma seção de "Viagens pavorosas"!

A princípio, Jennifer se sentiu envergonhada e mal consigo mesma. Chegou a pensar em fugir dali e não contar nada a ninguém. Essas consequências fazem sentido, considerando-se a forma como ela enxergou o fiasco num primeiro momento. As crenças iniciais de Jennifer foram de que ela era "tola" ou "idiota". A maioria das pessoas se sentiria envergonhada e mal consigo mesma se acreditasse que a viagem deu errado porque é tola ou estúpida — explicações pessoais, permanentes e universais. A vergonha de Jennifer foi temporária. Quando passou a enxergar a situação como resultado de uma falta de sorte, seu humor melhorou, e ela foi capaz de transformar uma situação frustrante numa fonte de humor.

Quando Tara explica o que aconteceu ao marido, suas crenças são diferentes das de Jennifer, o que gerou consequências distintas.

Contrariedade: Seis horas depois de nos instalarmos, uma tempestade chegou. Eu nunca tinha visto nada igual. O lugar ficou totalmente arrasado. Assim que nos demos conta do que estava acontecendo, corremos para o carro e procuramos um lugar para ficar. Pensamos que dormiríamos no hotel só uma noite, mas os guardas-florestais só deixaram a gente voltar três dias depois.

Crenças: Odeio dizer, mas eu devia ter pensado melhor. Como sou burra! Claro que eu não podia ter feito nada para impedir a tempestade, mas eu piorei a situação de várias maneiras. Por exemplo, deixei o acampamento todo para trás. Que estupidez! Aquelas coisas eram emprestadas, a gente devia ter guardado tudo antes de sair dali, mas eu simplesmente deixei tudo lá para ser roubado ou destruído. Além disso, eu devia ter pesquisado melhor sobre o lugar. Lembro que cheguei a pensar em ligar para lá e perguntar sobre o tempo na região esta época do ano, mas, claro, não fiz isso. Isso é a minha cara. Tudo o que eu faço é pela metade. Esse é o tipo de pessoa que eu sou: preguiçosa e descuidada. Só que dessa vez minha preguiça nos custou muito dinheiro.

Consequências: Foi horrível. Nossa viagem foi a pior possível. Jen e eu ficamos muito mal nos dois primeiros dias, mas depois disso ela começou a rir da situação. Não sei como ela consegue achar graça. Ela ficou tentando me animar, e sei que estava fazendo isso para me ajudar, mas a verdade é aquilo só estava me deixando mais irritada. Ainda não sei como ela é capaz de rir da situação. Sei que você ficou chateado comigo ontem à noite porque eu queria ficar sozinha, mas eu estava muito mal. Odeio ter que lhe contar esta história. Eu me sinto culpada e horrível. Talvez esta história toda não pareça nada de mais para você, mas eu me sinto realmente idiota. Só quero esquecer que essa viagem aconteceu.

Para Tara, a viagem não teve nada de engraçado. Ela se sentiu culpada e deprimida porque acreditou que o fiasco foi causado por sua burrice, sua preguiça e sua incapacidade de se antecipar aos problemas. Essas causas são permanentes ("Tudo o que eu faço é pela metade. Esse é o tipo de pessoa que eu sou"). Jennifer foi capaz de mudar sua interpretação a respeito da viagem, o que lhe permitiu se sentir melhor. Tara, por outro lado, não foi capaz de enxergar o problema por outro prisma. Para ela, as férias frustradas são só mais um indicativo de sua inépcia. O conjunto de crenças de Tara é típico de uma pessimista. Quando as coisas dão errado, os problemas nascem de aspectos que ela não é capaz de mudar em si mesma.

O pessimismo de Tara não é só um estilo peculiar ou uma característica superficial com pouca influência em sua vida. As crenças pessimistas, em geral, se valem de dois mecanismos poderosos para moldar nossas experiências: a profecia autorrealizável e o viés de confirmação.

Denise tem 33 anos, é solteira e sente falta de um relacionamento íntimo. Stephanie mora com ela e também é solteira. Stephanie acha que elas precisam sair mais de casa e começar a conhecer outras pessoas, acha que não podem ficar paradas esperando o homem dos sonhos aparecer na mesa de café da manhã. "Olha, Denise, a gente já ficou lamentando a nossa solteirice por muito tempo", começa Stephanie. "Se a gente voltar com esse papo de que todos os homens legais já estão comprometidos, eu vou vomitar. Como a gente pode saber se todos os homens legais já estão comprometidos? A gente passa o dia no sofá, e os únicos homens interessantes que a gente vê são pela TV."

Stephanie tenta convencer Denise a ir a uma balada da região. Denise responde: "Ah, não estou a fim. Sou péssima para esse tipo de coisa. Nunca sei o que falar. Se alguém vier falar comigo, vou fazer besteira. Sério, eu sou muito chata. Com cinco minutos de papo o cara já está revirando os olhos, e juro que já peguei pelo menos duas pessoas caindo no sono! Aí eu começo a gaguejar e me embolar toda, e é o fim da conversa. Eu vou ficar lá, sentada, me sentindo patética". Mesmo assim, depois de muito insistir, Stephanie convence Denise a ir ao bar.

Denise se considera péssima na conversa. Essa crença é autorrealizável e muda a forma como ela se relaciona com as pessoas, conduzindo ao resultado que Denise mais quer evitar: não conhecer ninguém. Quando ela vai à balada, está tão convencida de que vai estragar qualquer conversa que começa a ficar nervosa. Ao ver um homem sorrir para ela, a ansiedade aumenta.

Denise pensa: *Ah, que ótimo! Aquele cara está sorrindo para mim. Está vindo para cá. Ai... lá vamos nós! Vou estragar tudo. Não tenho nada de interessante para dizer. Ele vai fugir assim que eu abrir a boca.*

É muito difícil manter uma conversa fluida quando sua cabeça está cheia de pensamentos negativos. Logo, quando Denise começa a conversar com o homem, a ansiedade a faz gaguejar, e ela tem um branco — realmente não tem nada a dizer. Mas esse branco não acontece porque Denise é chata, e sim porque seu pessimismo criou uma ansiedade intensa, e um dos sintomas disso é a dificuldade para se concentrar.

Além da profecia autorrealizável, o viés de confirmação é o outro mecanismo pelo qual nossas crenças moldam nossas experiências. Imagine que Denise de fato conheça um homem e eles comecem a bater um papo. Stephanie está sentada de frente para Denise e ouve a conversa. No dia seguinte, quando Denise e Stephanie estão falando com Jason, um amigo, sobre a noite na balada, surgem duas histórias completamente diferentes.

Jason: E aí, como foi lá? Fisgou alguém ontem à noite?

Denise: Ah, fisguei, claro... e matei o peixe em menos de dois minutos.

Jason: Ah, não deve ter sido tão ruim assim.

Denise: Mas foi. Foi patético. Coitado do cara. Ele diz "Olá!" e assim que eu respondo com um "Oi" já dá para ver o arrependimento nos olhos dele.

Stephanie: Calma aí, Denise. Eu estava sentada na sua frente. Vocês dois conversaram por pelo menos vinte minutos. Eu sei porque ninguém estava conversando comigo. Eu não tinha nada melhor para fazer, então fiquei ouvindo a conversa.

Denise: Tá bem, talvez ele tenha ficado um tempinho ali, mas e daí? Às vezes a gente ficava tanto tempo sem falar nada que dava para passar um caminhão dentro do bar nesse meio-tempo. Ele foi embora correndo.

Stephanie: Você é uma peça! Não acredite numa só palavra do que ela está dizendo, Jason. Pelo que vi, juro que ele só foi embora porque o amigo dele estava implorando para dar o fora dali. Num espaço de dez minutos o amigo dele foi pelo menos três vezes avisar que estava pronto para ir embora.

Jason: Parece que ele estava interessado em você, Denise.

Denise: Ah, que nada. Ele só não queria parecer grosseiro.

Stephanie: Foi por isso que ele pediu seu telefone?

Jason: Ele pediu? E você deu?

Denise: Dei, mas isso não quer dizer nada. É sério, eu não conseguia pensar em nada para falar. Ele não vai ligar.

Stephanie: Você está errada de novo. E é verdade que aconteceram algumas pausas meio embaraçosas, mas faz parte. Eu me lembro de ver vocês dando risadas o tempo todo. Parece que nossa amiga aqui conheceu um arquiteto, Jason. Você devia ter ouvido as perguntas dela. Eu me lembro de ela perguntar exatamente o seguinte: "Acabei de ver a Casa da Cascata, de Wright. Você acha que a forma como ele usou a luz e o espaço influenciaram a arquitetura contemporânea?".

Denise: Tá bom. Chega desse assunto. E aí, Jason, como você está?

O viés de confirmação faz com que as pessoas só enxerguem as evidências que confirmem seus pontos de vista a respeito de si mesmas e do mundo. Elas ignoram quaisquer evidências que refutem esses pontos de vista. Denise se concentrou nos aspectos da conversa que confirmavam sua visão de que ela é entediante; Stephanie, como espectadora, foi capaz de avaliar a conversa com mais neutralidade. O viés de confirmação reforça as crenças pessimistas. Se não fosse questionada, Denise usaria a experiência da noite anterior para dizer: "Viu? Eu tinha razão: sou uma chata". Isso, por sua vez, reduziria as chances de ela voltar a sair no futuro.

COMO PRATICAR O MODELO CCC

O primeiro passo para aprender a ser otimista é compreender a cadeia do modelo CCC. Na primeira parte desta seção há seis cenários apresentando várias contrariedades (A) e suas consequências (C). Seu trabalho é gerar as crenças (B) que causariam as consequências descritas. Não existe uma única resposta correta. Para julgar se a crença em que você pensou está correta, pergunte a si mesmo: caso realmente tivesse essa crença, você se sentiria ou agiria da forma descrita na consequência? Os seis exemplos foram elaborados para adultos, assim como o exercício de escrita de diário que vem em seguida. Quando terminar de fazer os exercícios do modelo CCC, você usará os exercícios que vêm depois para ensinar seu filho.

1. A. O aniversário do seu marido está chegando e você está planejando uma viagem surpresa de fim de semana com ele. Sexta-feira à tarde, você vai até o trabalho dele para tirá-lo de lá de fininho, mas ele diz que está irritado e que não há a menor possibilidade de ir.
   B. Você pensa:_____
   C. Você morre de vergonha e procura evitá-lo.

2. A. O aniversário do seu marido está chegando e você está planejando uma viagem surpresa de fim de semana com ele. Sexta-feira à tarde, você vai até o trabalho dele para tirá-lo de lá de fininho, mas ele diz que está irritado e que não há a menor possibilidade de ir.
B. Você pensa: _____
C. Você fica decepcionada, mas resolve se presentear com um bom jantar em um excelente restaurante e depois vai ao cinema assistir a um filme.

3. A. Nos últimos tempos, seu marido tem estado distante e distraído.
B. Você pensa: _____
C. Você começa a ficar cada vez mais irritada com seu marido e percebe que está procurando briga com ele.

4. A. Nos últimos tempos, seu marido tem estado distante e distraído.
B. Você pensa: _____
C. Você fica triste e retraída.

5. A. Você encontra seu filho adolescente com os amigos no shopping e ele finge que não vê você.
B. Você pensa: _____
C. Você acha graça e pretende brincar com ele sobre a situação mais tarde.

6. A. Você encontra seu filho adolescente com os amigos no shopping e ele finge que não vê você.
B. Você pensa: _____
C. Você fica furiosa e vai para cima dele e dos amigos, exigindo não ser ignorada.

Agora vamos avaliar as situações e ver que tipo de crenças levariam às consequências descritas nas letras C.

1 e 2. No primeiro exemplo, uma crença pessoal, permanente e universal — por exemplo "Eu vivo fazendo besteira. Ele está atarefado e eu ajo como se ele tivesse que largar tudo por mim" — levaria à vergonha e ao afastamento.

Se, em vez disso, você pensasse "Foi uma boa ideia que deu errado" ou "Ele deve estar tendo uma semana difícil no trabalho" (ambas crenças temporárias, específicas e externas), talvez isso levasse a uma decepção e a uma frustração, mas você nunca se sentiria mal.

3 e 4. No terceiro exemplo, o sentimento de afronta causa a raiva e a irritabilidade: "Ele não tem o direito de descontar o mau humor em mim" ou "Ele parece criança. Sempre que alguma coisa o incomoda, fica amuado". Por outro lado, se você interpretar o distanciamento e a distração como sinais de que ele está perdendo o interesse em você, talvez a tristeza seja a consequência.

5 e 6. No quinto exemplo, interpretações externas, específicas e temporárias, como "Parece que meu filho é oficialmente um adolescente agora" lhe permitirão manter o senso de humor nessa situação. Mas se, por outro lado, você considerar que o comportamento de seu filho é desaforado e desrespeitoso, vai sentir raiva dele.

Agora quero que você tente detectar suas próprias crenças. A melhor forma de fazer isso é ter um diário de seus CCCs. Durante os próximos três dias, sempre que ficar confuso ou surpreso pela sua reação a qualquer situação, anote no papel. Na mesma noite, reserve cinco minutos para preencher essas contrariedades no diário. Uma "contrariedade" pode ser praticamente qualquer coisa — o carro que não dá partida, um telefonema que não é retornado, um filho que não dorme. Exemplo: no fim de semana, você marca uma reunião no escritório da empresa com uma colega de trabalho para dar os toques finais num relatório, e ela está dez minutos atrasada. Você está furioso. Isso iria para o diário de CCCs. Uma ocasião especialmente boa para utilizar o método CCC é quando você acha que sua reação foi exagerada. Quando isso acontece, significa que há crenças fortes e absurdas em jogo.

O diário de CCCs tem três colunas. Na primeira, Contrariedade, descrevem-se os fatos da situação. Nessa coluna é importante ser o mais descritivo possível. Registre "quem", "o quê", "quando" e "onde". O "por quê" é parte de suas crenças; não o anote na coluna Contrariedade. Assim, quando sua colega chega dez minutos atrasada, registre: "Dana e eu marcamos de nos encontrar às quatro da tarde de domingo para terminar o relatório trimestral. Ela só chegou às 4h10". Não escreva: "Dana chegou atrasada de novo. Ela sempre faz esse tipo de coisa. É uma irresponsável. Odeio trabalhar com ela. Fiquei furioso". O objetivo da coluna Contrariedade é ser específico e neutro, evitando fazer avaliações.

A segunda coluna é Crenças. Nela, você vai registrar como interpretou a contrariedade. Certifique-se de distinguir pensamentos de sentimentos: pensamentos são anotados na coluna Crenças; sentimentos, na coluna Consequências. "Ele me acha imaturo" ou "As coisas nunca vão dar certo para mim" são exemplos de crenças. Você pode avaliar a precisão dessa crença contrastando-a com as evidências. Por exemplo: "Eu me sinto culpado em relação a isso" é um sentimento: ao contrário do que ocorre com as crenças, os sentimentos não podem ser certos ou errados, e não é possível medir sua precisão. Quando anotar suas crenças, atribua uma nota de 0 a 100 para indicar até que ponto tem certeza de cada interpretação — 0 indicando que você não acredita nesse pensamento e 100 indicando que tem certeza total. Assim, se uma de suas interpretações sobre os atrasos de Dana foi que "Ela nunca cumpre com a palavra" e você acredita em grande medida que isso é verdade, dê uma nota alta, como 80 ou 90.

A terceira coluna é a de Consequências. Nela, registre cada sentimento ou cada reação que teve em relação à contrariedade. Para cada sentimento listado, use a escala de 0 a 100 para registrar a intensidade — quanto maior a pontuação, maior a intensidade.

MEU DIÁRIO DE CCCS*

Contrariedade	Crenças	Consequências
1.		
2.		
3.		
4.		
5.		

* Na coluna Contrariedade, anote quem, o quê, quando e onde. Seja específico e neutro, evitando avaliações. Na coluna Crenças, anote as crenças que teve a respeito da contrariedade. Atribua de 0 a 100 de acordo com a certeza que teve sobre cada crença. Na coluna Consequências, registre cada sentimento que teve e como agiu. Atribua um valor de 0 a 100 para a intensidade de cada sentimento.

Após preencher as colunas, passe os olhos em cada uma. Certifique-se de que cada sentimento e cada ação podem ser ligados a uma crença que faça sentido e explique por que você reagiu de tal forma. Talvez você não goste do modo como reagiu, mas o primeiro passo para mudar suas reações é compreender as crenças que as causam. Quando preencho essa tabela, geralmente noto um ou dois sentimentos ou ações que ainda não fazem sentido, levando-se em conta as crenças que anotei. Quando isso acontece, passo alguns minutos tentando identificar em que estava pensando quando vivenciei cada sentimento anotado. Fecho os olhos e imagino a situação e o sentimento. Com isso, na maioria das vezes sou capaz de apontar a crença específica que causou minha emoção.

Se mesmo após identificar a sequência de CCCs você ainda estiver confuso com relação à intensidade ou ao tipo de reação, é sinal de que não identificou plenamente as crenças a respeito da situação. Você terá êxito neste exercício quando quase sempre for capaz de encontrar uma crença que explique seu sentimento ou sua ação. Eis alguns exemplos.

Contrariedade: Minha noiva e eu tínhamos planejado passar uma noite tranquila juntos, pois nos últimos tempos temos estado muito atarefados. Mas perto das sete e meia da noite ela me ligou e perguntou se eu me importaria de ela chamar Lori para se juntar a nós.

Crenças: Eu sabia. Sempre sou eu quem tenta fazer esse relacionamento funcionar (80). Por ela, tudo bem se a gente se visse uma vez por mês (85). Estou enganando a mim mesmo por achar que um dia vamos nos casar (70).

Consequências: Senti várias coisas. Primeiro, fiquei muito irritado com Deb e tive vontade de bater o telefone na cara dela (90). Acho que também fiquei bem para baixo, bem triste (90). Disse a ela que não estava me sentindo muito bem, que ela devia ficar com Lori e que a gente se veria no dia seguinte. Acabei passando a noite toda em casa, abatido.

Contrariedade: Meu marido e eu íamos passear pela vizinhança quando ele tirou a camiseta. Pedi que ele vestisse a camiseta de volta, mas ele simplesmente olhou de cara feia para mim e balançou a cabeça.

Crenças: Com ele, tudo vira um problema (60). Odeio quando ele anda na rua assim, e ele transforma isso num exemplo de como "eu vivo nervosinha" (80).

Consequências: Aos gritos, eu disse que ele vive exagerando e falei que queria caminhar sozinha. Acabei não gostando da caminhada, porque me senti frustrada e incompreendida (80).

Contrariedade: Alex devia ter limpado o quintal antes de sair para o treino de futebol, mas quando fui lá fora vi o pai dele fazendo a limpeza.

Crenças: Que maravilha! James vive diminuindo minha autoridade com as crianças (75). Não aguento mais. Estou cansada de ser a malvada da casa (90). Toda vez que dou uma tarefa para as crianças ou quero puni-las, James resolve poupá-las (75).

Consequências: Eu fiquei furiosa, fui até ele e soltei os cachorros, dizendo que ele é um péssimo pai (95). Nem parei para perguntar por que ele estava limpando o quintal, em vez de Alex. Demorei quase quarenta minutos para me acalmar e voltar ao normal.

COMO ENSINAR O MODELO CCC AO SEU FILHO

Agora vou mostrar como ensinamos o modelo CCC às crianças que fazem parte do Programa de Prevenção da Universidade da Pensilvânia, de modo que você possa usar os mesmos métodos com seu filho. A idade ideal para esses exercícios é entre oito e doze anos, mas, improvisando uma linguagem mais sofisticada, você pode usar com adolescentes de até quinze anos. Primeiro, vou sugerir a maneira de apresentar esses exercícios. É importante que seu filho os considere interessantes, por isso o programa foi concebido para ser interativo, criativo e divertido. Você precisará criar uma atmosfera na qual seu filho se sinta seguro e apoiado e possa rir e brincar. Não seja muito rígido com relação ao tempo gasto nessas atividades. Se seu filho enxergar os exercícios como "dever de casa" ou algo como arrumar o quarto, não terá interesse algum.

Comece dedicando quinze minutos às atividades (aumente o tempo para crianças maiores), e aos poucos vá aumentando até chegar a meia hora. É preciso criar uma atmosfera de curiosidade. Ajude seu filho a ter curiosidade sobre os próprios sentimentos e pensamentos mostrando a ele que você tem curiosidade em relação aos seus. Ao longo do dia, quando sentir uma emoção forte e seu filho estiver por perto, execute o modelo CCC em voz alta. Não precisa ser de maneira formal (aliás, sugiro que não seja de maneira formal, do contrário você vai acionar o alarme do detector "minha mãe é muito esquisita" do seu filho). Em vez disso, simplesmente diga qual era sua crença e o sentimento gerado por essa crença. Por exemplo, se você está levando seu filho à escola e o carro da frente está devagar, verbalize o elo entre seus pensamentos e sentimentos: "Não sei por que estou tão irritada com esse motorista dirigindo tão devagar à minha frente. Acho que é porque estou dizendo a mim mesma: 'Vou me atrasar porque o cara na minha frente é muito lento. Se é para andar devagar ele não devia pegar o carro na hora do rush. Que falta de consideração!'".

Apresente o Diálogo Interno. O primeiro passo é explicar o modelo ccc a seu filho. Comece apresentando o conceito de diálogo interno. Algumas crianças têm ciência das coisas que dizem a si mesmas quando algo de ruim acontece, porém outras não. Fale algo parecido com:

Quando temos algum problema — por exemplo, quando você briga com um amigo ou fica de castigo em casa —, falamos com nós mesmos sobre o que aconteceu. Pensamos no que aconteceu dentro da nossa cabeça, e como é dentro da nossa cabeça, ninguém pode ouvir o que dizemos a nós mesmos. Todo mundo faz isso, seja criança ou adulto, e isso é totalmente normal. Muitas vezes, a gente nem percebe o que está pensando quando um problema acontece. É como uma voz na nossa cabeça que aparece automaticamente. Vamos supor que sua professora tenha culpado você por uma coisa que você não fez. Talvez você diga a si mesmo: "Por que ela está implicando comigo? Ela sempre me culpa por coisas que eu não fiz. Ela deve me odiar". Um tempo atrás eu perdi este livro aqui dentro de casa e não conseguia encontrar de jeito nenhum. Eu fiquei pensando: "Que ótimo! Eu queria fazer os cccs com meu filho e perdi o material. Nunca vou me lembrar de tudo que eu queria dizer a ele".

O importante aqui é deixar claro que "falar consigo mesmo" é totalmente normal, algo que todo mundo faz. Em seguida, cite exemplos de situações do tipo. Pode usar uma das que estão listadas a seguir.

Sam está se olhando no espelho depois de chegar em casa do cabeleireiro. Ele está pensando consigo mesmo...

Sam: Caramba, não acredito que ele cortou meu cabelo desse jeito. Fiquei quase careca! Como eu vou pra escola assim? Todo mundo vai rir da minha cara, e vai demorar meses pro meu cabelo ficar legal de novo. Eu pareço um bobalhão.

Susan está sentada no banco durante a aula de educação física. Ela está pensando consigo mesma...

Susan: Não acredito que a Julie não me escolheu para o time dela. Quando sou a capitã, ela é sempre a primeira que eu escolho. Ela preferiu a Tammy, e a Tammy nem é a melhor amiga dela. Eu achava que era a sua melhor amiga. Talvez ela não goste mais de mim.

Greg descobriu que não foi convidado para a festa de John. Ele está pensando consigo mesmo...

Greg: Por que o John não me convidou pra festa? Ele estuda comigo e a gente se dá bem. Ele deve estar chateado comigo, porque todos os outros garotos foram convidados. Todo mundo só fala dessa festa, e eu vou ter que dizer que não fui convidado. Vai ser uma vergonha. Todos vão pensar que eu sou um otário. Vai ver eles têm razão.

Patty abre o armário da escola e descobre que seu casaco novinho não está lá. Ela está pensando consigo mesma...

Patty: Não acredito que alguém pegou meu casaco. Alguém deve ter roubado. O que eu vou dizer à minha mãe? Ela vai me matar! O casaco foi muito caro, e eu implorei para ela comprar. Falei que teria o maior cuidado com o casaco, e agora ele sumiu! Ela nunca mais vai confiar em mim de novo, e com certeza não vai mais comprar roupas legais para eu vir para a escola. Vou parecer uma idiota com minhas roupas velhas.

Quando seu filho entender a ideia de que também tem um diálogo interno, pergunte se ele consegue se lembrar de algum problema recente. Em seguida, pergunte o que ele pensou na hora. O objetivo é ajudar a criança a começar a prestar atenção nas coisas que ela diz a si mesma, para depois vocês trabalharem juntos avaliando a precisão desses pensamentos. Se ela tem dificuldade para pensar em exemplos da própria vida, use os exemplos a seguir ou elabore outros de acordo com o tipo de experiência que ele provavelmente terá. Peça a seu filho que imagine que as situações estão acontecendo com ele e que fale em voz alta o que ele diria a si mesmo.

1. Você está indo a pé para a escola e percebe que algumas crianças estão sussurrando e apontando para você. Você pensa consigo mesmo:

_____

2. Sua professora chama seu nome, e você percebe que não faz ideia do que ela perguntou porque não estava prestando atenção. Você pensa consigo mesmo:

_____

3. Você e seu melhor amigo planejaram ir ao cinema assistir a um filme que estão loucos para ver. Meia hora antes do horário marcado para seu amigo aparecer na sua casa, ele liga e diz que não pode ir porque outro amigo o chamou para jogar video game. Você pensa consigo mesmo:

_____

4. Seu irmão chama vários amigos para sua casa, e eles não param de rir da sua cara, não importa o que você faça. Você pensa consigo mesmo:

_____

Apresente o modelo CCC. Depois que seu filho aprender a captar o diálogo interno, é hora de explicar o modelo CCC. O importante nesse momento é deixar claro que a forma como ele se sente não é algo que surge do nada e não é _determinada_ pelo que acontece com ele. Deixe claro que, na verdade, o que ele diz a si mesmo quando os problemas surgem é que o faz se sentir como se sente. Quando seu filho se sente irritado, triste ou amedrontado de uma hora para outra, é porque um pensamento acionou o sentimento, e quando ele for capaz de descobrir que pensamento é esse poderá mudar a forma como se sente.

TIRINHAS DE CCCs: Use as tirinhas a seguir para ilustrar o elo entre pensamentos e sentimentos.

Cada tirinha tem três quadros. No primeiro há uma contrariedade simples, como uma professora gritando com um aluno ou um garoto chamando uma garota para ir ao cinema e ouvindo um "Não, obrigada" como resposta. O terceiro quadro mostra como o personagem se sentiu: irritado, triste ou bem. Complete cada tirinha com seu filho. Peça que ele descreva o que está acontecendo no primeiro quadro e como o personagem se sente no terceiro quadro. Em seguida, direcione a atenção dele para o quadro do meio. Neste, o personagem tem um balão de pensamento acima da cabeça. Diga a seu filho que quando algo de ruim acontece, o quadro do meio é o passo mais importante. Explique que as coisas que ele diz a si mesmo determinam a forma como se sente.

Depois que você explicar a primeira tirinha, peça a ele para resolver as tirinhas seguintes. Ele deve preencher o balão de pensamento de modo que o primeiro e o terceiro quadros façam sentido. Por usar imagens, essa técnica é especialmente útil para ajudar crianças mais jovens a visualizar o elo entre pensamentos e sentimentos, e não exige o uso de palavras como "contrariedade", "crenças" ou "consequências". Se seu filho for adolescente, você já pode usar esses termos, mas antes explique cada um a ele de forma bem clara.

CCC: Como comparar pensamentos e sentimentos. Diga à criança ou adolescente que a tarefa dele é fazer uma linha para ligar cada pensamento a cada sentimento correspondente. Por exemplo, você pode dizer algo como:

"Se você brigasse com seu melhor amigo, vocês dois poderiam ter pensamentos diferentes sobre a briga. Cada pensamento faria você se sentir de um jeito. Agora imagine que você realmente brigou e que teve cada um dos três pensamentos a seguir. Quero que faça uma linha ligando cada pensamento a como você se sentiria".

1. Você brigou com seu melhor amigo.
Pensamentos   *Sentimentos*
Agora eu não tenho mais nenhum amigo.   Irritado
Meu amigo estava sendo malvado comigo de propósito.   Bem
A gente vai fazer as pazes logo, logo.   Triste

2. Você tirou nota baixa numa prova.
Pensamentos   *Sentimentos*
Vou ter problema em casa.   Bem
Passei muito tempo à toa em vez de estudar.   Amedrontado
Eu posso estudar muito e tirar uma nota melhor na próxima   Culpado
prova.

3. Seus pais deixam seu irmão mais velho ficar vendo filme até
tarde, e você não.
Pensamentos   *Sentimentos*
Elas nunca me deixam me divertir.   Irritado
Eles amam mais meu irmão do que a mim.   Bem
Eles me levaram para o parque de diversões e não levaram meu   Triste
irmão.

Exemplos Verbais do Modelo CCC. Quando seu filho compreender, a partir das tirinhas e do exercício anterior, que são os pensamentos, e não a adversidade, que causam os sentimentos, trabalhe com ele cada um dos exemplos verbais a seguir. Após cada exemplo, peça que ele lhe explique o que está acontecendo com as próprias palavras, atentando para ver se ele de fato vai descrever a ligação entre as crenças e os sentimentos. Em seguida, faça as perguntas que estão após cada exemplo.

Contrariedade: Hoje foi meu aniversário e eu dei uma festa para o pessoal da minha turma na escola. Logo depois de comermos o bolo, vários amigos começaram a cochichar um com o outro, e eles não me contaram o que estavam falando.

Crenças: Eles são uns idiotas. A festa é minha e eles estão falando sobre mim pelas costas. Queria não ter convidado eles.

Consequências: Fiquei muito irritado com eles e perguntei à minha mãe se podia pedir para eles irem embora da minha festa.

Pergunte ao seu filho: por que o garoto ficou irritado? Por que ele queria que as outras crianças saíssem da festa? Se o personagem tivesse achado que os colegas estavam sussurrando porque tinham um presente de aniversário surpresa, como acha que o garoto teria se sentido? Será que ele iria pedir para a mãe tirá-los da festa?

Contrariedade: Minha professora favorita, a professora O'Leary, está de licença para ter filho, e eu não gosto do nosso novo professor, o sr. Watts. Ontem ele pediu que eu fosse ao quadro-negro resolver um problema de fração. Eu errei, e ele disse na frente da turma inteira que eu precisava passar mais tempo estudando e menos tempo distraído.

Crenças: O professor Watts não vai com a minha cara. Ela vai passar o ano inteiro de implicância comigo, e todo mundo vai me achar um estúpido.

Consequências: Eu me senti muito estúpido. Só queria sair da sala de aula e não voltar nunca mais. Não consegui evitar ficar todo vermelho.

Por que o garoto queria sair da sala de aula e nunca mais voltar? Por que ficou vermelho? Ele queria sair porque errou o problema de fração? Por que se sentiu estúpido? Como acha que o aluno teria se sentido se achasse que o resto da turma achou maldade do professor Watts dar uma bronca nele na frente de todos?

Contrariedade: A maioria das minhas amigas é magra. Especialmente Barb e Megan. Todos os garotos gostam delas. Por mais que eu evite comer, não consigo ficar magra. Até já tentei comer só cenoura e coisas saudáveis por uma semana, mas na mesma noite eu já estava com tanta fome que comia a quantidade de sempre no jantar.

Crenças: Eu sou uma comilona. Não tenho nenhuma força de vontade. Nunca vou arranjar um namorado. É melhor eu encarar a realidade. Nenhum garoto vai querer sair comigo. Gordas não são populares.

Consequências: Eu me sinto muito mal. Mal mesmo, de verdade. Eu ia começar a chorar, mas estava na escola, e não quero que ninguém me veja chorando. Quando cheguei em casa, saí correndo para o quarto e caí no choro. Minha mãe queria conversar comigo, mas eu mandei ela me deixar em paz. Não queria nem me olhar no espelho.

Por que a menina se sentiu tão mal? Foi porque as amigas delas eram magras e ela não? Se você achasse que ninguém nunca iria querer sair com você, como acha que se sentiria? O que outra pessoa pode dizer a si mesma nessa situação? Como acha que esse pensamento a faria se sentir?

cccs da Vida Real. No dia seguinte ao do exercício, reserve alguns minutos para fazer uma revisão do elo entre contrariedades, crenças e consequências e repasse um ou dois exemplos com seu filho. Em seguida, peça a ele um exemplo da vida dele. É importante enfatizar que o exemplo não precisa ser de um momento em que algo terrível aconteceu. Deixe claro que pode ser sobre qualquer momento em que ele se sentiu triste, irritado, envergonhado, amedrontado ou agiu de um jeito que não gostou — foi antipático com um amigo ou desistiu rápido demais de alguma coisa —, mesmo que não tenha se sentido assim ou não tenha agido dessa maneira por muito tempo. Depois, ajude-o a identificar as crenças e as consequências dessas crenças. Tente trabalhar dessa forma com pelo menos três exemplos da vida real. Use a tirinha em branco da página anterior e peça a seu filho que descreva com as próprias palavras o que aconteceu e como ele se sentiu e agiu. Em seguida, juntos, ilustrem a situação nos quadros à direita com atenção especial para os rostos, e anotem as crenças dele nos balões de pensamento.

Quando seu filho dominar a sequência de cccs da vida real praticamente sem sua ajuda, você poderá começar a mudar o estilo explicativo dele. É o que ensinaremos no próximo capítulo.

11. Como mudar o estilo explicativo do seu filho

Quando seu filho aprender a enxergar a conexão entre o que pensa e como se sente, você poderá focar no aspecto mais importante do pensamento dele — o estilo explicativo. Antes de ensinar essas técnicas ao seu filho, peça que ele responda ao QEAI no capítulo 7, caso ainda não tenha feito isso. O QEAI vai lhe dizer quão otimista ou pessimista é seu filho. As habilidades ensinadas nesta seção são fundamentais para as crianças que pontuam abaixo do 50º percentil tanto na pontuação de S — I quanto na pontuação Total de I. Mesmo que seu filho apresente resultados de uma criança otimista, talvez ainda assim valha ensinar a ele essas habilidades, pois ninguém na escola irá ensiná-las, e elas serão úteis quando ele tiver que encarar os desafios e as dificuldades da puberdade.

Antes de começar a ensinar essas habilidades ao seu filho, treine a versão adulta delas. A criança aprende a ser pessimista, em parte, com os adultos que respeita e com os quais passa mais tempo — pais, professores e treinadores. Crianças são como esponjas: absorvem tudo o que você fala e também *como* fala. Portanto, uma forma de ajudar seu filho é você mesmo adquirir as habilidades que mantêm o pessimismo dele sob controle.

SEU PRÓPRIO ESTILO EXPLICATIVO

Você deve lembrar que existem três dimensões fundamentais do estilo explicativo: permanência, abrangência e personalização. Uma pessoa pessimista acredita que os contratempos são imutáveis e vão prejudicar outras áreas de sua vida. Ela pensa que a única causa desses contratempos é ela própria — e não as circunstâncias, não o acaso, não outras pessoas. As pessoas mais pessimistas creem que sofrem de uma falha de caráter que vai amaldiçoá-las pelo resto da vida, fazendo-as perder oportunidades e relacionamentos e condenando--as à mediocridade e ao fracasso. E mesmo quando reconhecem que não têm culpa de algo, os pessimistas consideram que a situação não tem jeito, não dá para mudar, por isso nem se esforçam para tentar.

Ao reconhecer a ligação próxima entre o que pensa e como se sente, você já começou a adquirir as habilidades necessárias para transformar o pessimismo em otimismo. Agora, você está pronto para refinar a habilidade de detectar e mudar seu estilo explicativo. A seguir, listo uma série de situações e suas respectivas explicações. Para cada exemplo, determine qual é o estilo explicativo de acordo com as três dimensões. Lembre-se: cada dimensão é um continuum. Uma explicação pode estar mais no lado temporário ou mais no lado permanente do continuum, mais no lado universal ou mais no lado específico, mais no lado externo ou mais no lado interno. Após cada exemplo, identifique se a explicação é mais permanente ou temporária, mais universal ou específica, mais externa ou interna. Não é uma tarefa fácil, portanto use o tempo que for necessário. Para ajudá-lo, listo a seguir as definições de cada dimensão.

Permanente = a causa persistirá
Temporária = a causa é mutável ou transitória
Universal = a causa afetará várias outras situações
Específica = a causa afetará apenas algumas situações
Interna = eu sou a causa
Externa = a causa é algo relacionado a outras pessoas ou circunstâncias

1. *Situação*: Meu marido e eu fizemos um acordo em que ele iria pegar minha mãe no aeroporto, porque eu tinha que trabalhar até tarde da

noite e ele, não. Mas poucas horas antes do horário de chegada dela, ele me telefonou do trabalho, disse que não conseguiria ir e falou para eu ir no lugar dele.

Explicação: Ele sempre faz coisas do tipo. Não dá para confiar nele para nada.

a. Essa explicação é mais permanente ou temporária?

b. Essa explicação é mais universal ou específica?

c. Essa explicação é mais interna ou externa (para a mulher que está dando a explicação)?

2. *Situação:* Descobri que meu filho tem usado drogas há seis meses. Quem me informou foi uma conselheira escolar da escola dele.

Explicação: Eu tenho estado tão ocupada em um novo projeto que mal tenho tido tempo para Joey. Ele deve estar fazendo isso porque tenho sido muito negligente nos últimos tempos.

a. Essa explicação é mais permanente ou temporária?

b. Essa explicação é mais universal ou específica?

c. Essa explicação é mais interna ou externa?

3. *Situação:* Minha namorada me ligou ontem à noite e disse que precisa de mais espaço.

Explicação: Lá vem ela de novo com essa história. Está de mau humor. Vai passar em uma semana. Sempre passa.

a. Essa explicação é mais permanente ou temporária?

b. Essa explicação é mais universal ou específica?

c. Essa explicação é mais interna ou externa (do ponto de vista do rapaz)?

No primeiro exemplo, a explicação é permanente ("Ele sempre faz coisas do tipo") e universal — se não dá para confiar nele para nada, essa falta de confiança vai afetar várias situações. Por fim, a culpa é dele, não dela — externa.

No segundo exemplo, a explicação é mais temporária. A mãe tem estado muito ocupada em um novo projeto, mas a explicação não implica que a situação nunca mudará. Além disso, a explicação é universal. O fato de ela estar atarefada no trabalho afeta muitas situações — afetou o relacionamento dela com o filho e também sua vida profissional. Ela acha que o problema do filho com drogas foi causado por sua negligência.

No último exemplo, a explicação é temporária (mudanças de humor são passageiras), universal (mudanças de humor afetam muitas situações) e externa (o mau humor é da namorada, não dele).

Agora, faça o mesmo exercício com dois exemplos de CCCs de sua vida e classifique as crenças de acordo com as dimensões do estilo explicativo. Em cada situação, caso identifique uma crença pessimista, procure substituí-la por outra mais otimista.

SITUAÇÃO 1:

Explicação:

permanente _____	temporária
universal _____	específica
interna _____	externa

SITUAÇÃO 2:

Explicação:

permanente _____	temporária
universal _____	específica
interna _____	externa

COMO ENSINAR O ESTILO EXPLICATIVO PARA SEU FILHO

Otimismo. Comece apresentando ao seu filho os conceitos de pessimismo e otimismo. Peça a ele que defina esses termos com as próprias palavras e descreva com o máximo de detalhes as características de um otimista e de um pessimista. Como se parecem, pensam e agem um otimista e um pessimista? Um aluno do sétimo ano descreveu um pessimista da seguinte forma: "Para baixo. Eles parecem para baixo. Pensam para baixo. Agem para baixo. Não é legal ficar perto deles". Explique para seu filho que, assim como as pessoas têm um determinado estilo de roupa, também têm um estilo de pensar sobre as coisas. Mas se um indivíduo tende a ver o lado ruim dos acontecimentos e isso o faz se sentir mal, ele pode aprender a ver o lado bom também.

Agora leia em voz alta as historinhas a seguir, de Greg Deprê e Holly Esperançosa — os personagens que representam o pessimismo e o otimismo —, e depois discuta com seu filho as diferenças entre os dois.

Greg Deprê falta ao teste para entrar no time de basquete

Jeff: Oi, Greg! Viu o anúncio no corredor? Os testes para entrar no time de basquete começam semana que vem.

Greg: Ah, é? Bom, quem se importa, né?

Jeff: Eu me importo. Não quer tentar entrar para o time comigo? Seria legal fazer parte do time da escola. Você ganha uniformes e tudo o mais. O que acha?

Greg: O que eu acho do quê?

Jeff: Acha que a gente tem altura suficiente para jogar?

Greg: Não. Nós somos os alunos mais baixos do sexto ano. A maioria dos outros garotos tem pelo menos o dobro da nossa altura.

Jeff: Bom, a gente ainda pode crescer, né?

Greg: Sem chance. E mesmo que a gente cresça, os outros garotos vão crescer também, então nós dois continuaríamos sendo os mais baixos. Além do mais, mesmo que a gente tivesse altura para jogar, eu nunca sou escolhido para nada.

Jeff: Se a gente treinar esta semana, talvez ajude. Eu tenho uma cesta no quintal.

Greg: Pare de sonhar. Seria uma perda de tempo. A gente teria que treinar por anos para adiantar alguma coisa. E mesmo assim talvez a gente não conseguisse entrar para o time. Desiste.

Jeff: Ah, talvez você tenha razão, Greg. Talvez a gente deva esperar os testes para entrar no time de beisebol daqui a uns meses.

Greg: Está brincando? A gente não tem a menor chance. Beisebol é mais difícil que basquete. Além disso, a maioria dos garotos no time de basquete também faz parte do time de beisebol. Quando for a época do teste para o time de beisebol eles vão estar em uma forma melhor ainda.

Holly Esperançosa se esforça para entrar no time de basquete

Jenny: Oi, Holly! Viu o anúncio no corredor? Os testes para entrar no time de basquete começam semana que vem.

Holly: Que ótimo! Você vai tentar entrar para o time?

Jenny: Acho que seria muito legal fazer parte de um time da escola. Você ganha uniformes e tudo o mais. O que acha?

Holly: O que acho do quê?

Jenny: Acha que nós somos boas o suficiente para jogar?

Holly: Acho que sim. Algumas garotas são bem grandes, mas talvez nós sejamos mais rápidas.

Jenny: A gente pode treinar dribles e arremessos lá em casa depois da escola.

Holly: Isso! A gente pode até crescer este ano e acabar sendo as mais altas do time. Seria muito legal. Lembra quando Tanya cresceu dez centímetros durante as férias? Vamos torcer para isso acontecer com a gente também.

Jenny: É! Acho que se a gente treinar esta semana vai ajudar. Eu tenho uma cesta no quintal.

Holly: Boa ideia. Meu irmão joga no time do ensino médio. Posso pedir umas dicas a ele. Te encontro depois da escola, tá?

Após ler as historinhas com seu filho, pergunte o que ele notou a respeito de Greg Deprê e Holly Esperançosa. Destaque o fato de que Greg sempre vê o lado negativo da situação, enquanto Holly vê o lado positivo. Pergunte à criança como se sentiria se fosse Greg ou Holly e discuta com ela sobre qual dos dois personagens seria melhor ter como amigo. Seja franco e revele alguma situação em que você foi pessimista. Explique o efeito que o pessimismo teve no seu humor e na sua perseverança. Depois, peça a ela que relate um momento em que se sentiu pessimista e que compare as consequências do pessimismo com as consequências do otimismo.

Precisão das crenças. Quando seu filho entender a diferença entre otimismo e pessimismo, você pode abordar o tema da precisão.

Aqui existem duas questões fundamentais. A primeira é a da responsabilidade pessoal. Quando alguns pais ficam sabendo que eu ensino as crianças a serem mais otimistas, e que isso significa ajudá-las a julgar se elas são ou não responsáveis pelo que acontece de errado em suas vidas, eles acreditam que eu estou ensinando as crianças a se furtar das responsabilidades. "Não quero meu filho por aí culpando todo mundo quando algo dá errado", dizem esses pais. E eu concordo. Mas é ingênuo e equivocado acreditar que ensinar as crianças a dizer "não é culpa minha, eu não fiz nada" vai ajudá-las a ter uma vida melhor. Pelo contrário: é muito útil ensinar as crianças a ver que qualquer problema tem várias causas e a se responsabilizar apenas pela parte que lhes cabe, sem se culpar por aquilo que não controlam.

A segunda questão é o "otimismo vazio". Quando ficam sabendo que nosso programa está chegando na escola de seus filhos, alguns pais dizem: "Não quero meu filho andando por aí dizendo que tudo é maravilhoso, que o mundo é maravilhoso, que ele é maravilhoso. Isso não vai fazer nenhum bem a ele. Nem sempre tudo é maravilhoso, e ele tem que aprender isso". Esses pais estão certos. Ficar repetindo pensamentos positivos não faz com que você alcance ou ultrapasse seu potencial. Grande parte do que se entende por "pensamento positivo" não tem o menor fundamento.

Na maioria das vezes o pensamento positivo se resume a acreditar em frases animadoras como "Todos os dias, em todos os sentidos, eu estou cada vez melhor" mesmo quando não há qualquer evidência disso, ou até quando há evidências contrárias a essa ideia. Muitas pessoas bem instruídas e céticas não suportam esse tipo de enaltecimento motivacional e não querem que seus filhos sejam assim. Novamente, eu concordo. Mas o otimismo aprendido é diferente: se pauta na precisão.

Descobrimos que simplesmente repetir frases motivacionais positivas para si mesmo não melhora em nada o humor ou o rendimento do indivíduo. Assim, o que ensinamos às crianças é a pensar com precisão sobre problemas reais. Pensar com precisão não significa pensar com pessimismo. O pessimismo tem um custo bem alto e específico: crianças que acreditam que nada do que fazem adianta, que acham que seus problemas não têm solução e vão durar para sempre, são crianças que não vão buscar soluções. Crenças negativas como essas geralmente são imprecisas. Muitas crianças catastrofizam e enxergam as piores causas possíveis para seus problemas; de todas as causas possíveis, escolhem a que terá implicações mais graves. Uma das técnicas mais eficazes de contestação é buscar evidências de que essas explicações catastróficas são distorcidas. Na maioria das vezes a realidade ajuda nesse sentido. O otimismo aprendido não funciona através de uma positividade injustificada, mas, sim, através do poder do pensamento "não negativo".

Crianças propensas à depressão tendem a focar no pior cenário possível das situações, tanto em relação aos próprios problemas como em relação aos problemas do mundo. Elas se culpam por algo que não podem controlar; buscam sempre a interpretação mais negativa. Elas têm dificuldade para considerar alternativas mais otimistas e mais precisas. Crianças assim podem aprender a identificar outros fatores que contribuíram para o problema, e com isso concentrar as energias nas partes do problema sob seu controle. Tyhema, uma aluna do sétimo ano que faz parte do nosso programa, descreve bem como isso funciona.

Aprendi a pensar nos problemas como uma pizza. Minha tarefa é fazer com que cada fatia corresponda a uma das coisas que causaram o problema. É o que acontece, por exemplo, quando eu brigo com meu irmão: em vez de ficar pensando que a culpa é só dele ou só minha, eu tento pensar em todos os motivos que causaram a briga. É como se eu tivesse uma pizza na cabeça e tivesse que pensar em quantas fatias cortar. No começo foi difícil, porque eu só pensava em um motivo e parava por ali mesmo. Mas agora consigo pensar em várias razões, e isso é bom, porque assim a culpa não recai toda sobre mim ou sobre meu irmão. Depois eu penso em quais fatias posso mudar e em quais não posso. Nas brigas com meu irmão, eu posso parar de implicar com ele, porque ele se irrita. Mas não posso fazer nada quando ele arruma encrenca com a minha mãe. Quando isso acontece ele fica todo mal-humorado, e se eu estiver perto ele acaba descontando em mim. Agora, quando ele fica assim, eu saio de perto.

PERMANÊNCIA

Depois que seu filho entender as diferenças gerais entre otimismo e pessimismo e a importância da precisão das explicações quando algo dá errado, você pode ensiná-lo a prestar atenção ao estilo explicativo dele. A primeira dimensão que você deve apresentar é a permanência, a mais importante para a resiliência.[1] Diga a ele que quando algo ruim acontece, sempre tentamos explicar para nós mesmos por que aconteceu e tentamos prever as consequências. Às vezes acreditamos que o problema vai durar para sempre e que não podemos fazer nada para eliminá-lo. Esses pensamentos "permanentes" nos deixam tristes e nos levam a desistir antes mesmo de tentar resolver o problema. Por outro lado, se acreditarmos que a situação é temporária e mutável, teremos energia e nos esforçaremos para mudá-la.

Essa é a dimensão mais importante do estilo explicativo, por isso você deve passar um bom tempo com seu filho trabalhando nessa dimensão, até que ele a domine por completo. Existem três maneiras de praticá-la com seu filho: usando as historinhas de Holly Esperançosa e Greg Deprê, usando tirinhas e usando explicações da vida real. Tendo em vista que a permanência é fundamental para o otimismo, o ideal é usar as três maneiras.

Como usar as historinhas de Greg Deprê e Holly Esperançosa. Leia a história "Greg Deprê no baile da escola" em voz alta e em seguida peça a seu filho que diga quais pensamentos de Greg são permanentes e quais são temporários. Depois leia "Holly Esperançosa no baile da escola" e peça que seu filho compare os pensamentos de Greg aos de Holly. Conecte os pensamentos às consequências que surgem em seguida, de modo que seu filho entenda que o pessimismo e o otimismo mudam a forma como ele se sente e como age.

Greg Deprê no baile da escola
Greg: Oi, Cindy. Quer dançar?
Cindy: Não, obrigada. Estou cansada.
Greg (pensando): Que beleza! Eu sou um desastre mesmo... Por que fui perguntar? Eu nunca me divirto nessas coisas. Já devia saber que ela iria dizer não. Ela é popular, e eu não. Ninguém nunca vai querer dançar comigo. Sempre me dou mal. Nunca vou ser legal o suficiente para mudar isso. Nem sei por que vim ao baile. São sempre chatos.
(Greg se senta num banco e parece muito triste.)

Eis os pontos a se enfatizar aqui: quando pensa "Eu sou um desastre mesmo" e "[os bailes de escola] são sempre chatos", Greg está explicando a rejeição de Cindy com pensamentos permanentes. Isso faz com que ele se sinta triste, jogue a toalha e não chame mais ninguém para dançar. Como Greg passa o resto da noite sentado num banco, é claro que ele vai se sentir entediado e cada vez pior. Deixe claro para seu filho que quando alguém acredita de verdade que nada vai melhorar, faz sentido desistir e parar de tentar. Mas o problema é que no geral é possível agir para melhorar a situação. Portanto, se seus pensamentos estão te fazendo desistir, fica muito mais difícil melhorar as coisas.

Holly Esperançosa no baile da escola

Holly: Quer dançar?

Joe: Não, obrigado.

Holly (pensando): Ai! Que vergonha! Odeio quando isso acontece. Acho que Joe não está a fim de dançar hoje. Vou tentar chamar outra pessoa. (falando com Sammy) Oi, Sammy, quer dançar?

Sammy: Não, obrigado, Holly.

Holly (pensando): Caramba, outro não. Talvez eu não tenha sido muito simpática. Tá bem, vou tentar de novo, mas desta vez vou abrir um sorriso e ser bem simpática. (fala com Fred com um sorriso simpático) Oi, Fred. Está se divertindo?

Fred: Tô. Nem acredito que estamos naquele ginásio velho e fedorento. Ficou muito legal.

Holly: É mesmo. Ouvi dizer que o sr. Rothera passou a semana toda trabalhando para deixar o ginásio desse jeito. Gostei da sua blusa. É nova?

Fred: Essa aqui? Valeu. É, comprei no fim de semana passado. Fui naquela loja nova que abriu no shopping.

Holly: Ah, é, eu fiquei sabendo, mas ainda não fui lá. Adoro essa música. Quer dançar?

Fred: Quero, claro!

Holly interpreta a dificuldade para encontrar um par de forma diferente de Greg. Ela pensa: "Joe não está a fim de dançar hoje" e "Talvez eu não tenha sido muito simpática". Esses são pensamentos a respeito de uma situação temporária e mutável. Talvez Joe não esteja a fim de dançar, mas isso não quer dizer que os outros garotos também não estarão. E se Holly acredita que não foi simpática na segunda tentativa, então pode tentar ser na terceira. Ao contrário de Greg, Holly continua tentando. Pergunte a seu filho o que permitiu a Holly continuar tentando encontrar um par enquanto Greg se deu por vencido. Se ele atribuir a diferença a "fatos", dizendo, por exemplo, que "Holly é mais popular que Greg" ou que "Greg deve ser feio", é melhor repassar com toda a conexão de cccs. Não descarte os "fatos" citados; eles são importantes, mas ajude seu filho a entender que a forma como a pessoa interpreta os fatos é tão ou mais importante quanto os fatos em si.

Como usar tirinhas. Após seu filho identificar os pensamentos nas historinhas, use as três tirinhas para exercitar a criação de pensamentos temporários versus pensamentos permanentes. Na primeira, alguns garotos estão implicando com outro e um deles grita "Eu mandei você sair daqui, fracote!". No quadro superior ao centro há um pensamento permanente: "Eles sempre implicam comigo". Peça ao seu filho outro exemplo de pensamento permanente que explique por que esse garoto está sendo excluído (por exemplo: "Eu não tenho amigos", "Ninguém gosta de mim" ou "Nunca me dou bem com os outros"). Depois, peça

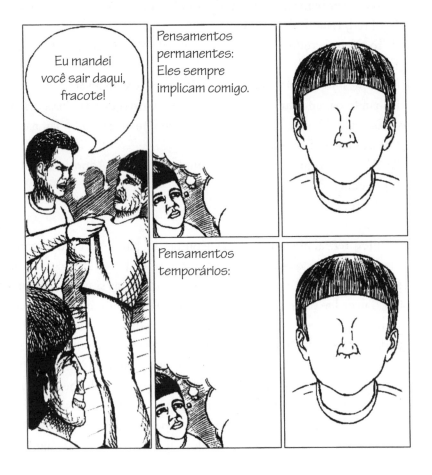

que ele preencha o balão no quadro inferior central com dois pensamentos temporários. Exemplos: "Eles estão implicando comigo hoje", "Eles estão irritados comigo", "Ultimamente eu tenho sido muito antipático". Nos quadros à direita há dois rostos. Depois que seu filho indicar um pensamento permanente, peça a ele para desenhar o restante do rosto para mostrar como o pensamento fez o personagem se sentir e depois o instrua a descrever o que o personagem faria em seguida. Por exemplo: depois da frase "Eles sempre implicam comigo", o garoto se sentiria muito triste e solitário e evitaria os outros meninos por um bom tempo. Em seguida, faça o mesmo com um pensamento temporário. "Eles estão implicando comigo hoje" talvez faça o garoto se sentir um pouco triste, mas certamente não tanto quanto ficaria se tivesse pensamentos permanentes. Talvez ele evite os outros garotos pelo resto do dia, mas depois vai se reaproximar deles.

Depois utilize as outras duas tirinhas seguindo a mesma abordagem descrita no exemplo anterior.

Como usar os CCCs da vida real. Agora você está apto a usar os exercícios da página seguinte para analisar exemplos da vida do seu filho. Dessa vez, o formato é um pouco diferente. Primeiro, peça que ele preencha a linha Contrariedade com uma adversidade recente. Lembre-se: ele deve registrar apenas quem, o quê, quando e onde. Pergunte quais foram as crenças dele. Se foi uma crença permanente, ele deve escrever nas linhas marcadas para isso. Se foi uma crença temporária, deve fazer o mesmo nas linhas correspondentes. Depois, peça que ele escreva as consequências desse pensamento. Em seguida, usando ainda a mesma situação, peça que ele elabore um exemplo de crença

oposta à que teve na hora (se na hora ele teve uma crença permanente, peça que ele elabore uma crença temporária, e vice-versa). Escreva na linha correta e converse sobre as consequências desse pensamento.

Preste atenção ao checar se as consequências são coerentes com as crenças. Se seu filho escreve algo como "Eu nunca vou me enturmar" como pensamento permanente, mas diz que se sente bem quanto a isso, pergunte o motivo. Diga: "Se você tivesse certeza de que nunca vai se enturmar nem fazer amigos pelo resto da vida, acha que estaria tudo bem mesmo? Uma criança que acredita nisso de verdade se sentiria rejeitada e abatida". Use pelo menos três exemplos da vida do seu filho antes de passar para a próxima seção.

1. Contrariedade: _____

Crença permanente: _____

Consequências: _____

Crença temporária: _____

Consequências: _____

2. Contrariedade: _____

Crença permanente: _____

Consequências: _____

Crença temporária: _____

Consequências: _____

3. Contrariedade: _____

Crença permanente: _____

Consequências: _____

Crença temporária: _____

Consequências: _____

PERSONALIZAÇÃO

Crianças que correm risco de depressão se culpam sempre que algo dá errado. Embora a maioria dos problemas reais seja causada por um conjunto complexo de fatores, em geral essas crianças não enxergam as nuances e carregam toda a culpa. Elas ficam sobrecarregadas pela culpa e pela sensação de inutilidade, que as faz se afastar dos amigos e da família. Esse círculo vicioso aumenta ainda mais a chance de depressão.

Nesta seção você aprenderá ensinar seu filho a desenvolver uma forma sofisticada de compreender que parte da culpa realmente cabe a ele. O primeiro passo é ensiná-lo a reconhecer seu estilo de culpabilização. Nesse momento, você deve procurar dois padrões. Quando os problemas surgem, seu filho sempre presume que é o culpado? Ele sempre diz: "É culpa minha"? Preste bastante atenção na forma como ele atribui a culpa por problemas que surgem na família ou entre amigos. O segundo padrão a se identificar é: seu filho atribui a culpa a um comportamento que teve ou à própria personalidade? Comportamentos são modificáveis; a personalidade, não. Veja os exemplos a seguir. No primeiro, Jeremy, um garoto do sétimo ano que participa do programa, descreve como enxerga os problemas que vem tendo com o irmão mais velho.

Richard e eu brigamos muito. Muito mesmo. Desde que fez dezesseis anos parece que ele quer se afastar de mim. Geralmente esse comportamento piora muito quando os amigos dele estão por perto. Quando isso acontece ele age como se eu nem existisse. Quando estamos sozinhos ele pelo menos fala comigo, embora no geral seja para dizer que eu sou um pirralho ou coisa parecida.

Quando Richard e eu brigamos, eu tento entender por que ele está sendo cruel. Minha mãe diz que é por causa da "adolescência" e que talvez demore um pouco para ele voltar a ser o que era antes. Eu entendo o que ela está dizendo porque minha amiga Loren tem um irmão mais velho também, e já vi ele implicar com Loren por qualquer coisinha. E também por coisas estúpidas, como não atender ao telefone do jeito certo ou não colocar a caixa do CD no mesmo lugar onde estava antes.

Mas às vezes acho que eu tenho parte da culpa. Outro dia, por exemplo, eu perguntei se podia usar um casaco dele, e ele deixou. Eu quase não acreditei, porque ele vive com esse casaco, e da outra vez que pedi ele riu na minha cara e mandou arrumar o que fazer. Então eu vesti o casaco e fui para a casa de um amigo. Decidimos jogar futebol, e como estava calor eu tirei o casaco. O problema foi que esqueci o casaco lá. Quando cheguei em casa, Richard me pediu o casaco de volta, e eu não estava com ele. Meu irmão ficou maluco. Eu me senti muito mal. Eu vivo fazendo esse tipo de coisa, sabe? Esquecendo coisas ou não devolvendo depois de usar. Vou me esforçar ao máximo para ser mais cuidadoso. Talvez assim a situação melhore um pouco.

Tentando entender a origem do conflito, Jeremy passou a acreditar que contribuiu para o problema e que sua contribuição é um comportamento específico. Isso é o que chamamos de "autoculpa comportamental". Como os comportamentos são mutáveis, a autoculpa comportamental leva o indivíduo a tentar corrigir o problema. A autoculpa comportamental é temporária, portanto não provoca desespero e inutilidade. Agora compare a interpretação de Jeremy ao entendimento de Talia sobre as dificuldades que vem tendo com a mãe.

Minha mãe e eu temos brigado cada vez mais. Eu, ela e minha irmã costumávamos nos divertir muito — fazíamos canoagem num rio perto da minha casa, e uma vez alugamos patins e minha mãe ficou fingindo que ia cair toda hora. Foi muito divertido. Só que agora não nos divertimos mais desse jeito. Sábado passado fomos de carro a uma cidadezinha sem eletricidade do interior. Foi horrível. Quer dizer, no começo foi tudo bem. Mas aí eu estraguei tudo. Minha mãe estava dirigindo e Sarah e eu estávamos no banco de trás. Sarah estava conversando com a boneca, e eu comecei a implicar de leve com ela. Minha mãe me mandou parar, mas eu não obedeci. Comecei a sussurrar algumas coisas para Sarah, bem baixinho, para minha mãe não ouvir. Só que aí Sarah abriu o berreiro e minha mãe ficou furiosa. Começou a gritar comigo e disse que se eu não parasse a gente iria voltar para casa.

Eu me senti muito mal. Vivo irritando minha mãe. Parece que tem alguma coisa em mim que estraga tudo. É como se eu sempre irritasse minha mãe, não importa o que aconteça. Eu devo ser má ou alguma coisa assim, porque Sarah não é igual a mim. Uma criança pode ser simplesmente má?

Assim como Jeremy, Talia culpa a si mesma pelo conflito. Mas Talia pensa que é "simplesmente má". Ao contrário de Jeremy, ela não só se culpa por um comportamento específico — a implicância dela com Sarah provavelmente é o motivo da irritação de sua mãe —, mas também culpa sua personalidade como um todo. "Eu devo ser má". A autoculpa caracterológica é pior do que a autoculpa comportamental. É possível mudar um comportamento, mas não a personalidade. Jeremy é capaz de mudar o comportamento que acredita ser a fonte do problema. Talia, porém, não tem o que fazer. Não só acredita que é a causa do problema, mas também que não há nada a fazer para consertá-lo — desesperança e desamparo. Ao trabalhar essas questões com seu filho, tenha em mente que explicações pessoais e imutáveis para acontecimentos ruins, sobretudo as explicações relacionadas ao próprio caráter, são extremamente pessimistas.

As três atividades que você usou para ensinar ao seu filho a dimensão da permanência serão usadas para a personalização. Para crianças mais novas, usamos dois termos simples. Os pensamentos "por minha causa" representam a autoculpa (internalidade, a criança culpa a si mesma). Já os pensamentos "por causa dos outros ou de outra coisa" representam externalidade. Ao falar com seu filho sobre esses termos, evite emitir juízo de valor. Não diga "é melhor acreditar nos 'pensamentos por causa dos outros' do que nos pensamentos 'por minha causa'" ou algo como "Se você tem pensamentos do tipo 'por minha causa', está agindo igual ao Greg Deprê". Não é bom dizer a seu filho que é melhor atribuir culpa a outras pessoas ou às circunstâncias do que a si mesmo, assim como não é bom dizer que é melhor se enxergar como a causa de todos os problemas. Nenhum extremo é preciso ou saudável. Juntos, você e seu filho vão descobrir o padrão dele e avaliar as consequências. Depois, você começará a avaliar a precisão do estilo habitual do seu filho.

Como usar as historinhas de Greg Deprê e Holly Esperançosa. Primeiro, explique ao seu filho o que é a dimensão da personalização. Fale de forma simples. Diga que quando algo dá errado, podemos acreditar que nós causamos o problema ou que ele foi causado por outra pessoa ou outra coisa. Use o exemplo a seguir para mostrar a diferença.

Jennifer chega em casa da escola e diz à mãe que quer jantar na casa de Holly. Irritada, a mãe responde: "De jeito nenhum. Eu já fiz o jantar de hoje. Você não pode chegar aqui como quem não quer nada, anunciar seus planos para a noite e achar que todo mundo tem que se adaptar à sua vontade". Jennifer pensa em vários motivos para explicar por que sua mãe está irritada. Se Jennifer pensa: "Eu não perguntei do jeito certo, devia ter falado de um jeito mais simpático", então ela está tendo um pensamento "por minha causa". Isso porque Jennifer acha que a mãe está irritada porque ela não pediu para jantar na casa de Holly da maneira correta. Mas se Jennifer pensar "Ah, não... Minha mãe está num daqueles dias, está de mau humor", esse é um pensamento "por causa dos outros ou de outra coisa". Isso porque Jennifer acha que a mãe está irritada porque teve um dia difícil.

Diga a seu filho que você quer treinar com ele os dois tipos de pensamento. Leia a história de Greg Deprê a seguir e depois peça a ele que circule os pensamentos "por minha causa".

Greg Deprê foi mal no futebol

O time de Greg perdeu para o adversário. No jantar naquela noite, o pai dele pergunta sobre o jogo.

Pai: Sua mãe me contou que você teve uma derrota dura hoje. Sinto muito, Greg.

Greg: É, a gente se deu mal. Mas a gente podia ter ganhado. Eu estraguei tudo.

Pai: Como assim? O que aconteceu?

Greg: Toby passou a bola para mim, e eu chutei para fora. A gente podia ter ganhado.

Pai: Que pena. Mas esse não deve ter sido o único motivo da derrota. Qual foi o placar?

Greg: Foi 3 a 1. Mas a gente podia ter ganhado se não fosse por mim. Eu fiz besteira todas as vezes que toquei na bola. Eu sou uma porcaria no futebol. Nunca vou jogar bem. Melhor eu sair da equipe. Talvez assim o time passe a ganhar.

Greg assume toda a responsabilidade pela derrota. Veja os pensamentos que seu filho circulou. "Eu estraguei tudo", "Eu chutei para fora", "A gente podia ter ganhado se não fosse por mim", "Eu fiz besteira todas as vezes que toquei na bola", "Eu sou uma porcaria no futebol" e "Nunca vou jogar bem" são, todos, pensamentos "por minha causa". Faça ao seu filho as seguintes perguntas: você acha que as ideias de Greg sobre os motivos da derrota estão corretas? Se o time perde de 3 a 1, será que é possível que uma só pessoa da equipe derrotada possa ter cometido todos os erros? Quais podem ser os outros motivos para uma equipe perder uma partida? Será que Greg quis sair do time por causa da derrota, ou havia outra razão? Será que ele pensa que pode fazer algo para melhorar no futebol? Por que não? Diga a seu filho que quando uma criança assume *toda* a responsabilidade por algo ruim, ela se sente muito mal consigo mesma e pode acabar desistindo de tudo.

Agora leia a historinha de Holly Esperançosa e compare os pensamentos dela com os de Greg. Peça a seu filho para sublinhar todos os pensamentos "por causa dos outros ou de outra coisa" e para circular todos os pensamentos "por minha causa".

Holly Esperançosa foi mal no futebol

O time de Holly perdeu para o adversário. No jantar daquela noite, o pai dela pergunta sobre o jogo.

Pai: Sua mãe me contou que você teve uma derrota dura hoje. Sinto muito, Holly.

Holly: É, a gente se deu mal. E a gente podia ter ganhado, mas fomos muito mal hoje.

Pai: Como assim? O que aconteceu?

Holly: Uma garota passou a bola para mim, e eu chutei para fora. Na hora eu não acreditei. Era a bola do jogo e eu errei. Fiquei morrendo de vergonha.

Pai: Que pena. Mas esse não deve ter sido o único motivo da derrota. Qual foi o placar?

Holly: Foi 3 a 1. Todo o nosso time jogou mal. Nossa técnica parecia bem irritada. Sharon também errou alguns chutes. Dana nem conseguiu chutar a gol, e ela costuma finalizar muito bem. Kimberly foi mal na defesa. Além de tudo, o outro time tinha uma garota enorme que chutava muito bem e fez dois gols. Nossa técnica disse que a gente precisa se concentrar mais no jogo.

Holly é mais imparcial que Greg na explicação para a derrota. Ela assume a responsabilidade pelos próprios erros, mas também é capaz de culpar o resto do time. Reconhece um fato da equipe adversária que contribuiu para o sucesso deles. Observe os pensamentos sublinhados pelo seu filho. "Todo o nosso time jogou mal", "Sharon também errou alguns chutes", "Dana nem conseguiu chutar a gol, e ela costuma finalizar muito bem. Kimberly foi mal na defesa" e "Além de tudo, o outro time tinha uma garota enorme que chutava muito bem" são exemplos de pensamentos "por causa dos outros". "Uma garota passou a bola para mim, e eu chutei para fora. Na hora eu não acreditei. Era a bola do jogo e eu errei" é um pensamento "por minha causa".

Faça as seguintes perguntas ao seu filho: qual dos dois está enxergando a situação de maneira mais realista, Greg ou Holly? Qual dos dois gosta mais de jogar? Você acha que Holly vai sair do time? Por que não? Com qual dos dois você se parece mais? Diga à criança que quer que ela assuma a responsabilidade pelas coisas que fizer ao causar um problema, mas que não quer que ela se culpe pelo que não tiver culpa. Explique que as crianças mais parecidas com Holly Esperançosa dizem: "Essa parte foi minha culpa, mas essas outras não foram", e elas se sentem melhor consigo mesmas e geralmente se esforçam para evitar que o erro se repita. Já as crianças mais parecidas com Greg Deprê dizem: "É tudo culpa minha". Elas se sentem mal consigo mesmas e geralmente desistem antes mesmo de tentar corrigir o problema.

Se você teme que seu filho não esteja assumindo a responsabilidade pelos problemas ou que ele se irrite diante de qualquer problema, leiam juntos a próxima historinha. Em seguida, converse sobre as questões do parágrafo anterior, incluindo nelas o Adam Raivoso. Por exemplo, pergunte: "Qual dos três está enxergando a situação de maneira mais realista, Greg, Adam ou Holly? Quem você acha que se divertiu mais jogando futebol?".

Adam Raivoso foi mal no futebol

O time de Adam perdeu para o adversário. No jantar daquela noite, o pai dele pergunta sobre o jogo.

Pai: Sua mãe me contou que você teve uma derrota dura hoje. Sinto muito, Adam.

Adam: É, a gente se deu mal. E a gente podia ter ganhado, mas o Sam foi muito mal hoje.

Pai: Como assim? O que aconteceu?

Adam: Sam não serve para ser goleiro. Ele levou quatro frangos. Não conseguiu defender nada!

Pai: Que pena. Mas esse não deve ter sido o único motivo da derrota. Qual foi o placar?

Greg: Foi 5 a 4. A gente podia ter ganhado se não fosse o Barry. Ele perdeu um pênalti. É um pé torto! Eu falei para ele que queria bater o pênalti, mas o técnico disse que era a vez do Barry. Eu bati o pênalti anterior no mesmo jogo, mas perdi porque Frank ficou me falando o que eu tinha que fazer e por isso não consegui me concentrar. Eu tenho os piores companheiros de time do mundo.

Como usar as tirinhas. Após terminar o exercício anterior, use as tirinhas das páginas a seguir para exercitar ambos os tipos de crenças. As tirinhas são parecidas com as que foram usadas para trabalhar a dimensão da permanência, com a diferença de que os balões estão rotulados "pensamento por minha causa" e "pensamento por causa dos outros ou de outra coisa". No primeiro exemplo, a garota descobre que sua amiga foi convidada para a festa de Mike, e ela não. O pensamento "por minha causa" é "Eu sou uma idiota, e ninguém gosta de andar com pessoas assim". Peça a seu filho que crie e escreva outro pensamento "por minha causa" e depois termine a ilustração que mostra como a garota se sente, no canto direito superior. Em seguida, peça que ele crie dois pensamentos "por causa dos outros ou de outra coisa" e anote no espaço correspondente. Por fim, peça que ele termine a ilustração do rosto da personagem mostrando como ela se sentiria, no canto inferior direito, e que descreva o que a personagem faria.

Agora peça a seu filho que responda às outras duas tirinhas da mesma maneira. Lembre-o que as consequências devem ter relação lógica com os pensamentos.

Como usar os cccs da vida real. Agora seu filho está pronto para usar o formato CCC. Peça a ele para lembrar uma adversidade que tenha vivido e suas crenças iniciais a respeito da situação. Pergunte se a crença foi um pensamento "por minha causa" ou um pensamento "por causa dos outros ou de outra coisa". Peça para ele escrever nas linhas correspondentes, junto com as consequências geradas pelo pensamento. Se os pensamentos iniciais foram do

tipo "por minha causa", peça a ele para pensar em alguns pensamentos "por causa dos outros ou de outra coisa" na mesma situação e registrar nas linhas correspondentes. Depois, pergunte a ele como se sentiria e como agiria se acreditasse nesse outro tipo de pensamento. Peça que ele registre essas consequências também. Se os pensamentos iniciais foram externos, peça que ele revise a situação, mas com foco em pensamentos internos.

1. Contrariedade: _____

Crença "por minha causa": _____

Consequências: _____

Crença "por causa de outra pessoa ou outra coisa": _____

Consequências: _____

2. Contrariedade: _____

Crença "por minha causa": _____

Consequências: _____

Crença "por causa de outra pessoa ou outra coisa": _____

Consequências: _____

3. Contrariedade: _____

Crença "por minha causa": _____

Consequências: _____

Crença "por causa de outra pessoa ou outra coisa": _____

Consequências: _____

O Jogo da Torta. A última atividade que você vai fazer com seu filho se chama Jogo da Torta. Esse jogo é especialmente útil para crianças que tendem a pensar que ou não têm culpa alguma ou têm toda a culpa e que sentem dificuldade para atribuir apenas parte da culpa a si ou a outras pessoas.

A seguir há a ilustração de uma torta. A tarefa do seu filho é cortá-la de modo que cada fatia represente cada uma das causas que contribuíram para o problema. Ele deve escrever cada causa numa fatia. Faça o primeiro exemplo com ele.

Melanie, uma aluna do sexto ano que faz parte do nosso programa, foi ignorada por alguns amigos. De início, ela só conseguiu pensar em um motivo para isso: "Eles não gostam mais de mim e resolveram se afastar". Melanie teve dificuldade para se lembrar de outras razões, em parte porque estava muito triste por não ter mais amigos.

Quando mostramos a Melanie a ilustração de uma torta como a que está a seguir, ela foi capaz de cortá-la em cinco fatias, atribuindo uma causa a cada fatia: "Eles estão se vingando porque contei ao Scott que Tyeshia gosta dele"; "Tyeshia ficou contra mim"; "Elas estão irritadas porque Carolyn me convidou para a praia, mas não convidou todos eles"; "Eu chamei Julie de nariguda, e eles ficaram do lado de Julie"; e "Eles são imaturos".

De início você terá que ajudar seu filho a pensar numa gama de possibilidades. Para fazer isso com Melanie, formulamos perguntas que guiaram seu pensamento: aconteceu alguma coisa antes de suas amigas começarem a ignorá-la? Vocês brigaram? Elas costumam agir desse jeito?

Repasse o exemplo de Melanie com seu filho. Explique a ele que de início Melanie só conseguiu pensar em uma explicação para ser ignorada. Mas depois, refletindo melhor, ela foi capaz de pensar em cinco causas, e cada uma delas pode ter contribuído em parte para que os amigos passassem a ignorá-la. Explique a seu filho que essa reflexão ajudou Melanie a decidir o que fazer sobre o problema.

Pergunte a seu filho como Melanie deve ter se sentido quando acreditou que nunca mais seria amiga do resto dos amigos. O que ela provavelmente fez? Depois, pergunte se ele acha que Melanie teria se sentido diferente após cortar a torta. Faça seu filho entender que após pensar nos vários fatores que teriam contribuído para a situação, Melanie se viu numa posição melhor para resolver o problema. Ela pode pedir desculpas a Tyeshia por contar o segredo a Scott. Pode conversar com os amigos sobre a viagem que fez com Carolyn. Pode tentar descobrir se Julie ficou magoada com a provocação.

Agora repasse com seu filho dois exemplos da vida dele. Primeiro, peça para ele descrever o problema e anotar na linha correspondente, da contrariedade. Depois peça a ele para pensar no maior número possível de causas para o ocorrido. Certas crianças acreditam que o objetivo dessa atividade é criar o maior número de fatias possível, por isso acabam gerando causas que

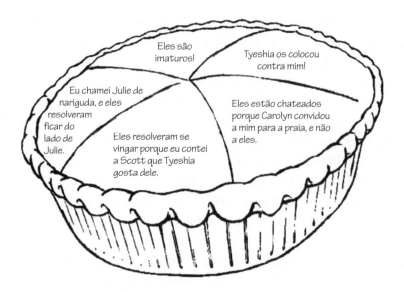

não fazem sentido. Para evitar esse equívoco, explique que o objetivo é dividir a torta no maior número possível de fatias *realistas*. Quando ele mencionar uma possível causa para o problema, peça a ele para desenhar a fatia e anotar a causa dentro dela. Se ele costuma pensar que os problemas são totalmente culpa dele ou que ele não tem nenhuma culpa, você terá que ajudá-lo a considerar uma gama mais ampla de motivos. Para isso, elabore perguntas parecidas com as que acabamos de descrever. Quando ele tiver cortado a torta, numere as fatias e peça a ele que caracterize cada uma delas com relação à permanência e à personalização. Abaixo da torta há um espaço para ele responder. Se seu filho frequentemente sugere pensamentos permanentes e "por minha causa" (internos), diga isso e peça a ele para lembrar algumas causas temporárias e alguns pensamentos "por causa dos outros ou de outra coisa".

1. A contrariedade foi a seguinte: _____

Eu cortei a torta em _____ fatias.

Fatia número _____.
☐ Pensamento permanente
☐ Pensamento "por minha causa"
☐ Pensamento temporário
☐ Pensamento "por causa dos outros ou de outra coisa"

Fatia número _____.
☐ Pensamento permanente
☐ Pensamento "por minha causa"
☐ Pensamento temporário
☐ Pensamento "por causa dos outros ou de outra coisa"

Fatia número _____.
☐ Pensamento permanente
☐ Pensamento "por minha causa"
☐ Pensamento temporário
☐ Pensamento "por causa dos outros ou de outra coisa"

Fatia número _____.
☐ Pensamento permanente
☐ Pensamento "por minha causa"
☐ Pensamento temporário
☐ Pensamento "por causa dos outros ou de outra coisa"

Fatia número _____.
☐ Pensamento permanente
☐ Pensamento "por minha causa"
☐ Pensamento temporário
☐ Pensamento "por causa dos outros ou de outra coisa"

Fatia número _____.
- ☐ Pensamento permanente
- ☐ Pensamento "por minha causa"
- ☐ Pensamento temporário
- ☐ Pensamento "por causa dos outros ou de outra coisa"

Fatia número _____.
- ☐ Pensamento permanente
- ☐ Pensamento "por minha causa"
- ☐ Pensamento temporário
- ☐ Pensamento "por causa dos outros ou de outra coisa"

Fatia número _____.
- ☐ Pensamento permanente
- ☐ Pensamento "por minha causa"
- ☐ Pensamento temporário
- ☐ Pensamento "por causa dos outros ou de outra coisa"

Fatia número _____.
- ☐ Pensamento permanente
- ☐ Pensamento "por minha causa"
- ☐ Pensamento temporário
- ☐ Pensamento "por causa dos outros ou de outra coisa"

Fatia número _____.
- ☐ Pensamento permanente
- ☐ Pensamento "por minha causa"
- ☐ Pensamento temporário
- ☐ Pensamento "por causa dos outros ou de outra coisa"

2. A contrariedade foi a seguinte: _____

Eu cortei a torta em _____ fatias.

Fatia número _____.
☐ Pensamento permanente
☐ Pensamento "por minha causa"
☐ Pensamento temporário
☐ Pensamento "por causa dos outros ou de outra coisa"

Fatia número _____.
☐ Pensamento permanente
☐ Pensamento "por minha causa"
☐ Pensamento temporário
☐ Pensamento "por causa dos outros ou de outra coisa"

Fatia número _____.
☐ Pensamento permanente
☐ Pensamento "por minha causa"
☐ Pensamento temporário
☐ Pensamento "por causa dos outros ou de outra coisa"

Fatia número _____.
☐ Pensamento permanente
☐ Pensamento "por minha causa"
☐ Pensamento temporário
☐ Pensamento "por causa dos outros ou de outra coisa"

Fatia número _____.
☐ Pensamento permanente
☐ Pensamento "por minha causa"
☐ Pensamento temporário
☐ Pensamento "por causa dos outros ou de outra coisa"

Fatia número _____.
- ☐ Pensamento permanente
- ☐ Pensamento "por minha causa"
- ☐ Pensamento temporário
- ☐ Pensamento "por causa dos outros ou de outra coisa"

Fatia número _____.
- ☐ Pensamento permanente
- ☐ Pensamento "por minha causa"
- ☐ Pensamento temporário
- ☐ Pensamento "por causa dos outros ou de outra coisa"

Fatia número _____.
- ☐ Pensamento permanente
- ☐ Pensamento "por minha causa"
- ☐ Pensamento temporário
- ☐ Pensamento "por causa dos outros ou de outra coisa"

Fatia número _____.
- ☐ Pensamento permanente
- ☐ Pensamento "por minha causa"
- ☐ Pensamento temporário
- ☐ Pensamento "por causa dos outros ou de outra coisa"

Fatia número _____.
- ☐ Pensamento permanente
- ☐ Pensamento "por minha causa"
- ☐ Pensamento temporário
- ☐ Pensamento "por causa dos outros ou de outra coisa"

RESUMO

A essa altura seu filho já compreende que tudo o que ele diz a si mesmo muda diretamente a forma como se sente e como age. Quando algo ruim acontece, ele pode "detectar" o diálogo interno e prever as consequências. De início, talvez você precise guiá-lo (por exemplo: "Quando você recebeu a nota da prova, o que disse a si mesmo?".), mas depois ele será capaz de seguir em frente sozinho utilizando o modelo CCC. Também será capaz de diferenciar crenças permanentes das temporárias e crenças pessoais das impessoais.

Nesse ponto ele já começou a refletir sobre a precisão das próprias crenças, e a contestação de crenças imprecisas é a habilidade central abordada no próximo capítulo.

12. A contestação e a descatastrofização

Embora a maioria dos adultos e crianças tenha a capacidade natural de contestar quem os acusa, não costumamos contestar quando somos nós mesmos quem nos acusamos. Sabemos que as opiniões dos outros sobre nós podem ser enviesadas e equivocadas, mas consideramos que nossas opiniões sobre nós mesmos são indiscutíveis, verdades absolutas. A autocontestação é uma forma duradoura e eficaz de verificar a veracidade de suas interpretações irrealistas. Nela, você expõe a imprecisão de suas crenças e prova para si mesmo que elas são exageradas ou até mesmo falsas. Com isso, as crenças inválidas passam a surgir com cada vez menos frequência. Nesse método cognitivo você deve enxergar suas crenças como hipóteses que podem ser testadas e, caso se mostrem imprecisas, alteradas. Após dominar a versão adulta das habilidades de contestação e descatastrofização, você poderá ensiná-las ao seu filho.

Para vencer o pessimismo, sua opinião a respeito de si mesmo precisa ser objeto de ceticismo. Não aceite cegamente seus próprios ataques. Dê um passo atrás e reflita sobre eles com a mente aberta. Se eles de fato forem corretos, tudo bem. Isso significa que é preciso trabalhar para mudar os aspectos em si mesmo ou em seu mundo que causam descontentamento. Mas talvez você descubra que suas crenças sobre si são inverídicas, que elas tendem a ser catastrofizações — o que acontece quando interpretamos situações ruins da pior maneira possível, com crenças extremamente permanentes e universais. Se for esse o caso, é preciso corrigir essas crenças.

A contestação bem-feita requer muita prática. A seguir, apresento dois exemplos de adultos tentando contestar suas próprias crenças pessimistas.

Elana tem uma filha que participa do Programa de Prevenção da Universidade da Pensilvânia. Quando conheci Elana, ela demonstrou interesse em aplicar em si mesma as técnicas que estávamos ensinando a sua filha. Por isso eu ensinei a ela o modelo CCC. O primeiro registro de CCCs que apresentamos a seguir é de uma de suas primeiras tentativas de contestação após ela receber algumas poucas instruções sobre como contestar suas crenças pessimistas. O segundo registro mostra como ela passou a lidar com o pessimismo após a prática.

Agora vou acrescentar dois elementos ao modelo CCC: o São mais dois Cs. O primeiro é de *Contestação* (do inglês, *disputation*). Trata-se do argumento que você cria para contrapor suas crenças. A quinta letra C significa *Capacitação* (do inglês, *energization*) e se refere às consequências emocionais e comportamentais da contestação. Os números entre parênteses após as crenças e contestações indicam até que ponto (numa escala de 0 a 100) você acredita que a crença é correta. Os números entre parênteses após as consequências e a capacitação indicam a intensidade dos seus sentimentos (também numa escala de 0 a 100). A melhor forma de ver se a contestação funciona é olhar para a Capacitação. Há uma queda na intensidade dos sentimentos negativos?

Contrariedade: Eu vinha trabalhando numa campanha publicitária havia muitas semanas. Era um cliente grande, e eu sabia que se minha chefe gostasse do resultado eu teria grande chance de ser promovida. Por fim mandei a proposta para a minha chefe, mas não recebi nenhuma resposta por um bom tempo. Certa manhã, porém, eu entro na minha sala e vejo a proposta na mesa com um bilhete dizendo apenas: "Precisa melhorar. Mais energia".

Crenças: Ah, que ótimo! Minha promoção já era (100). Eu me matei nessa campanha e tudo que recebi de volta foi "mais energia". Não consigo colocar mais energia (100). Esquece! Eu fiz o melhor que podia, melhor desistir (90). Não sirvo para esse trabalho (90).

Consequências: Fiquei muito chateada. Diria que fiquei metade irritada (80) e metade realmente deprimida (100). Passei umas semanas sem sequer olhar para aquele trabalho. Toda vez que voltava a trabalhar nele sentia um nó no estômago, aí parava. Mas ao mesmo tempo eu não conseguia me concentrar em outras tarefas. Foi como se o trabalho tivesse perdido a graça no geral.

Contestação: Vamos lá, aguente firme. Você vai conseguir a promoção (20). Você é a melhor (10). Só precisa continuar tentando e se esforçando!

Capacitação: Eu continuei me sentindo péssima e acima de tudo deprimida (90). A impressão foi de que a contestação não funcionou. Acho que me senti um pouco melhor no trabalho por um ou dois dias, mas foi só. Continuei achando melhor pedir demissão e mudar de ramo.

A tentativa de contestação foi fraca, sem impacto, e o humor de Elana não melhorou porque ela própria não acreditava na contestação. Ela simplesmente tentou se animar: "Força, Elana!". A contestação falhou pelo mesmo motivo por que a maioria das palavras de ânimo falha — são apenas pensamentos positivos vazios, uma forma de animação sem qualquer embasamento na realidade. Pensamentos positivos vazios mudam seu humor por um período curto. Já a contestação eficaz requer conteúdo. Você precisa se convencer de que seus raciocínios e ponderações iniciais estão incorretos. Compare a primeira tentativa de Elana com a segunda, mais recente.

Contrariedade: Ted e eu fizemos aniversário de 21 anos de casamento semana passada. Nós nos revezamos para planejar algo especial para a data, e este ano foi a vez de Ted. Ele me levou a uma pousada e comprou ingressos para uma peça. Mas em vez de nos divertirmos, passamos a maior parte do fim de semana brigando. Primeiro foi sobre se Mimi poderia começar a sair com garotos. Depois brigamos sobre se devíamos usar parte do dinheiro da aposentadoria para construir uma varanda nos fundos da casa. Parecia que íamos passar o aniversário gritando um com o outro.

Crenças: Nós quase nunca temos tempo só para nós dois, como casal, e quando temos brigamos o tempo todo. Ted é muito rígido com tudo (80). Para ele, qualquer decisão é para o resto da vida. É como se ele nunca repensasse nada. Ele é muito egoísta (90). Nunca está disposto a negociar (80). As coisas têm que ser sempre do jeito dele (90). Cansei disso!

Consequências: Eu fiquei simplesmente furiosa (100). Não conseguia me acalmar. Não conseguia sequer escutar o que ele tinha a dizer. Ele queria adiar a conversa para depois do fim de semana, mas eu não consegui deixar para lá. Fui ficando cada vez mais furiosa (100).

Contestação: Espera aí. Eu estou muito chateada. Será que estou exagerando? Tudo bem, Ted não parece pronto para mudar de opinião e deixar Mimi sair com garotos e está relutante quanto a gastar um centavo que seja do dinheiro da aposentadoria. É claro que ele é menos flexível que eu, mas certamente não é um homem rígido. Muitas vezes ele já abriu mão do que queria fazer por minha causa ou por causa das crianças (95). Ano passado, por exemplo, decidimos viajar para um local de praia, mas ele queria mesmo era ir para o interior. E ele já havia passado um bom tempo pesquisando lugares no interior. Também não posso chamá-lo de egoísta. Ele até se dispôs a se mudar para que eu voltasse a estudar. Fez muitos sacrifícios para que isso acontecesse (100). Talvez ele só esteja ansioso ao ver que Mimi está crescendo (80). É assustador imaginar nossa filha namorando alguns dos amigos idiotas dela. E para fazer a varanda gastaríamos uma boa parte da nossa poupança. Dá para entender o estresse dele com relação a isso (90).

Capacitação: Eu fiquei bem mais calma. Ainda estou irritada, mas bem menos que antes (20). Consegui deixar as questões de Mimi e da varanda de lado para aproveitar o que restava do fim de semana.

Elana não está mais tentando se animar com palavras vazias. A contestação reduziu a intensidade da irritação de 100 para 20, e ela foi capaz de relaxar e aproveitar o resto do aniversário de casamento. Por que dessa vez a contestação foi tão eficaz? Vejamos em detalhes. Primeiro, Elana disse a si mesma para ir mais devagar. Isso é importante. Os pensamentos negativos chegavam tão rápido que ela não era capaz de contestá-los, por isso ela precisou pisar no freio. Ao dizer a si mesma para ir mais devagar, Elana começou a se distanciar de suas crenças. Esse é um primeiro passo fundamental. Em seguida, Elana reconhece que há um quê de verdade nesses pensamentos automáticos. Sim, Ted é menos flexível que ela, mas ser menos flexível não significa ser rígido. Se há traços de verdade na sua crença, não os descarte, mas é fundamental separar o pouco de verdade do monte de catastrofismo.

Depois disso, Elana cita exemplos específicos de situações nas quais Ted assumiu compromissos ou negociou uma mudança de planos. Nesse momento, Elana pensou em evidências que iam contra sua crença. Por fim,

Elana considerou hipóteses alternativas para explicar o comportamento de Ted. Talvez ele estivesse ansioso por saber que Mimi estava entrando na puberdade. Talvez estivesse tenso com relação à segurança financeira da família. Quando você se distancia dos seus pensamentos, separa o que é fato do que é catastrofização, reflete sobre as evidências disponíveis e gera alternativas, sua contestação ganha potência e solidez. Seu ânimo melhora e sua energia volta, pois seu pessimismo perde força.

Uma contestação eficaz se fundamenta em quatro pilares. O primeiro é a *coleta de evidências*. Quando você identificar crenças pessimistas, pergunte-se: "Qual é a evidência para essa crença?". Nesse momento, tenha cuidado. Você tem sido pessimista há muito tempo, e sendo assim desenvolveu métodos eficazes para manter esse pessimismo. Quando começar a procurar evidências, você provavelmente encontrará várias que justifiquem o pessimismo e poucas que o refutem. Esse é o viés de confirmação em ação. É mais fácil enxergarmos os fatos que apoiam nossas crenças do que os fatos que as contradizem. Para combater o viés de confirmação, não basta examinar a própria vida em busca de provas que refutem nossa crença: precisamos dividir a tarefa em duas partes. Primeiro, busque todas as provas que apoiem sua crença. Em seguida, pergunte-se: *quais são as provas contra essa crença?* Ao se obrigar a considerar as duas partes, você enfraquece o viés de confirmação. Claro que a contestação só pode ser tão boa quanto as evidências que você for capaz de reunir. Portanto, seja específico e direto, listando cada evidência separadamente.

A segunda tática é criar *alternativas*. Pergunte-se: quais são as outras formas de enxergar essa adversidade? Quando se é pessimista, é difícil enxergar os problemas por outra perspectiva. Por vezes você se convence de que sua interpretação é a única válida. Comece listando o maior número possível de interpretações a respeito do problema. Se ainda assim continuar acreditando que não existem outras explicações racionais, pergunte-se: "Como meu melhor amigo enxergaria essa situação? E meu pai? Como um observador neutro interpretaria esses acontecimentos?". Em seguida, use as evidências para avaliar se essas novas interpretações são verdadeiras. Lembre-se: situações ruins raramente são causadas por apenas um fator; a complexidade do mundo nos permite encontrar e focar em diversas explicações para o mesmo fenômeno. Portanto, não simplifique demais com uma única explicação monolítica e pessimista. Observe toda a gama de causas que contribuíram para o problema.

A terceira tática de contestação é a descatastrofização, ou o ato de avaliar com precisão as *implicações* — os "e se" — da adversidade. Quando algo dá errado, você imediatamente começa a fantasiar um monte de coisas horríveis que acontecerão em consequência? Se seu chefe diz que você "precisa melhorar", você começa a imaginar que esse é o fim da sua carreira? Os pessimistas vivem imaginando esse tipo de situação. Eles catastrofizam. O chefe apenas está um pouco decepcionado, e o pessimista começa a pensar numa infinidade de "e se": e se ele decidir me demitir? E se eu não conseguir encontrar outro trabalho? E se eu tiver que trocar de área profissional? E por aí vai. A melhor forma de lidar com esses "e se" é levar essas perguntas a sério. Elas são assustadoras porque são vagas e ameaçadoras — um "monstro" horrível que espreita no seu futuro e quer acabar com você.

Quando começar a se questionar "e se isso, e se aquilo", faça três perguntas a si mesmo para descatastrofizar. Primeira pergunta: qual é a pior coisa que pode acontecer, por mais improvável que seja? Seja detalhista na resposta. Não seja vago. Dê um rosto e um nome a esse monstro. Depois, pergunte-se: qual é a probabilidade de isso acontecer? E se acontecer, o que você pode fazer para melhorar a situação? Segunda pergunta: qual é a melhor coisa que pode acontecer? Novamente, seja específico. Por fim, após definir o melhor e o pior cenário possíveis, faça a terceira pergunta: qual é o resultado mais provável? Tenha em mente que há uma grande chance de nem a melhor nem a pior consequência acontecerem. As consequências da situação provavelmente vão recair em algum ponto intermediário, entre os extremos.

Após especificar as três consequências, você pode se planejar para elas. Desenvolver um *plano de ataque* é a quarta estratégia da contestação. Gaste a maior parte de suas energias desenvolvendo um plano de ataque para o cenário que considerar mais provável, mas não negligencie por completo o melhor e o pior cenários. Há algo que você possa fazer para que o melhor cenário se concretize? Em alguns casos raros, o pior cenário é o mais preciso. Coisas horríveis acontecem. Relacionamentos não têm mais jeito, e pessoas são demitidas. Nós cometemos erros. Destratamos pessoas. Temos falhas de caráter. Mas isso não significa que você é impotente, incapaz de tomar as rédeas da situação. Que ações específicas você pode realizar para melhorar a situação? Como pode corrigir o erro ou atenuar as partes problemáticas de sua personalidade? Como pode conter os danos? Ao elaborar um plano de ataque, você evita a sensação de desamparo e mantém a capacidade de perseverar nas circunstâncias mais adversas.

Elana identificou que costuma imaginar os piores cenários quando algo dá errado, mas eis um exemplo de como ela aprendeu a descatastrofizar.

Contrariedade: Ted e eu tivemos uma briga horrível. Nós dois dissemos coisas muito pesadas um ao outro. A briga foi tão feia que ele saiu de casa batendo a porta. Horas depois, ligou e avisou que iria dormir na casa do irmão.

Crenças: Isso é péssimo. A gente nunca brigou assim antes. Nunca vi Ted tão furioso. E se ele não se acalmar? E se a gente não resolver a situação? O que vai acontecer?

Descatastrofização: Calma, Elana. O pior resultado possível dessa briga é Ted não querer mais voltar para casa: ele vai esperar que eu saia para o trabalho, vai entrar aqui em casa para pegar as coisas e ir embora (pior cenário). Mas mesmo que isso aconteça eu vou seguir em frente. É a pior coisa que imagino que possa acontecer, mas posso pedir à minha família para me ajudar a seguir em frente (plano de ataque). Mas sejamos razoáveis: isso não vai acontecer. Estamos casados há muito tempo e ele se importa demais com as crianças para simplesmente desaparecer desse jeito (evidência). Acho que o melhor cenário possível é que ele volte daqui a algumas horas com um buquê de rosas e diga que foi tudo culpa dele. Sem chance! Em vinte anos juntos, Ted nunca me deu rosas. Então, qual é o cenário mais provável? Acho que ele vai passar a noite na casa de Henry e voltar para casa amanhã de manhã (mais provável). No começo vai haver uma certa frieza entre nós. Ambos dissemos coisas horríveis, então imagino que vai demorar um pouco para voltar a sermos carinhosos, mas pouco a pouco vamos conseguir. Talvez eu deixe as crianças na casa da minha mãe para termos espaço para resolver o problema (plano de ataque).

Quando Elana especificou o pior cenário possível e pensou em como lidar com ele, percebeu que ele era improvável e que poderia deixar esse medo de lado. Elana também sabia que o melhor cenário possível era igualmente improvável. Com isso em mente, ela pôde se concentrar nas consequências mais realistas da briga. E, pensando de forma realista, conseguiu elaborar um plano de ataque, aumentando a chance de a situação se resolver da maneira certa.

COMO EXERCITAR A CONTESTAÇÃO, PARA ADULTOS

Antes de ensinar seu filho a contestar crenças pessimistas, treine essa habilidade. Comece com os dois exemplos a seguir.

Contrariedade: Uma das minhas melhores amigas se separou do marido. Embora eu conheça Janice há muito mais tempo, Steven e eu nos tornamos amigos próximos com o passar dos anos. Depois que Janice saiu da casa em que eles moravam, eu continuei falando com Steven de vez em quando, e ele chegou a vir jantar aqui em casa duas vezes. Quando Janice descobriu, ficou furiosa. Disse que eu tinha sido desleal com ela.

Crenças: Ela tem razão. Onde eu estava com a cabeça? Janice precisa do meu apoio. Ela ficou magoada por saber que eu vinha tendo contato com Steven. Mandei muito mal nessa. Tenho certeza de que ela vai se afastar de mim. É o fim da nossa amizade.

Consequências: Eu me senti extremamente culpada. Steven deixou alguns recados na secretária eletrônica, mas não retornei. Aí me senti culpada também por isso. Foi uma situação horrível.

Contestação: Sim, é verdade, eu conheci Janice antes de Steven. E quero apoiá-la na decisão que tomou. Mas isso não significa que eu precise dar as costas a Steven. É uma situação complicada. O melhor que posso fazer é deixar claro que me importo com os dois. Passar um tempo com Steven não significa que estou sendo desleal com Janice. Eu também me importo com ele (alternativa). Falo com ela quase todo dia desde que se separaram (evidência). Além disso, eu me esforcei para incluir Janice nos meus planos, para que ela não se sinta isolada (evidência). Janice pode estar chateada agora, mas logo vai se acalmar (descatastrofização). Vou dar um tempinho a ela. Talvez mande uma mensagem explicando como me sinto (plano de ataque).

Capacitação: Em vez de me sentir culpada, eu comecei a me sentir bem comigo mesma. Vi que estava lidando bem com uma situação difícil. Decidi ligar para Janice e explicar meu ponto de vista.

Contrariedade: Esse é meu primeiro ano de docência. Passei um bom tempo preparando uma excursão com meus alunos do oitavo ano para uma fazenda, onde eles aprenderiam sobre agricultura. Alguns professores veteranos disseram que eu não deveria levar essa ideia adiante, mas eu queria fazer algo especial pelas crianças. Quando chegaram lá, porém, elas começaram a se comportar mal. Tentaram dar chiclete para uma vaca. Peguei duas garotas fumando cigarro escondidas atrás de um palheiro; elas quase criaram um incêndio com os fósforos. E alguns garotos tentaram roubar ovos das galinhas.

Crenças: Que fiasco! Eu devia ter imaginado! Qual é o meu problema?! Eu sou muito ingênua. Vários professores avisaram que eu não devia seguir em frente com o plano, mas eu escutei? Claro que não! Eu sou uma besta. A diretora da escola vai descobrir o que aconteceu e vai ficar furiosa. Com sorte vou manter o emprego por um ano. De agora em diante, só aulas tradicionais, com livro, em sala de aula. Chega dessa história de "sala de aula sem paredes".

Consequências: Eu morri de vergonha. Não queria aparecer na escola na segunda-feira. Não conseguia parar de relembrar as catástrofes da excursão. Eu devia ter ligado para a escola e inventado que estava doente, mas fiquei com vergonha de fazer isso na frente do meu marido.

Contestação: Isso é bobagem. Estou exagerando. Sim, é verdade que algumas crianças saíram do controle, mas a maioria se comportou muito bem, adorou a excursão e aprendeu muita coisa. E eu não fui inocente ao planejar a excursão. Fui criativa (alternativa). Claro que os professores me chamaram de maluca, mas isso é porque estão enfastiados. Minha tentativa não foi tola. São professores novos como eu, dispostos a tentar coisas novas, que fazem a diferença (alternativa). E por que a diretora ficaria furiosa? Eu controlei a situação antes de surgir qualquer problema maior (evidência). Talvez ela peça que eu leve outros professores da próxima vez, para tomar conta da turma, mas só isso (descatastrofização). Talvez eu possa me antecipar e fazer um relatório sobre a excursão, informando quais mudanças faria numa próxima vez (plano de ataque).

Capacitação: Eu me senti muito melhor. Não fiquei apavorada de ir à escola e falar sobre a excursão. Claro que fiquei decepcionada por nem tudo ter corrido bem, mas não fiquei com medo de continuar tentando inovar.

Agora é a sua vez de praticar com exemplos da sua própria vida. Preste bastante atenção a quaisquer adversidades e problemas que surgirão nos próximos dias. Escute atentamente seu diálogo interno e depois exercite estratégias de contestação. Eis um resumo das perguntas que você deve se fazer:

1. Qual é a evidência de que essa crença é correta? Qual é a evidência de que está errada?
2. Qual é a forma alternativa de enxergar a situação?
3. Qual é a pior coisa que pode acontecer? Ela é provável?
4. Qual é a melhor coisa que pode acontecer? Ela é provável?
5. Qual é o resultado mais provável de acontecer?
6. Qual é o meu plano de ataque, sobretudo para o resultado mais provável?

Você não precisa se fazer todas as perguntas em todas as situações. No exercício, responda a todas as perguntas e descubra as que funcionam melhor para você. Não se esqueça de pontuar suas crenças iniciais e contestações de 0 a 100. Pontue também a intensidade dos sentimentos, de modo que possa comprovar a eficácia da contestação. Anote os CCCCCs nos espaços a seguir.

1. Contrariedade: _____

Crenças: _____

Consequências: _____

Contestação: _____

Capacitação: _____

2. Contrariedade: _____

Crenças: _____

Consequências: _____

Contestação: _____

Capacitação: _____

3. Contrariedade: _____

Crenças: _____

Consequências: _____

Contestação: _____

Capacitação: _____

CONTESTAÇÃO RÁPIDA PARA ADULTOS

Há mais uma atividade para adultos que você deve dominar antes de passar a ensinar ao seu filho as habilidades de contestação. Trabalhar sistematicamente no modelo CCCCC numa folha de papel é um bom começo para aprender a contestar o pessimismo. Conforme você passa a dominar a habilidade, não precisa mais usar a folha. Assim como antes você automaticamente elaborava crenças pessimistas diante de algum problema, agora suas contestações também serão automáticas. O objetivo é aprender a enfrentar as crenças pessimistas assim que elas surjam na sua mente.

O objetivo da contestação rápida é dissipar as crenças pessimistas assim que elas surgem. Funciona assim: antes de tudo, peça ajuda a um amigo de confiança ou a seu marido ou esposa — alguém com quem você se sente à vontade para compartilhar seus pensamentos e sentimentos autocríticos. O trabalho da outra pessoa será criticar você da maneira que você costuma se criticar. Durante cinco minutos, explique a essa pessoa os tipos de situação que costumam ativar seu pessimismo e também o que você costuma dizer a si mesmo nessas situações. De início, talvez essa pessoa, que no exercício chamaremos de parceiro, não se sinta à vontade para participar do exercício. Nesse caso, explique que você não levará as críticas para o lado pessoal — ou melhor, *irá levar*, mas não atribuirá as críticas a ela, pois na verdade essas são as acusações que você costuma fazer a si mesmo. Quando entender o objetivo da atividade, a outra pessoa relaxará. Sua tarefa é convencê-la a ser dura com você, a não deixar você escapar facilmente.

Você, por outro lado, deve contestar as críticas em voz alta. Para isso apresente evidências. Descatastrofize as implicações. Aponte alternativas mais razoáveis. Depois, descreva como você fará para lidar com a situação, sobretudo se as críticas fizerem todo o sentido. Antes de começar, leia em voz alta os exemplos a seguir com a outra pessoa.

Situação: Danielle recebe uma ligação da polícia tarde da noite. Eles comunicam que a filha dela, Faith, de dezessete anos, se envolveu num acidente de carro. Faith está bem, mas o carro foi sofreu perda total. Faith tinha bebido.

Acusações (do parceiro): Dirigindo e bebendo! Você tem sorte de ela não estar morta. Como ela pôde ser tão estúpida? É óbvio que você não a educou bem. Se tivesse feito seu trabalho direito, ela nunca sequer teria pensado em chegar perto de um carro depois de beber. Isso sem contar o fato de que ela nem deveria estar bebendo. Você nem sabia que ela bebe. Como consegue ser tão ausente?

Contestação: Eu *de fato* tenho sorte de ela não estar morta. Dirigir e beber é uma estupidez sem tamanho. E eu realmente não sabia que ela bebe. Isso não é bom sinal. Mas não significa que eu não a criei bem. Para mim, ser mãe é uma coisa muito séria (alternativa). E eu conversei com ela várias vezes sobre os perigos do álcool (evidência). Até levei Faith e o irmão dela a uma palestra sobre bebidas alcoólicas e drogas no centro comunitário (evidência). Mesmo assim, ela decidiu beber. Não posso controlar todas as decisões que ela toma (alternativa). Só posso mostrar os fatos a ela e dar minha opinião.

Parceiro interrompe: Tudo isso é ótimo, mas o fato é que sua filha destruiu o carro e quase se matou. Faith vai ter problemas no futuro. Se já está bebendo tão cedo, só Deus sabe onde vai parar. Começa com álcool, e depois passa para drogas mais pesadas.

Contestação: Não posso negar que é uma perspectiva assustadora, mas não há por que ficar imaginando o pior. Só porque ela está bebendo aos dezessete anos não quer dizer que vai acabar virando uma viciada em crack (descatastrofização). Preciso entender o que está acontecendo com ela e preciso ajudá-la, caso ela precise. Se a gente for capaz de lidar bem com essa situação agora, Faith vai ficar bem (alternativa). Fico feliz que isso tenha chegado à minha atenção antes de algo pior acontecer.

Situação: Christopher e Georgia estão casados há cinco anos. Adam é sócio de Georgia numa firma de advocacia. Ele dá uma festa e chama Georgia e Christopher. Georgia passa a noite conversando e rindo com Adam. Christopher começa a suspeitar que tem algo estranho na relação de Georgia e Adam. No carro de volta para casa, ele confronta a mulher. Georgia admite que sente atração por Adam, mas diz que nunca faria nada pois ama o marido.

Acusações (do parceiro): Esse é o começo do fim. Claro que ela diz que nunca faria nada, mas vamos cair na real: é assim que começa. Primeiro ela começa a passar cada vez mais tempo com ele no escritório, depois começam a ir almoçar e jantar juntos. Caramba, ela trabalha até tarde tantas vezes, vai ver já está até tendo um caso. E se ainda não está tendo, daqui a pouco vai ter. A forma como eles estavam flertando... é questão de tempo.

Contestação: Espera aí. Tudo isso está ganhando uma proporção exagerada (descatastrofização). Sim, eles estavam flertando. Sim, Georgia sente atração por ele. Mas isso é muito diferente de ter um caso (descatastrofização). Eu me senti atraído por outras mulheres depois que nos casamos, mas nunca passei disso (evidência). E como não nos sentiríamos atraídos por outras pessoas? Nós dois adoramos flertar, sempre fomos assim (alternativa). Mas, ao mesmo tempo, nos amamos muito e não temos a menor intenção de colocar esse amor em risco.

Parceiro interrompe: Certo. Pode continuar pensando assim, mas as evidências são claras. O índice de casos extraconjugais sobe sem parar. Por que acha que somos tão diferentes? E além do mais, a forma como ela flertou com ele bem na sua frente foi ridícula. Que vergonha! Todo mundo deve estar imaginando que vocês têm problemas. Passou uma péssima impressão.

Contestação: Olha, eu sei que a gente se ama. Se um de nós cometer um erro e tiver um caso, vamos superar, se nos esforçarmos (descatastrofização). Não estou dizendo que não seria difícil, mas uma traição não significa o fim do casamento. Eu me senti um pouco deixado de lado. Queria que ela tivesse passado mais tempo comigo e menos com Adam, mas ninguém percebeu. Todo mundo estava ocupado conversando com outras pessoas (evidência), não tinha ninguém prestando atenção em mim e em Georgia (alternativa). E mesmo que alguém tenha percebido, certamente pensou que ela e eu confiamos um no outro e não precisamos estar grudados o tempo todo (alternativa). O bom disso tudo é que Georgia foi honesta sobre o que sente (alternativa). Isso significa que ela confia em mim, e se seguirmos conversando abertamente sobre tudo poderemos resolver qualquer problema que apareça (descatastrofização).

Situação: Arnie e Claudia são irmãos. Eles têm um longo histórico de competitividade entre si. Depois de adultos, os dois têm se esforçado para deixar a rivalidade de lado, e hoje em dia estão mais próximos que nunca. Arnie é gerente de um restaurante local, e Claudia é assistente administrativa de uma faculdade. Recentemente, ela decidiu aproveitar o desconto para funcionários e se inscreveu em cursos de história e psicologia. Empolgada, ligou para Arnie para contar a novidade. Ele disse: "História?! Você odiava história na escola. E nunca foi boa nessa matéria. Isso é perda de tempo. Além disso, não sei como vai arranjar tempo para estudar, se já não consegue passar tempo suficiente com a família atualmente".

Acusações (do parceiro): Ele tem razão. Você era horrível em história. Nunca lembrava nomes e datas. Confundia as guerras. Além de tudo você já trabalha em tempo integral. Quando vai ficar com as crianças? Não é justo com elas você se ausentar duas noites por semana. Elas precisam de uma mãe, não de uma aspirante a erudita.

Contestação: Antes de tudo, talvez história não fosse minha melhor disciplina, mas também não era a pior. Na maioria das vezes eu tirava 5 ou 6 (evidência). Além disso, na época eu não me interessava pelo assunto, por isso não me esforçava na hora de estudar (alternativa). Mas agora sou fascinada por história, então vou me esforçar (alternativa). É claro que com isso vou passar menos tempo com as crianças, mas elas não são mais pequenas. Aliás, algumas vezes por semana elas chegam em casa tarde da noite (alternativa). Megan tem treino de futebol todo dia depois da escola, e Joey ensaia com a banda até tarde (evidência). Talvez eu possa tentar ter uma aula durante o horário de almoço em vez das duas após o horário de trabalho (plano de ataque).

Parceiro interrompe: Certo. Mas que irmão insuportável! Você quer fazer uma coisa legal por si mesma e ele não é capaz de dar uma palavra de apoio sequer. Ele sempre foi assim. Nunca lhe dá nenhum crédito e nunca demonstra nenhum respeito por você.

Contestação: Arnie e eu realmente fomos frios um com o outro ao longo dos anos, mas isso tem mudado. A gente se esforçou muito para se aproximar (alternativa). Ele de fato não me incentivou quando falei sobre os cursos, mas deve ser difícil para ele. Arnie está se sentindo preso no trabalho, então é possível que tenha ficado com inveja ao saber que estou fazendo mudanças na minha vida (alternativa). E nos últimos tempos ele tem me apoiado muito em outras situações. Por exemplo, na época em que eu e Glenn vivíamos brigando, ele passou um bom tempo ao telefone comigo e me ajudou a resolver a situação (evidência). Vou dar um ou dois dias para ele se acostumar à ideia e depois volto a falar sobre o assunto (plano de ataque).

Agora é a sua vez. Trabalhe em pelo menos cinco situações com seu parceiro. Se começar a se sentir confuso ou frustrado durante a atividade, faça uma pausa. Lembre-se: essa é uma tarefa difícil, requer que você pense em alternativas descatastrofistas persuasivas no calor do momento. Portanto, caso comece a se sentir oprimido, pare, clareie a mente e, com calma, tente pensar numa contestação eficaz. Depois, quando estiver pronto, peça para seu parceiro recomeçar usando a mesma acusação que o desestabilizou, para que você tenha uma chance de rebatê-la. No entanto, assim como acontece com todas as habilidades, evite o excesso de treino de uma única vez. A contestação rápida requer bastante prática, mas com sessões de quinze minutos algumas vezes por semana treinando essa habilidade em pouco tempo você será capaz de questionar suas crenças pessimistas com energia e na mesma hora. Caso perceba que sua capacidade de contestação perdeu força nos últimos meses, este é o exercício ideal para reforçá-la.

COMO ENSINAR SEU FILHO A CONTESTAR

Agora você está pronto para ensinar seu filho a contestar e descatastrofizar. Esse é o cerne do Programa de Prevenção da Universidade da Pensilvânia. Uma vez aprendidas, essas habilidades não são esquecidas, e seu filho estará protegido contra o fracasso e a rejeição pelo resto da vida. Coisas ruins continuarão acontecendo. Ele vai se dar mal nas provas. Vai ser excluído das equipes. Não será contratado para o trabalho dos sonhos. Será rejeitado pelas mulheres. Mas você terá ensinado seu filho a perseverar frente a esses contratempos. Ele não entrará em colapso, não se sentirá desamparado e terá muito mais chances de superar as adversidades. Este será seu legado para ele.

O princípio fundamental para ensinar seu filho a contestar é a precisão: a contestação precisa ser baseada em fatos. Ela deve ter peso da prova. Se as contestações de seu filho são vagas ou se limitam a meros pensamentos positivos, o pessimismo não recuará. Nesse caso, ajude seu filho a desenvolver um método de contestação mais concreto. Certifique-se de proporcionar a ele um modelo de contestação eficaz mesmo quando não estiver formalmente ensinando a habilidade a ele. Quanto mais seu filho ouvir você desafiar seu próprio pessimismo, mais rápido aprenderá a desafiar o próprio pessimismo.

Contestação precisa: Hemlock versus Sherlock. Diga ao seu filho que quer ensiná-lo a contestar crenças pessimistas. Explique que o objetivo é ajudá-lo a se enxergar da maneira mais precisa possível, de modo que ele se sinta bem consigo mesmo e seja capaz de resolver os próprios problemas.

Comece lendo a história de Sherlock Holmes e Hemlock Jones no capítulo 9 (p. 130). Pergunte à criança com qual detetive ela gostaria de contar caso tivesse a bicicleta roubada. Peça a ela para explicar por que Sherlock é um detetive melhor. Se ela responder que é porque Sherlock resolveu o crime e Hemlock não, pergunte o que Sherlock fez para resolver o crime. Explique que Sherlock fez duas coisas importantes que Hemlock não fez. Primeiro, criou uma lista de suspeitos. Depois, buscou provas que o ajudassem a descobrir quem era o ladrão. Já Hemlock simplesmente presumiu que o culpado era a primeira pessoa em quem tinha pensado. Explique que todos nós agimos como Hemlock de vez em quando. Quando algo ruim acontece, muitas vezes acreditamos no primeiro pensamento que vem à nossa cabeça e não paramos para refletir se ele é verdadeiro ou não. Explique que você quer ajudá-la a ser como Sherlock Holmes. Sempre que seu filho tiver um problema, você quer que ele busque evidências para descobrir se suas crenças estão corretas. Lembre-o que além de as crenças pessimistas fazerem com que ele se sinta mal e se dar por vencido, muitas vezes elas nem sequer estão corretas. Peça à criança que pense no problema por diferentes ângulos, em vez de acreditar no primeiro pensamento.

Depois, leia com ela a historinha a seguir para mostrar como gerar alternativas e buscar provas.

Russell e a mãe

Russell: Ei, mãe, uns garotos da escola vão para Wildwood passar o fim de semana. Vai ser muito legal. Posso ir também?

Mãe: Não sei, Russell. Tenho que pensar. Quem mais vai? E quem vai dirigir?

Russell: Rob Imprudente vai também, e o pai dele, o sr. Imprudente, vai dirigir.

Mãe: Quem mais? Não quero você junto com aquela garota, a Lisa Turner. Ela é uma má influência.

Russell: Calma, mãe! A Lisa não é tão má assim. Ela só se meteu em encrenca aquela vez. Além disso, vão outros garotos também.

Mãe: Tem algum telefone pelo qual eu possa falar com você?

Russell: Ih, mãe. Relaxa. Não sou mais bebê. Posso tomar conta de mim mesmo. Duvido que tenha um telefone lá. O lugar é bem na beira da praia. Além disso, nenhum dos outros pais está criando caso. Por que você vive no meu pé?

Mãe: Não estou gostando nada desta história. Vamos fazer o seguinte: seu pai e eu vamos levar você para a praia no próximo fim de semana.

Russell: Nossa, que ótimo. Vai ser muito divertido... Eu e meus pais em Wildwood. Mal posso esperar! Por que não me bota de castigo de uma vez?

Mãe: Russel, eu já me decidi. Você não vai. E ponto final.

(Russell vai para o quarto.)

Russell (pensando sozinho): Odeio a minha mãe. Ela é uma bruxa. Vive fazendo isso comigo. Nunca me deixa me divertir. Eu fico parecendo um idiota na frente dos meus amigos.

Espera um minuto. Eu estou agindo como o Hemlock. Sherlock não ficaria todo chateado por causa da primeira coisa em que pensa. Ele iria atrás de provas. Vamos ver... Minha mãe me deixa me divertir? Bom, semana passada ela *me deixou* ir ao parque de diversões, e ela sempre me deixa ir sozinho ao cinema (evidência). E ela geralmente me deixa convidar meus amigos para jogar video game aqui em casa (evidência). Acho que ela me deixa me divertir, sim. Talvez só esteja preocupada com o sr. Imprudente (alternativa). Na verdade, ele já se meteu em um monte de acidentes de carro. E talvez ela não goste mesmo que eu fique andando com Lisa (alternativa), afinal ela se meteu na maior encrenca quando roubou coisas do vestiário feminino. Talvez minha mãe esteja preocupada por não ter telefone lá porque gosta de saber que pode falar comigo se der algum problema, como quando eu quebrei o tornozelo jogando futebol ano passado (alternativa).

Ainda estou chateado por não poder ir. Mas acho que não odeio a minha mãe. Me sinto um pouco melhor por saber que pelo menos ela tem bons motivos para me proibir de ir. Talvez ela me deixe levar o Andrew para a praia com a gente. Seria muito mais legal do que ir sozinho com eles. Acho que vou pedir isso a ela.

Após ler a história em voz alta, converse sobre ela com seu filho. Eis algumas perguntas que você pode fazer: qual foi a primeira ideia de Russell para explicar por que a mãe não o deixou viajar? Se Russell fosse igual a Hemlock, o que teria feito? Em vez de agir como Hemlock, o que Russell fez para agir como Sherlock? Que evidências encontrou? Russell descobriu outras maneiras de explicar por que a mãe o proibiu de viajar? Se não tivesse procurado evidências de que sua mãe nunca o deixa se divertir, como Russell teria se sentido? O que acha que ele teria feito nesse caso? Como acha que Russell se sentiu depois que procurou evidências e pensou em motivos para explicar por que a mãe o proibiu de viajar? O que acha que ele fez depois disso?

Exemplos de cccccs. Leia os exemplos de cccccs com seu filho. Peça a ele para identificar toda vez que as crianças usarem evidências para desafiar o pessimismo e pensarem em alternativas mais realistas e otimistas.

Contrariedade: Eu fui a uma festa na casa da minha amiga Meredith. Os pais dela levaram a gente ao cinema e disseram que nos pegariam às dez da noite. Quando as luzes da sala de cinema apagaram, Lauren tirou uma garrafa da mochila. Disse que estava cheia de uma bebida do armário de bebidas dos pais. Beth, Steph e Tammy se animaram e começaram a beber na hora. Logo depois já estavam dando risadinhas, e foi muito engraçado. As pessoas ao redor mandavam a gente calar a boca. Lauren me ofereceu, mas eu não quis beber, aí elas me disseram que eu era covarde, chata, essas coisas. Ficaram implicando com essa história.

Crenças: Eu sou uma frouxa. Todas elas beberam. Eu devia ter bebido também. Pareço um bebê. Todo mundo que eu conheço bebe. Não é nada de mais. Sempre que a gente faz alguma coisa mais divertida ou mais arriscada eu fico com medo e dou para trás. Eu sou um bebê.

Consequências: Eu me senti muito, muito idiota. Fiquei olhando para a tela do cinema e fingi que não me importava, mas a verdade é que eu queria chorar. Me senti envergonhada, assustada e triste, tudo ao mesmo tempo. Odiei essa sensação.

Contestação: Eu não sou uma frouxa só porque não bebi. Fazer o que todo mundo está fazendo não é sinal de coragem. Aliás, isso pode ser sinal de covardia também. Às vezes é mais difícil não fazer o que todos os seus amigos estão fazendo. O professor Riley falou que quem faz o que acha que deve fazer e não o que todo mundo está fazendo é alguém que se impõe. Acho que é o meu caso. Além do mais, nem todo mundo bebe. Eu sei que Sari e Lisa Eckles não bebem, por exemplo. Além de tudo, eu faço um monte de brincadeiras ousadas — por exemplo, quando a gente pregou uma peça na professora Harmony. E fui eu que tive a ideia de tacar papel higiênico na casa da professora Gretchen depois de ganharmos o campeonato. Foi muito divertido.

Capacitação: Comecei a me sentir um pouco melhor. Ainda estava morrendo de vontade de ir embora do cinema porque estava com medo de elas serem pegas, mas não fiquei tão triste ou envergonhada. Simplesmente assisti ao resto do filme e ignorei minhas amigas.

Que evidências a garota usou para contestar os pensamentos pessimistas? Para contestar a crença de que é covarde, ela criou uma lista com as brincadeiras ousadas que já fez — a peça que pregou na professora Harmony e o papel higiênico jogado na casa da professora de educação física. Em quais alternativas a garota pensou? A abstinência se torna um sinal de coragem, em vez de covardia. Ela entende que a verdadeira covardia é imitar o que todo mundo está fazendo.

Agora leia os outros relatos, e, após cada um, peça a seu filho para apontar a evidência usada e as alternativas sugeridas.

Contrariedade: Meu irmão Stevie tem dezoito anos e é cinco anos mais velho que eu. Mas ele não pode dirigir, pois tem síndrome de Down. A aparência dele é diferente. Ele não é tão inteligente quanto os outros garotos da mesma idade, mas se esforça muito. Adoro meu irmão, mas às vezes me irrito com ele. Outro dia, por exemplo, a gente estava indo comprar um presente de aniversário para o nosso pai. Entramos numa loja que vende eletroeletrônicos. Foi quando dois garotos da minha escola entraram também. Eles são legais. Assim que iniciei a conversa com eles, Stevie começou a me chamar. Pedi que ele esperasse um minuto, mas ele continuou me chamando todo empolgado. Os garotos começaram a rir, e eu virei para trás. Stevie estava deitado numa cama vibratória, que faz massagem. Stevie estava batendo palmas e se comportando como um bobalhão. Ficou me chamando e rindo alto. Todo mundo começou a olhar. Eu fiquei furioso e o tirei da cama. Depois gritei com ele. Disse que ele nunca mais vai andar comigo de novo.

Crenças: Odeio Stevie. Por que eu fui ter um irmão assim? Ele vive fazendo essas bobagens para me envergonhar. Todo mundo na escola me acha esquisito por causa dele. Ficam me chamando de um monte de coisas. Meu irmão é uma besta. Queria que ele não existisse.

Consequências: Fiquei furioso. Queria dar um soco em Stevie. Também morri de vergonha. Queria sair da loja o quanto antes. E nem queria olhar para Stevie. Queria fingir que não o conhecia.

Contestação: Às vezes é muito difícil lidar com Stevie. De vez em quando ele faz umas bobagens, mas não é de propósito. Ele não consegue evitar. Ele é diferente e por isso reage de maneira diferente das outras pessoas. Quando fico irritado às vezes acho que seria melhor ele não estar por perto, mas ao mesmo tempo nós também nos divertimos juntos. Ele me faz rir o tempo todo e me anima quando estou para baixo. Eu sentiria falta de Stevie se ele não fosse meu irmão. Às vezes me chamam de "retardado" na escola, mas não é o tempo todo. E na verdade só o

Alex faz isso. Ele é um babaca com todo mundo. Da última vez que Alex implicou comigo, Kathy e Billy o mandaram parar, então eles não devem me achar esquisito.

Capacitação: Comecei a me sentir menos irritado com Stevie. Ainda estava envergonhado, mas não tanto quanto antes.

Contrariedade: Meus pais se separaram há alguns anos. Agora ela está namorando um cara novo chamado Lamar. Ele está começando a vir muito aqui em casa. Minha mãe muda completamente quando Lamar está aqui. Outra noite, por exemplo, ele veio para jantar, por isso minha mãe fez minha irmã e eu limparmos a casa inteira. A gente teve até que afastar os móveis para limpar atrás. A gente nunca faz isso. Depois ela preparou um jantar todo elaborado e me fez polir todos os talheres. Odeio o cheiro do produto. Fico enjoada. Por fim ela se vestiu toda elegante, encheu a cara de maquiagem e fez um penteado todo elaborado. Ela também nunca faz nada disso, nunca usa maquiagem. Acho que ela nem penteia o cabelo. Quando chegou, Lamar tentou ser legal, educado e engraçado. Foi patético. Quando eu falava, minha mãe quase não me escutava, só grunhia para mim. Mas quando Lamar abria a boca ela prestava atenção total. Ele começou a falar daquele filme no qual a mulher não fala e quer tocar piano o tempo todo. Ele disse que adorou o filme, e minha mãe fingiu que gostou também, mas é mentira. Eu e Becky vimos esse filme com ela. A gente passou o tempo todo bocejando, e minha mãe também disse que não gostou. Disse que era um filme superestimado.

Crenças: Minha mãe é uma falsa. Com Lamar ela se comporta de um jeito totalmente diferente. E ela nem presta mais atenção em nós. Aposto que ela adoraria que eu e minha irmã não estivéssemos aqui para poder passar o tempo todo com o novo namorado. Ela só se importa com ele. Não está nem aí para o que acontece comigo. Acho que ela não me ama mais como antes.

Consequências: Eu fiquei muito triste, e irritada também. Não quis falar mais nada a noite inteira. Só queria ficar ali sentada, esperando minha mãe me liberar para sair da mesa. Fiquei olhando para o prato e torcendo para Lamar engasgar com a comida. Tentei virar o corpo para só ver a mamãe e Becky. Fingi que Lamar não estava à mesa.

Contestação: Bom, é verdade que a minha mãe muda de comportamento quando Lamar está aqui, e nossa casa está mais limpa que nunca. Mas acho que ela só está tentando causar uma boa impressão. Às vezes eu faço isso. Por exemplo, eu fiz isso na época em que gostava do Timmy. Tentei ficar bonita e falar coisas legais. Acho que adultos também fazem isso. Ela passa muito tempo com Lamar, mas isso não quer dizer que não me ama ou que não quer ficar comigo também. Semana passada, por exemplo, ele quis levar a gente ao museu. *Nossa*, que divertido, hein... Mas minha mãe disse que não daria porque a gente iria ao parque de diversões. Acho que Lamar perguntou se poderia ir, mas ela disse que era dia das garotas. Além disso, semana que vem eu e ela vamos almoçar juntas e assistir a um filme no cinema, só nós duas. Tomara que no fim ela não goste do Lamar. Seria ótimo. Não aguento mais limpar a casa toda hora.

Capacitação: Comecei a me sentir melhor de novo. Becky começou a falar algumas coisas sobre a escola, e eu falei um pouco também. Até olhei para Lamar algumas vezes.

Como usar o modelo CCCCC na vida real. Após conversar sobre esses dois exemplos com seu filho, use as linhas a seguir para ajudá-lo a contestar as próprias crenças pessimistas. Primeiro, peça a seu filho para pôr no papel alguma adversidade que tenha vivido, e também as crenças e as consequências. Em seguida, peça para ele anotar as evidências a favor e contra a crença nos espaços indicados e para anotar duas crenças mais otimistas sobre a situação em "Outras formas de ver a situação". Por fim, nas linhas reservadas para "Capacitação", peça a ele para descrever como as crenças otimistas o fazem se sentir e agir. Faça esse exercício com pelo menos três situações, e quando surgir uma situação nova, procure fazer com que seu filho use o mesmo modelo.

1. Contrariedade: _____

Crenças: _____

Consequências: _____

Evidências a favor: _____

Evidências contra: _____

Outras formas de ver a situação: _____

Capacitação: _____

2. Contrariedade: _____

Crenças: _____

Consequências: _____

Evidências a favor: _____

Evidências contra: _____

Outras formas de ver a situação: _____

Capacitação: _____

3. Contrariedade: _____

Crenças: _____

Consequências: _____

Evidências a favor: _____

Evidências contra: _____

Outras formas de ver a situação: _____

Capacitação: _____

Descatastrofização. Agora você está pronto para ensinar seu filho a descatastrofizar. Diga a ele que até aqui você tem falado sobre pensamentos alternativos para explicar *por que* um problema aconteceu. Por exemplo, se ele tira nota baixa na escola, talvez ele pense no motivo pelo qual foi mal. Talvez pense: "Eu não estudei suficiente", "Eu sou burro" ou "O teste estava difícil". Agora, porém, é hora de explicar que existe outro tipo de pensamento que as pessoas têm quando um problema acontece: *E agora? O que vai acontecer daqui para a frente?* Se ele foi mal numa prova, talvez pense no que vai acontecer em seguida, como "Vou ficar de castigo pelo resto da vida" ou "Nunca vou tirar nota boa nessa matéria". Explique filho que esses pensamentos são sobre como o problema vai afetar o futuro dele.

Leia as seguintes histórias de Greg Deprê e Holly Esperançosa. Greg Deprê exemplifica a catastrofização e Holly Esperançosa exemplifica como lidar com os pensamentos negativos sobre o que vai acontecer.

Greg Deprê tirou 5 no teste

Henry: Oi, Greg! Como vai?

Greg: Péssimo. Acabei de receber a nota do teste de inglês. Tirei 5.

Henry: Ah, não é ótimo, mas também não é horrível. Você vai melhorar no próximo.

Greg: Está brincando? Como assim não é horrível? É um 5. Sabe o que significa?

Henry: Não. O quê?

Greg: Significa que eu não vou ficar com média 10 em tudo. E se não ficar com 10 em tudo não vou passar de ano com louvor. E se não passar com louvor vai ser difícil entrar na faculdade. E aí já viu, lá se vai minha vaga nas melhores universidades, e eu tenho que entrar para uma boa.

Henry: Como assim?! Você tirou 5. Ainda pode ficar com média 10 se for bem nas outras provas e fizer todos os trabalhos para ganhar pontos extras. Relaxa, Greg. Por que está pensando em faculdade agora? Você só tem treze anos!

Greg: Esquece, Henry. Você não entende. Acabou para mim. Meu futuro já era.

Diga a seu filho que as pessoas costumam "catastrofizar". Quando algo de ruim acontece, elas imediatamente pensam na pior consequência possível, e a verdade é que a pior consequência possível raramente acontece. Essa forma de pensar transforma algo ruim numa catástrofe. Peça a seu filho para descrever como Greg transformou uma nota 5 em uma catástrofe. Pergunte se ele acha que as coisas horríveis que Greg imaginou de fato vão acontecer.

Agora leia a história de Holly Esperançosa.

Holly Esperançosa tirou 5 no teste

Hannah: Oi, Holly! Como vai?

Holly: Péssima. Acabei de receber a nota do teste de inglês. Tirei 5.

Hannah: Ah, não é ótimo, mas também não é horrível. Você vai melhorar no próximo.

Holly: Está brincando? Como assim não é horrível? É um 5. Sabe o que significa?

Hannah: Não. O quê?

Holly: Significa que eu não vou ficar com média 10 em tudo. E se não ficar com 10 em tudo não vou passar de ano com louvor. E se não passar com louvor vai ser difícil entrar na faculdade. E aí já viu, lá se vai a minha vaga nas melhores faculdades, e eu tenho que entrar para uma boa faculdade.

Hannah: Como assim?! Você tirou 5. Ainda pode ficar com média 10 se for bem nas outras provas e fizer todos os trabalhos para ganhar pontos extras. Relaxa, Holly. Por que está pensando em faculdade agora? Você só tem treze anos!

Holly: É, acho que você tem razão. Acho que um 5 não significa que o resto da minha vida está perdido. Acho que exagerei um pouco. Mas agora vai ser difícil ficar com média 10. Vou ter que me esforçar. Se estudar muito posso subir minha média para 8, talvez 9. Estou indo bem em todas as outras matérias, então acho que ainda posso passar de ano com louvor se me esforçar. Obrigada, Hannah.

Holly notou o próprio catastrofismo e pisou no freio. Ao contrário de Greg, ela percebeu que a chance de não realizar o sonho de ir para a faculdade por causa de uma nota 5 era mínima. Com isso, pôde ser concentrar nas consequências mais realistas e desenvolver um plano de ataque. Holly concluiu que teria que estudar mais para conseguir uma média boa em inglês. Pergunte a seu filho quem tem mais chance de desistir e não se esforçar para melhorar a média: Holly ou Greg? Explique que quando transformamos problemas em catástrofes, desanimamos e muitas vezes concluímos que não adianta nem tentar mudar a situação, por isso desistimos.

Diga a seu filho que quando algo ruim acontecer e ele catastrofizar, você quer que ele pense três coisas. Primeiro, ele deve se perguntar: "Qual é a pior coisa que pode acontecer?". Depois: "Qual é a melhor coisa que pode acontecer?". Por fim, ele deve agir como Sherlock Holmes e se perguntar: "O que é mais provável que aconteça?". Após imaginar as três possibilidades, seu filho poderá criar um plano de ataque para cada uma. Peça a ele que diga uma coisa que pode fazer para reduzir a chance de a pior coisa acontecer, uma coisa que pode fazer para aumentar a chance de a melhor coisa acontecer e tudo o que ele pode fazer para lidar com as consequências mais prováveis.

Exemplos "do que acontecerá daqui em diante". Eis um exemplo de uma garota do sexto ano do Programa de Prevenção da Universidade da Pensilvânia.

Situação: Carly é minha melhor amiga e me emprestou um suéter lindo! É todo colorido, tem detalhes em couro e outras coisas legais. Usei o suéter para ir à festa de Molly, e o Marcus até me elogiou. O problema é que deixei cair bolo na frente e na manga do suéter. Não sei como isso aconteceu, mas sujou muito. Não consegui tirar o chocolate que grudou no suéter. Minha mãe diz que eu devia me vestir com plástico, porque eu vivo deixando coisas caírem na roupa. Ela diz que se eu vestisse roupas de plástico podia simplesmente ligar a mangueira e me limpar no fim do dia. Enfim... eu estava morrendo de medo de contar o que aconteceu a Carly. Sabia que ela ficaria furiosa.

Qual é a pior coisa que pode acontecer? A pior coisa que pode acontecer é Carly ficar tão furiosa que não queira mais ser minha melhor amiga. Ela vai contar a Joanie e Heather, e elas vão ficar chateadas comigo também.

O que você pode fazer para evitar que a pior coisa aconteça? Eu posso usar o dinheiro da minha mesada para comprar um suéter igual para Carly.

Qual é a melhor coisa que pode acontecer? Ela me dizer que não ficou nem um pouco chateada.

O que você pode fazer para aumentar a chance de que a melhor coisa aconteça? Posso dizer que sinto muito de verdade. E posso dar um dos meus suéteres favoritos a ela.

O que é mais provável que aconteça? Acho que ela vai ficar meio chateada comigo. Não vai falar comigo por um tempo.

O que você pode fazer caso o mais provável de fato aconteça? Posso dizer que sinto muito de verdade. Posso ser muito legal com ela. E posso passar a brincar mais com a Lisa.

Use os exercícios a seguir para ajudar seu filho a treinar essa técnica.

Situação: A mãe de Sandra disse que esperava que o banheiro estivesse limpo quando chegasse em casa do trabalho. Quando chegou, viu que o banheiro estava uma bagunça e que Sandra estava brincando na rua.

Qual é a pior coisa que pode acontecer?

_____

O que Sandra pode fazer para evitar que o pior aconteça?

_____

Qual é a melhor coisa que pode acontecer?

_____

O que Sandra pode fazer para aumentar a chance de a melhor coisa acontecer?

_____

O que é mais provável que aconteça?

_____

O que Sandra pode fazer caso o mais provável de fato aconteça?

_____

Situação: Joey tem quinze anos e gosta de uma garota chamada Maggie. Os amigos dele o convenceram a chamá-la para sair. Ele cria coragem e a chama para sair, mas ela responde que não.

Qual é a pior coisa que pode acontecer?

O que Joey pode fazer para evitar que o pior aconteça?

Qual é a melhor coisa que pode acontecer?

O que Joey pode fazer para aumentar a chance de a melhor coisa acontecer?

O que é mais provável que aconteça?

O que Joey pode fazer caso o mais provável de fato aconteça?

Situação: Os pais de Jackie têm brigado o tempo todo. À noite, ela se deita na cama e fica ouvindo os dois gritarem um com o outro. Parece que a cada dia eles brigam mais.

Qual é a pior coisa que pode acontecer?

O que Jackie pode fazer para evitar que o pior aconteça?

Qual é a melhor coisa que pode acontecer?

O que Jackie pode fazer para aumentar a chance de a melhor coisa acontecer?

O que é mais provável que aconteça?

O que Jackie pode fazer caso o mais provável de fato aconteça?

"O que acontecerá daqui em diante" na vida real. Agora use as páginas a seguir para treinar essa habilidade com situações reais da vida do seu filho. Depois de responder a todas as perguntas de uma situação, peça para seu filho comparar como se sente ao imaginar o pior resultado possível e ao imaginar o resultado mais provável. Por fim, pergunte como o comportamento dele é afetado ao imaginar o pior resultado possível, como o comportamento dele é afetado ao imaginar o resultado mais provável e peça que ele compare o que sentiu em ambos os casos.

Situação:

Qual é a pior coisa que pode acontecer?

O que você pode fazer para evitar que a pior coisa aconteça?

Qual é a melhor coisa que pode acontecer?

O que você pode fazer para aumentar a chance de a melhor coisa acontecer?

O que é mais provável que aconteça?

O que você pode fazer caso o mais provável de fato aconteça?

Situação:

Qual é a pior coisa que pode acontecer?

O que você pode fazer para evitar que a pior coisa aconteça?

Qual é a melhor coisa que pode acontecer?

O que você pode fazer para aumentar a chance de a melhor coisa acontecer?

O que é mais provável que aconteça?

O que você pode fazer caso o mais provável de fato aconteça?

Situação:

Qual é a pior coisa que pode acontecer?

O que você pode fazer para evitar que a pior coisa aconteça?

Qual é a melhor coisa que pode acontecer?

O que você pode fazer para aumentar a chance de a melhor coisa acontecer?

O que é mais provável que aconteça?

O que você pode fazer caso o mais provável de fato aconteça?

Situação:

Qual é a pior coisa que pode acontecer?

O que você pode fazer para evitar que a pior coisa aconteça?

Qual é a melhor coisa que pode acontecer?

O que você pode fazer para aumentar a chance de a melhor coisa acontecer?

O que é mais provável que aconteça?

O que você pode fazer caso o mais provável de fato aconteça?

Complete os modelos CCCCC. Agora você está preparado para praticar toda a sequência do modelo CCCCC com seu filho. Lembre-o das técnicas de contestação. Se as crenças do seu filho são pensamentos do tipo "por quê", ele deve buscar evidências contrárias e criar alternativas. Se são pensamentos do tipo "o que acontecerá daqui em diante", focados no futuro, ele precisa descatastrofizar, usando a estratégia de identificar o pior cenário, o melhor cenário e o cenário mais provável. Depois que ele voltar da escola, trabalhe com ele exemplos de contratempos ocorridos ao longo da semana. A seguir, listo as perguntas para ajudar seu filho a focar na contestação.

1. Seja como Sherlock Holmes: qual é a evidência a favor da minha crença?
2. Seja como Sherlock Holmes: qual é a evidência contra a minha crença?
3. Quais as outras maneiras de enxergar a situação?
4. Qual é a pior coisa que pode acontecer?
5. O que posso fazer para evitar que isso aconteça?
6. Qual é a melhor coisa que pode acontecer?
7. O que posso fazer para que isso aconteça?
8. O que é mais provável que aconteça?
9. Qual é o meu plano de ação caso isso de fato aconteça?

Contrariedade: _____

Crenças: _____

Consequências: _____

Contestação: _____

Capacitação: _____

Contrariedade: _____

Crenças: _____

Consequências: _____

Contestação: _____

Capacitação: _____

Contrariedade: _____

Crenças: _____

Consequências: _____

Contestação: _____

Capacitação: _____

Contrariedade: _____

Crenças: _____

Consequências: _____

Contestação: _____

Capacitação: _____

Contrariedade: _____

Crenças: _____

Consequências: _____

Contestação: _____

Capacitação: _____

Contrariedade: _____

Crenças: _____

Consequências: _____

Contestação: _____

Capacitação: _____

Contrariedade: _____

Crenças: _____

Consequências: _____

Contestação: _____

Capacitação: _____

O Jogo do Cérebro. Quando a criança for capaz de contestar pensamentos pessimistas que surjam em adversidades da vida real, você poderá ensinar a ela o Jogo do Cérebro. A contestação rápida é o melhor exercício de contestação. Portanto, não apresse o aprendizado. Se ela tem mostrado dificuldade para elaborar uma contestação eficaz, continue treinando. Lembre-se: você está ensinando habilidades que vão durar pelo resto da vida. Ela não aprendeu a andar em uma semana. Não passou das somas e subtrações para multiplicações e divisões sem antes resolver muitos exercícios. O Jogo do Cérebro acrescenta velocidade às contestações que já são eficazes. Se as contestações da criança ainda não são eficazes, não adianta torná-las mais velozes. Portanto, tenha paciência para desenvolver nela as habilidades de contestação. Reserve vinte minutos duas ou três vezes por semana para treinarem essa habilidade juntas, e quando estiver satisfeito com o progresso, comece a praticar o Jogo do Cérebro.

O Jogo do Cérebro é a atividade favorita das crianças que participam do Programa de Prevenção da Universidade da Pensilvânia. Diga a seu filho que vocês vão jogar um jogo que vai ajudá-lo a afastar os pensamentos pessimistas assim que surgirem. Explique que nem sempre ele conseguirá anotar numa folha de papel todas as evidências a favor e contra cada pensamento que tiver. Por exemplo, se ele estiver jogando futebol na aula de educação física e se pegar pensando: "Eu sou muito ruim no futebol. Sei que vou errar tudo. Sempre erro!", ele precisa contestar esse pensamento ali, na hora, para aumentar as chances de acertar as próximas jogadas.

Peça a seu filho para pensar em outras situações quando quiser combater pensamentos pessimistas na hora — durante uma prova, atuando na peça da escola, apresentando um trabalho na frente da turma, chamando alguém para sair, e por aí vai. É bom você ser capaz de contestar seus pensamentos imediatamente, quando eles estão prestes a impedi-lo de fazer algo que deseja.

Diga a seu filho que vai ensinar a ele o Jogo do Cérebro. Explique que, neste jogo, você finge que é a parte do cérebro dele que está criando pensamentos pessimistas. Você vai inventar um problema e depois dirá ao seu filho o pensamento pessimista que o cérebro dele criou. A tarefa dele será afastar o pensamento pessimista com uma evidência que mostre por que o pensamento não é correto ou que mostre um modo mais otimista de enxergar a situação.

Antes de começar, leia com seu filho os exemplos a seguir e mostre a ele como o jogo funciona. Leia a parte do cérebro e deixe seu filho ler a parte do protagonista.

Contrariedade: Molly está no sétimo ano. Ela adora a escola, mas, nos últimos tempos, Debbie, uma garota do oitavo ano, começou a implicar com ela. Um dia, depois da escola, Molly estava voltando a pé para casa com as amigas quando Debbie e as amigas dela começaram a provocá-la. Entraram no caminho de Molly e disseram: "Oi, baleia! Você é tão gorda que eu demoro um dia para dar uma volta inteira ao seu redor. Você come igual a uma vaca... e pesa igual também! *Muuu! Muuu!*". Molly fica vermelha. Ela morre de vergonha de sua aparência. Tenta ignorar Debbie e as outras garotas, mas não consegue. Começa a chorar e sai correndo.

Cérebro da Molly: Eu sou uma idiota! Não consigo nem me defender. Elas têm razão. Sou uma baleia. Ninguém vai querer andar comigo.

Contestação: Eu sou mais pesada que algumas das outras garotas e adoraria ser magra igual à Susie, mas não sou uma vaca. Eu faço exercícios físicos e me visto bem. Eu sou bonita, tenho muitas amigas e elas não se importam se eu peso mais que elas. Susie, Jessica e Dana me adoram, e a gente se diverte juntas.

Contrariedade: Carl acabou de se mudar para uma nova cidade. Ele adora a casa nova, mas sente saudade dos amigos e está receoso de começar o sexto ano. O primeiro dia de escola é muito difícil. Ele não conhece ninguém. Almoça sozinho e durante o intervalo ninguém brinca com ele.

Cérebro do Carl: Eu mal cheguei e todo mundo já me odeia aqui. Vou odiar essa escola. Vou passar o resto do ano almoçando sozinho. Nunca vou me adaptar aqui.

Contestação: Tudo bem, eu sei que não fiz um milhão de amigos hoje, mas foi meu primeiro dia. Ninguém me conhece ainda. Isso não quer dizer que eu nunca vou fazer nenhum amigo na escola. Eu tinha um monte de amigos na outra cidade. Minha mãe disse que demoraria um pouco para isso acontecer aqui. Ela tem razão. Talvez amanhã eu cumprimente o garoto que se senta ao meu lado. Ele parecia legal.

Após ler esses exemplos com seu filho, pratique a contestação rápida com os exemplos a seguir. Explique que você vai ler uma situação e depois vai lançar cinco pensamentos pessimistas para ele, um de cada vez. Após ouvir cada pensamento, a tarefa dele será combatê-los de imediato. Diga que vai ler os pensamentos na primeira pessoa, para que ele imagine que é o cérebro dele falando. Preste muita atenção às contestações dele. Se forem fracas, pare e ajude-o a encontrar uma contestação mais poderosa. A seguir listo cinco situações e cinco pensamentos pessimistas para cada situação.

1. Você fez um trato com os vizinhos para cuidar das plantas na casa deles enquanto eles viajam, mas você perdeu as chaves e as plantas morreram.
   A. Não sou uma pessoa de confiança.
   B. Meus vizinhos nunca vão me perdoar.
   C. Eu estrago tudo.
   D. Meus pais vão achar que eu não levo as responsabilidades a sério.
   E. Não consigo fazer nem uma coisa simples, como molhar as plantas de outra pessoa. Nunca vou vencer na vida.

2. Nos últimos tempos, sua mãe tem gritado o tempo todo com você.
   A. Ela é a pior mãe do mundo.
   B. Tudo o que eu faço em casa é errado.
   C. Ela deve me amar menos do que antes.
   D. A gente nunca mais vai se dar bem de novo.
   E. Todos os meus amigos se dão bem com as mães. Só eu brigo com a minha.

3. Alguém copiou seu trabalho de casa de matemática, e sua professora acusou você de colar.
   A. A professora vai passar a me odiar de agora em diante.
   B. Meus pais vão ficar furiosos comigo.
   C. Eu sou uma pessoa ruim.
   D. Meus amigos vão me desprezar a partir de agora.
   E. Ninguém vai confiar em mim.

4. Você passa o dia todo provocando o seu irmão, até que ele cai no choro e grita: "Você é o pior irmão do mundo!".
   A. Ele tem razão. Eu sou horrível.
   B. Eu sou muito cruel.
   C. Agora meu irmão vai me odiar para sempre.
   D. Eu nunca consigo me controlar.
   E. Meus pais vão me achar um filho horrível.

5. É a primeira semana de aula no sétimo ano, e você tem a impressão de que ninguém foi com a sua cara.
   A. Eu nunca vou fazer nenhum amigo.
   B. Ninguém gosta de mim porque eu sou chato.
   C. Vou ficar sozinho na escola pelo resto do ano.
   D. Se eu fosse mais bonito as pessoas gostariam de mim.
   E. Se eu fosse mais divertido, teria amigos.

Depois de fazer esses exercícios, use algumas das situações relatadas nos exercícios do modelo CCCCC preenchidos pelo seu filho nas páginas anteriores. Treine essa habilidade três vezes por semana, quinze minutos por sessão. Em pouco tempo seu filho será capaz de rebater o próprio pessimismo com força e rapidez. Caso queira que as habilidades de contestação e descatastrofização do seu filho se mantenham sempre afiadas, de meses em meses faça exercícios de reforço com ele.

RESUMO

"Ela tem os meus olhos"; "Ele tem a minha capacidade atlética"; "Ela tem a inteligência da mãe". Os pais dizem coisas do tipo com orgulho. Mas imagine o tamanho do seu orgulho ao dizer: "Ela tem o meu otimismo" ou "Ele tem a minha perseverança". Porque é isso que você terá feito. Você está a caminho de imunizar seu filho contra a depressão, o baixo rendimento e o desamparo. As habilidades que você ensinou a si mesmo e depois ensinou a ele farão parte do arsenal de habilidades que ambos usarão pelo resto da vida. Você ensinou a criança a manter uma atitude de aproveitar a vida, não importa quais obstáculos apareçam. Todos os pais querem ensinar aos filhos o valor do trabalho duro, da dedicação, do esforço, e, de fato, esses valores são importantes. Mas valores e talento sem otimismo muitas vezes não levam a lugar algum. Portanto, você fez mais do que ensinar seu filho a ter bons valores. Você desenvolveu nele a capacidade de encarar os desafios da vida, de lutar para alcançar os objetivos e de perseverar para superar o próprio potencial.

No próximo capítulo eu lhe ensinarei as habilidades sociais e de resolução de problemas baseadas nas técnicas cognitivas que você acabou de ensinar ao seu filho. Juntos, esses dois capítulos proporcionarão a ele as habilidades fundamentais do otimismo e da maestria.

13. Como reforçar as habilidades sociais do seu filho

Nos capítulos 10, 11 e 12 você aprendeu a ajudar a criança a contestar crenças pessimistas e a entender de maneira melhor as causas dos problemas. Esse primeiro passo fundamental ajudará a evitar que ela entre em depressão e a fazer com que ela sempre se esforce para superar as adversidades. Mas um passo não é suficiente. Quando a criança for capaz de interpretar os problemas com precisão, descobrirá que na maioria das vezes há um problema a ser resolvido. E o otimismo por si só não o fará desaparecer, mas permitirá que ela chegue à raiz do problema e se concentre em corrigir a situação. Agora, ela precisa aprender as habilidades que lhe permitirão lidar com os problemas reais.

A segunda infância marca o início da tarefa — que durará a vida inteira — de estabelecer e manter relações com pessoas fora da família. Nesse momento, as crianças passam a contar com os amigos, e não só com os pais e irmãos, para satisfazer suas necessidades sociais. Conforme a esfera social delas cresce, os pais passam a ter cada vez menos controle sobre o que acontece com elas longe de casa. Esse fato muitas vezes faz com que os pais se sintam impotentes, ao verem os filhos encararem os perigos e contratempos na escola ou no círculo de amizade. Mas eles podem ensinar aos filhos habilidades que eles não aprenderão em nenhuma escola e que irão prepará-los para lidar sozinho com os problemas.

As crianças que dominam as habilidades sociais e de resolução de problemas fazem novos amigos. Elas se sentem à vontade em situações novas. Cumprimentam crianças que não conhecem e participam de atividades novas. Sabem manter as amizades, cooperam, se comprometem, confiam nos outros, e os outros desenvolvem confiança nelas. Crianças com boas habilidades sociais e de resolução de problemas lidam bem com os conflitos. Respeitam as diferenças. Manifestam seus desejos de maneira clara e assertiva. Pedem desculpas quando estão erradas, mas se mantêm firmes quando estão corretas. No entanto, muitas crianças, sobretudo as que correm risco de depressão, não têm essas habilidades. Essa nova vida social as faz se sentirem deprimidas e inúteis. Veja o caso de Christine.

Desde que Christine começou o sétimo ano, seus pais notaram mudanças em seu comportamento e em suas notas, e isso os deixou preocupados. Ano passado Christine era uma garota animada. Às vezes ficava de mau humor, mas passava rápido. Tirava notas boas na maioria das matérias e mergulhava de cabeça em novos projetos. Depois da escola, saía com as amigas, e depois corria para casa e ligava para elas assim que chegava. Mas este ano isso mudou: Christine vive para baixo e não sai do quarto. Quando não está sozinha, prefere brincar com a irmã mais nova do que com as amigas. No primeiro boletim do novo ano letivo há duas notas baixas e só um 10.

Na reunião de pais e professores, os pais de Christine ficam surpresos ao descobrir que Christine não tem se dado bem com as amigas e tem tido dificuldade para fazer os deveres. Em casa, Christine se mostra raivosa e irritada, e quando seus pais perguntam o motivo, ela não conta como está se sentindo. Um dia, porém, Christine chega em casa e começa a chorar.

Christine: Todas elas me odeiam agora! Não sei o que fiz, mas elas não gostam mais de mim.

Mãe: Quem está sendo cruel com você? O que aconteceu?

Christine: Minhas ex-amigas. Hoje elas estavam trocando bilhetes sobre mim na biblioteca. Eu sei que eram sobre mim. Eu pedi que parassem. Depois comecei a chorar. Não queria chorar, mas não consegui prender o choro. Aí elas começaram a rir. Elas queriam que eu chorasse. Eu saí correndo da biblioteca. Laurie tentou conversar comigo, mas eu mandei ela me deixar em paz. Ela tentou me mostrar os bilhetes. Eu disse que ela era uma traidora e que tinha ódio dela. O resto do dia foi horrível... elas ficaram me olhando. Eu tentei ignorar, mas não consegui parar de chorar.

Christine está tendo problemas comuns para crianças que correm risco de depressão. Vamos olhar mais atentamente. Primeiro, ela tira conclusões precipitadas quando vê as amigas trocando bilhetes na biblioteca. Presume que os bilhetes falem mal dela. Depois, Christine reage como se essa pressuposição fosse verdadeira e começa a chorar. Ela está no automático — não está planejando nada nem parou para pensar na possível reação das amigas. Quando Laurie tenta conversar, Christine rejeita a ajuda oferecida. Além disso, se recusa a ver os bilhetes, portanto mantém a certeza de que as mensagens eram a seu respeito. Ela passa o resto do dia quieta, sem confirmar nem desmentir a crença de que suas amigas agora a odeiam. Se Christine continuar acusando as amigas de serem cruéis e se distanciar mesmo sem saber se as acusações são verdadeiras, elas vão acabar se afastando de vez.

A relação entre depressão e amizades problemáticas cria um círculo vicioso.[1] Problemas com amigos podem contribuir para a depressão de Christine. Deprimida, Christine terá mais dificuldade para lidar com conflitos, o que piorará ainda mais suas amizades. Mesmo que comece a se sentir melhor, Christine terá perdido amigas, e a recuperação será mais difícil. A perda das amizades, somada à falta de habilidades sociais, predispõe Christine a outro episódio de depressão.

A depressão pode afetar garotos e garotas de maneiras diferentes. Assim como Christine, meninas tendem a se afastar dos outros, a se retrair. Elas ficam tristes e choram. Já os garotos muitas vezes acabam partindo para a briga. Vejamos o caso de Tony.

Tony está no quinto ano. É um menino grande para a idade. Passa a maior parte do tempo construindo modelos de carros e foguetes. Adora ler livros sobre carros de corrida e quer ser projetista automobilístico quando crescer. Em geral, Tony é um garoto tranquilo, simpático, mas nos últimos tempos tem se mostrado mais irritado. Quando os pais pedem que Tony ajude em alguma tarefa ou o lembram que precisa fazer o trabalho de casa, ele fica contrariado e pede que o deixem em paz. De início, os pais de Tony atribuem a mudança de humor a uma "fase" e dão espaço para o filho. Mas eles ficam mais preocupados quando um conselheiro escolar conta que Tony começou a andar com um garoto chamado Harvey, um valentão também do quinto ano. Harvey vive criando confusão, brigando, e suspeita-se que ele tenha vandalizado a escola.

Certo dia, o ônibus escolar faz uma curva fechada, e um garoto do quarto ano esbarra em Tony. Não está claro se o garoto fez sem querer ou de propósito, mas Tony tem certeza de que foi deliberado. Ele se levanta e empurra o garoto de volta para o banco. O garoto parece assustado, e Tony ri. "Ahhh, não chora, neném. Vai chamar a mamãe? Por que não chupa o dedo? Chupa o dedo pra melhorar!" Tony agarra a mão do garoto e tenta forçá-lo a enfiar o polegar na boca. O garoto começa a chorar. Harvey cai na gargalhada e dá um tapinha nas costas de Tony. "Mandou bem, Tony!" Tony sorri, feliz por ser aceito pelo novo amigo.

No dia seguinte ocorre um novo incidente. Tony entra no banheiro e vê quatro garotos do sexto ano com quem costuma andar às vezes. Ele joga basquete no fim de semana com Scott e mora no mesmo quarteirão de Jared. Jared estava no ônibus e viu Tony implicar com o aluno do quarto ano.

Jared: Olha aí o valentão! Você é muito bom em se meter com alunos do quarto ano, menores que você. Mas você faz isso com alguém da sua idade?

Tony (ficando irritado): O que foi? Não se mete nesse assunto.

Scott: Calma aí, Tony. Ele só está falando que você não deve implicar com crianças muito menores que você.

Tony: Cala a boca, Scott. Não sabia que você era um bebezão. Vocês todos são uns frouxos. Vê se cresce!

Não demora muito para a briga começar. Tony bate a cabeça na pia, e Jared arranja um machucado no braço. Tony aumenta sua reputação de brigão. No mesmo ano letivo se mete em mais três brigas e é suspenso duas vezes. Para de jogar basquete com Scott. Jared e ele não se falam mais. Seu único amigo, Harvey, só quer saber de confusão. Juntos, começam a roubar coisas e a pichar os muros da escola à noite.

Tony está irritado, mas está deprimido? Se alguém perguntasse, ele diria que anda meio para baixo nos últimos tempos, que não se interessa mais pelas coisas e que não se sente mais tão confiante na escola ou com os amigos. Ele se sente melhor quando ganha uma briga, mas a sensação dura pouco. Quando chega em casa depois da última briga, seus pais estão decepcionados, e ele não se sente bem. Tony diria que se sente extremamente frustrado porque sabe como deveria se comportar, mas não é capaz de agir como deveria.

Muitos pais não perguntam a crianças como Tony como elas estão se sentindo, porque elas não aparentam estar deprimidas. Em vez de chorar ou andar cabisbaixo, Tony tem brigado e se comportado mal. A maioria dos pais vai se concentrar na conduta imprópria e tentar resolver o problema punindo o filho cada vez mais.

Apesar dos diferentes sinais que apresenta, Tony vem tendo os mesmos problemas de Christine. Ele interpretou equivocadamente as intenções de outras crianças e reagiu de forma precipitada e acrítica. A diferença entre Tony e Christine é em relação às interpretações de cada um. Christine culpa a si mesma automaticamente. Sente-se triste e se afasta das amigas porque acha que fez algo para que suas amigas parassem de gostar dela. Tony, por outro lado, automaticamente culpa os outros. Sua visão básica de mundo é: "Todos estão contra mim".

Essa visão de mundo de que "todos estão contra mim" é típica de quem tem depressão. Os pensamentos "de cabeça quente" (precipitados, rápidos e enviesados), em oposição aos pensamentos "de cabeça fria" (calmos e críticos), levam a comportamentos impulsivos e agressivos.[2] Tony acredita que os outros querem lhe fazer mal, por isso retalia. Ele precisa aprender a controlar a raiva e a retardar seu processo de tomada de decisão, para que, assim, possa escolher outras opções de ação e possivelmente evitar novas brigas.

Tony terá muito mais dificuldade que Christine para voltar aos trilhos, mesmo que sua depressão seja mais leve, pois agora tem uma reputação com as outras crianças. Elas esperam que Tony se comporte de maneira agressiva, por isso vão desafiá-lo ou provocar brigas com ele. Tony está seguindo por um caminho muito diferente de meses atrás. Caso permaneça nele, terá mais chance de acabar num reformatório do que numa faculdade.

COMO ENSINAR AS HABILIDADES SOCIAIS E DE RESOLUÇÃO DE PROBLEMAS

Christine e Tony estão presos em círculos viciosos difíceis de quebrar. No entanto, é possível prevenir que eles surjam. Crianças que compreendem a própria capacidade e têm fortes habilidades sociais e de resolução de problemas são menos propensas a entrar em círculos viciosos.

As habilidades sociais ensinadas no Programa de Prevenção da Universidade da Pensilvânia são úteis para todas as crianças, mas são essenciais caso seu filho esteja começando a dar sinais de depressão ou a ter problemas com amigos ou na escola. O primeiro passo, então, é saber em que nível estão as habilidades sociais e de resolução de problemas de seu filho. Complete o questionário a seguir sobre o comportamento de seu filho.

Avalie as habilidades sociais e de resolução de problemas do seu filho

Pontue cada afirmação da seguinte forma:
1 = Raramente
2 = Às vezes, quando estressado ou mal-humorado
3 = Muitas vezes

HABILIDADES DE RESOLUÇÃO DE PROBLEMAS

A. Parando e pensando: interpretações sobre problemas
_____ Tende a tirar conclusões precipitadas; se irrita com facilidade.
_____ Se sente facilmente magoado pelos outros na escola.
_____ Se sente facilmente magoado pelos irmãos ou pais em casa.
_____ Diz coisas como "não gostam de mim".
_____ Diz que os outros são cruéis.

B. Colocando em perspectiva
_____ Tem dificuldade para entender motivos para regras e limites.
_____ Tem dificuldade para entender motivações das outras crianças.
_____ Enxerga os problemas apenas pelo próprio ponto de vista.
_____ Mostra pouca consideração pelos sentimentos dos outros.

C. Estabelecendo objetivos e criando soluções alternativas
_____ Age por impulso, sem pensar.
_____ Mostra pouca capacidade de planejamento.
_____ Se entedia facilmente em casa, a não ser que haja uma atividade planejada.
_____ Tem dificuldade para cumprir tarefas; vive pedindo ajuda.

D. Tomando decisões

____ Tem dificuldade para prever as consequências das ações.

____ Costuma usar sempre a mesma maneira de lidar com os problemas, mesmo que não funcione muito bem.

____ Tem dificuldade para tomar decisões por conta própria; está sempre pedindo ajuda.

E. Tentando de novo quando uma solução dá errado

____ Fica frustrado com facilidade quando os objetivos não são alcançados.

____ Mostra-se insatisfeito mesmo quando algo funciona bem.

____ Quando algo não funciona, desiste ou se irrita.

HABILIDADES SOCIAIS

F. Assertividade

____ Precisa de ajuda para resolver problemas com professores ou amigos.

____ Faz cara feia ou reclama quando não gosta das regras em casa.

____ É extremamente agressivo com os amigos ou colegas de escola; tem reputação de valentão ou mandão.

____ É extremamente passivo com os amigos ou colegas de escola; deixa os outros se aproveitarem dele.

G. Negociação

____ Tem dificuldade para cumprir acordos com amigos.

____ Faz cara feia quando não consegue o que quer.

____ Enxerga todas as soluções como derrotas ou vitórias; não existe meio-termo.

Pontuação: Revise cada categoria. Se você escolheu 2 ou 3 em alguma afirmativa, seu filho tem alguma dificuldade nessa área como um todo. Se respondeu 3 para duas ou mais frases na mesma categoria, seu filho tem grande dificuldade nessa área.

Antes de aprender as habilidades sociais e de resolução de problemas para crianças que serão explicadas a seguir, tenha em mente as três regras de ouro. Primeira: não resolva todos os problemas do seu filho. Os pais, sobretudo de crianças com depressão, muitas vezes acham que precisam "consertar" os problemas dos filhos. Querem que seus filhos sejam felizes, por isso tentam eliminar os problemas. Infelizmente, essa é uma atitude prejudicial, e não benéfica para eles. Ao intervir, os pais acabam impedindo a criança de aprender as habilidades necessárias e passam a seguinte mensagem: "Você não é capaz de lidar com os problemas sozinho". Assim, não surpreende que essas crianças acabem se tornando dependentes dos pais e, quando envelhecem, passem a depender de outras pessoas. Em vez de resolver os problemas do seu filho, apoie e demonstre interesse, mas deixe-o lidar com a situação sozinho. Se ele tiver alguma dificuldade, guie, porém não dê respostas.

Janice, mãe de uma das crianças do programa, descreve como costumava lidar com os problemas do filho.

Eric é um menino tão fofo... Desde pequeno tem um bom coração e está sempre atento aos sentimentos das pessoas. Ainda aprendendo a falar, ele me fazia perguntas do tipo: "Mamãe, você tá triste hoje?" ou "O Craig fica feliz quando eu mostro os meus livros?". Eu me lembro de quando Eric tinha uns dois anos e o irmão mais novo não tinha nem um ano. Eu ainda amamentava o Craig, por isso sempre o pegava no colo e dava muita atenção a ele. Certa vez eu tinha acabado de colocar Craig no berço para tirar um cochilo quando Eric se aproximou e me perguntou: "Mamãe, você tem saudade de mim?". Fiquei surpresa, porque eu fico o dia inteiro em casa, então passamos o tempo todo juntos. Na noite anterior, meu marido tinha levado Eric para as compras, então imaginei que estava falando disso e questionei se ele estava perguntando se eu sentia falta dele quando ia fazer coisas com o pai. Eric ficou sério, como se estivesse refletindo profundamente sobre a pergunta, e então respondeu: "Não estou falando das compras. Você sente saudade de mim quando segura o Craig?". A pergunta dele me impactou profundamente. Fiquei pensando nela por um bom tempo. Certas crianças sentem muito ciúme da atenção recebida pelo irmão caçula, e talvez Eric também estivesse sentindo, mas ele expressou esse ciúme de uma maneira tão fofa... Na hora pensei: "Eric é uma alma gentil, amável".

Enfim, desde que Eric era pequeno, eu sempre o achei tão sensível que temia que alguém lhe fizesse muito mal. Por isso, me esforçava para protegê-lo do mundo. Acho que todas as mães fazem isso até certo ponto, mas hoje em dia acho que exagerei, sobretudo porque fui mais protetora com ele do que com Craig. Acho que me dei conta disso meses atrás. Eu estava num parque com os meninos, e eles estavam brincando com outras crianças. Eu estava sentada, conversando com outros pais, quando de repente um menino chamado Jesse começou a implicar com Eric. Não consegui ouvir o que ele estava falando, mas percebi que Eric estava ficando incomodado.

Minha reação imediata foi levantar e acabar com aquilo, mas por algum motivo me segurei. Deixei Eric lidar sozinho com o problema. A questão é que Eric não lidou com o problema. Ficou parado escutando Jesse falar, até que Craig interveio e mandou Jesse parar com aquilo. Craig se saiu muito bem. Não provocou Jesse de volta nem piorou a situação — apenas foi enfático, e Jesse o escutou.

Aquilo me fez pensar. Comecei a prestar mais atenção no que acontece quando Eric tem alguma dificuldade e percebi que a família toda tende a se envolver nos problemas dele o quanto antes. Isso vale para tudo: como resolver os deveres de casa, como lidar com os amigos ou até mesmo como pensar na melhor rota que ele pode fazer para entregar os jornais da vizinhança. Também comecei a perceber a diferença entre os meninos. Craig mergulha nos problemas, assume a dianteira. Se tem alguma dificuldade grande, aí, sim, ele procura os pais, mas no geral ele resolve tudo sozinho. Eric é o contrário. Primeiro ele vem a nós. Em vez de se esforçar e tentar resolver o problema por conta própria, ele pede a nossa ajuda. Antes eu adorava quando isso acontecia, porque achava que Eric sabia pedir ajuda quando necessário, mas agora me pergunto se, com isso, o fizemos duvidar demais de si mesmo. Meu medo é que nós tenhamos tirado de Eric a capacidade de lutar, de se esforçar para resolver os problemas.

A segunda regra é que a partir do momento que dá a seu filho espaço para resolver os próprios problemas, você não deve exagerar nas críticas ao avaliar as tentativas dele. Sem dúvida ele vai errar no começo e vai lidar mal com certos problemas. Mas se você for muito severo na avaliação, ele vai parar de tentar. Quando seu filho começar a aprender essas habilidades, preste mais atenção no processo do que no resultado. Se ele abordar o problema da maneira correta, mas o resultado não for o esperado, elogie os passos que ele deu e ajude-o a avaliar o que deu errado. Stewart, pai de uma garota do sexto ano que faz parte do nosso programa, descreve as dificuldades que tem nesse ponto.

Confesso que é difícil ficar vendo Tori fazer bobagem. Sei que ela está tentando e que as habilidades que ela aprendeu no projeto fazem a diferença, mas toda vez que a vejo lidar com um problema de uma forma que não considero a melhor, tenho vontade de dizer qual é a melhor maneira. Acho que tudo bem fazer isso vez ou outra, mas confesso que tenho vontade de me intrometer sempre que percebo que ela está indo pelo caminho errado. É preciso ter cuidado, porque tenho tendência a ser áspero. Mesmo quando não quero ser grosso, às vezes falo de um jeito que acaba sendo. Outro dia, por exemplo, ela brigou com as amigas. Parece que elas queriam que Tori desse um trote numa garota de quem não gostam, mas Tori não queria. Disse que se sentiu mal pela garota. Então perguntei o que ela fez, e ela me contou que mentiu: disse que precisava ir para casa cuidar da irmã mais nova. Quando ouvi isso, tive vontade de dizer a ela que não achei essa uma boa forma de lidar com o problema. Quero que ela enfrente as garotas e diga que não vai se meter nesse tipo de brincadeira sem graça. Minha mulher acha que eu sou maluco. Disse que Tori fez muito bem em ir embora, e se a mentira a ajudou, tudo bem. Enfim... acabei dizendo a Tori que ela escolheu o caminho mais fácil. Tanto ela quanto minha mulher ficaram chateadas comigo. Fui mal nessa e me senti péssimo depois. Estou trabalhando para melhorar nisso. De verdade. Minha mulher acha que devo ajudar Tori a pensar nas decisões que toma, em vez de dizer a ela o que é certo e o que é errado. Ela é muito melhor que eu nesse sentido, mas estou tentando.

A terceira regra é fazer com que sua própria estratégia flexível de resolução de problemas sirva de modelo. Vejamos duas maneiras distintas de lidar com a mesma situação.

Helen está consertando o telhado de casa. O telheiro dá uma estimativa de preço para consertar as telhas, as calhas e um cano de escoamento. Pede metade do valor de adiantamento. Helen paga e sai para pegar o filho na escola. Quando volta, os profissionais foram embora. O telhado está pronto, mas as calhas e o cano, não.

Helen grita: "Cadê eles? Não me diga que foram embora! Aqueles safados! Não fizeram as calhas! Eu devia imaginar que isso poderia acontecer. Estão tentando me passar a perna, mas não vou deixar. Mitchell, sai do carro... vou ligar para eles e falar umas boas verdades!".

Soa familiar? De vez em quando todos nós reagimos de forma exagerada. Mas se esse é o estilo de resolução de problemas que Mitchell costuma ver em casa, ele vai aprender a tirar conclusões precipitadas, a perder as estribeiras, a agir por impulso. Vejamos outra maneira de lidar com a mesma situação.

Helen diz: "Cadê eles? O trabalho ainda não foi finalizado. A calha ainda não está pronta. Será que fizeram um intervalo? Ou foram buscar material? Espero que não tenham esquecido de fazer a calha. Se não terminarem o trabalho hoje vou ter um problemão, porque não posso ficar em casa amanhã. Acho que vou esperar uns minutinhos para ver se eles voltam. Ou melhor, vou ligar para o chefe deles e perguntar o que houve".

Ao pensar em voz alta, Helen está moldando um estilo de resposta mais lento e reflexivo. Ela listou várias possíveis interpretações, ou formas de lidar com a situação, em vez de tirar conclusões precipitadas. Por fim, escolheu uma que lhe permitiu obter mais informações e, assim, tomar uma decisão mais embasada.

RESOLUÇÃO DE PROBLEMAS: OS CINCO PASSOS[3]

Primeiro passo: Pisar no freio. Seu filho precisa seguir cinco passos para aprender a resolver problemas de maneira eficaz. O primeiro é *pisar no freio*. A criança precisa se impedir de agir por impulso. Comece lendo para ela a seguinte situação, depois peça que complete o exercício subsequente.

Você está na fila do bebedouro. Tem quatro crianças atrás de você, todas esperando a vez. Dois alunos no fim da fila estão brincando e acabam esbarrando no garoto à frente deles. Ele cai sobre Tommy, que é o primeiro da fila atrás de você. Tommy esbarra em você no momento em que você está no bebedouro, empurrando seu rosto na água. Você não sabe de toda essa cena porque estava bebendo água. Só sabe que Tommy esbarrou em você e que seu rosto está todo molhado.

Ao trabalhar esse exercício com seu filho, deixe claro que a forma como ele lida com a situação depende do que ele pensa. Diga a ele que o primeiro passo para ser excelente na resolução de problemas é "parar e pensar" por um minuto antes de fazer qualquer coisa. Pergunte o que ele faria se acreditasse em cada motivo que ele mesmo listará nas linhas a seguir. Parar e pensar também dá a ele a oportunidade de descobrir o que realmente aconteceu.

VOCÊ ESTÁ TODO MOLHADO...

Faça como Sherlock Holmes e crie uma lista de todos os motivos que podem explicar por que seu rosto ficou molhado.

1. Um motivo é...

2. Outro motivo é...

3. Outro motivo é...

4. Outro motivo é...

5. Outro motivo é...

Uma forma de ajudar seu filho a pisar no freio é ensiná-lo a substituir "pensamentos de cabeça quente" por "pensamentos de cabeça fria". Diga a ele que pensamentos de cabeça quente são os que vêm à mente no exato momento em que o problema aparece. São pensamentos do tipo "todos estão contra mim". Crianças que pensam de cabeça quente acreditam que sempre que têm um problema com alguém, que a outra pessoa criou o problema de propósito. O problema desse tipo de pensamento é que ele nos leva a reagir sem saber o que aconteceu ou como lidar com a situação da melhor maneira. Se agirmos com base em nossos pensamentos de cabeça quente, com frequência vamos nos arrepender, pois podemos acabar piorando a situação.

Já os pensamentos de cabeça fria nos ajudam a descobrir mais informações sobre o ocorrido. Com isso, podemos pensar melhor sobre todas as informações disponíveis para decidir como reagir. Pensamentos de cabeça fria nos ajudam a pisar no freio e refletir, em vez de acelerar e agir.

William era um aluno do sétimo ano que fazia parte do nosso programa. Ele descreve um problema típico provocado por pensamentos de cabeça quente.

Meu pai sempre me diz que eu ajo sem pensar. Diz que isso não é bom. Eu costumava achar que isso era implicância dele, porque a verdade é que ele implica muito comigo, mas agora acho que entendo o que ele quer dizer. Ano passado, por exemplo, eu me meti na maior briga com Lenny, um valentão da escola. Nós estávamos almoçando, e Lenny estava sentado na mesa atrás da nossa. Eu não estava prestando atenção em nada, só estava almoçando. De repente, quando me levantei para devolver a bandeja, *páá!* Lenny esbarrou em mim. Os restos de comida da minha bandeja caíram em cima de mim. Foi nojento. Tinha aquele espaguete grudento da escola na minha camiseta. Todo mundo riu. O pessoal passou o dia me chamando de "Cabeça de Espaguete" e coisas do tipo. Eu fiquei furioso. Enfim, na hora achei que Lenny tinha feito aquilo de propósito para me fazer parecer um idiota, então simplesmente dei um soco na cara dele. Não falei nada, só acertei um soco bem forte. Foi o suficiente: Lenny se jogou em cima de mim e começou a me bater. Confesso que na hora fiquei com medo. Por fim, o professor Harlin apareceu e afastou Lenny de mim. Eu estava machucado. Fiquei com um roxo na bochecha por um tempão. Doeu bastante. Enfim: fomos levados para a sala da diretora, a professora Lyman, e Lenny disse que não esbarrou em mim de propósito. Ela acreditou nele, e acho que eu também acreditei um pouco, mas não falei nada. Ele se deu mal por me bater, mas eu me dei pior ainda por ter começado a briga. A situação ficou feia para mim.

Meus pais ficaram furiosos comigo. O programa do qual eu participava me ensinou o que fazer quando coisas assim acontecerem. Disseram que eu devo pensar de cabeça fria, e não de cabeça quente. Explicaram que o problema de pensar de cabeça quente é que muitas vezes você acaba agindo antes de entender o que aconteceu. Exatamente como meu pai costuma falar. Então, este ano estou evitando pensar de cabeça quente. Às vezes ainda acontece, mas pelo menos não é mais o tempo todo. Meu pai diz que eu melhorei muito.

Leia as situações e os pensamentos a seguir para seu filho. Peça a ele que lhe diga quais são os pensamentos de cabeça quente e quais são os pensamentos de cabeça fria e pergunte o que cada pensamento provavelmente causará.

MANTENHA A CABEÇA FRIA...

1. Tony está jogando bola com os amigos no intervalo das aulas, e em dado momento alguém acerta a bola na cara dele com força. Ele pensa:
   A. O que aconteceu? Foi acidente ou ele está querendo arrumar confusão comigo?
   B. Ele fez de propósito! Vou revidar. Ele vai se arrepender de ter mexido comigo.

2. Tara deixa três mensagens para a amiga, pedindo que ela retorne a ligação assim que puder. Mas a noite chega, e a amiga de Tara não ligou. Tara pensa:
   A. Por que ela não me ligou? Será que está chateada comigo? Ou talvez tenha esquecido de checar a secretária eletrônica. Vai ver o irmão dela ouviu as mensagens e não avisou que eu liguei.
   B. Ela está sendo má comigo. Está agindo como se não soubesse que eu telefonei.

3. Jonah marcou de se encontrar com um amigo no shopping às três e meia. Ele espera meia hora, mas o amigo não aparece. Jonah pensa:
   A. Sabia que isso iria acontecer... George é um vacilão. Ele se diz meu melhor amigo, mas vive aprontando dessas comigo. Não vou mais aceitar esse tipo de coisa!
   B. Que será que houve? Que droga! Se ele simplesmente decidiu não vir, vou ficar muito irritado. Bem, talvez ele tenha tido algum problema. Mais tarde eu ligo para saber o que houve.

Após o exercício de identificação de pensamentos de cabeça quente e de cabeça fria, você está pronto para ensinar seu filho a pensar de cabeça fria por conta própria. O jogo que ele vai jogar se chama Na Berlinda e lembra muito o Jogo do Cérebro do capítulo anterior. Desta vez, porém, ele enfrentará uma série de situações acompanhadas de pensamentos de cabeça quente. A tarefa dele é oferecer uma alternativa mais racional, reflexiva, um pensamento de cabeça fria.

Sente-se com seu filho e explique que vocês vão jogar um jogo chamado Na Berlinda: "Eu vou lhe contar um problema que pode acontecer com alguém da sua idade. Depois, vou ler um pensamento de cabeça quente que uma criança pode ter na situação. Lembre-se: quando você pensa de cabeça quente, acaba agindo sem refletir bem a respeito do problema. Depois que eu disser o pensamento de cabeça quente, quero que você me diga um pensamento de cabeça fria para a mesma situação. O pensamento de cabeça fria é o que ajuda você a pisar no freio, a ir devagar para não tirar conclusões precipitadas e não acabar agindo sem pensar bem antes. É o pensamento de cabeça fria que te faz dar um passo atrás e enxergar o problema por vários ângulos. Com isso, você entende o que está acontecendo antes de agir".

1. Você chega ao local onde marcou de se encontrar com os amigos para irem juntos para a escola. Nenhum deles está lá. Você espera cinco minutos, mas eles não aparecem.
   Seu pensamento de cabeça quente: Eles me deixaram pra lá!

2. Você está na fila de uma loja. O vendedor atende o homem que está atrás antes de você.
   Seu pensamento de cabeça quente: Ele odeia crianças.

3. Você quer entrar para o time de futebol da escola. Quando entra no vestiário no primeiro dia, ouve os outros garotos rindo.
   Seu pensamento de cabeça quente: Eles estão rindo de mim.

4. Chega sua vez no bebedouro, e quando você começa a beber é empurrado por trás. Seu rosto fica todo molhado.
   Seu pensamento de cabeça quente: Alguém me empurrou de propósito.

5. Você deixou seu irmão pegar um jogo que um amigo tinha lhe emprestado. Você diz ao seu irmão que precisa do jogo de volta até as três da tarde, porque prometeu entregá-lo na casa do amigo. São três e quinze, e você não tem notícias nem do seu irmão nem do jogo.
   Seu pensamento de cabeça quente: Meu irmão está querendo arranjar problema para mim.

Há várias respostas para cada um desses exemplos. Lembre-se, o objetivo é ajudar seu filho a desenvolver um estilo mais reflexivo. Na primeira situação, seu filho estará no caminho certo se disser alguma das frases a seguir.

Talvez eles estejam atrasados.

Onde será que eles estão? Será que hoje as aulas começam mais tarde?

Talvez eu esteja atrasado e eles tenham ido na frente.

Talvez eles tenham conseguido carona.

Será que todos ficaram doentes?

Melhor eu ir andando para a escola. Lá eu descubro o que aconteceu.

Por outro lado, se seu filho der uma resposta parecida com as que vêm a seguir, ele está tendo um pensamento de cabeça quente.

Eles devem ter planejado isso para se vingar de mim.
Aposto que estão se escondendo de mim.
Eles não gostam de mim. Isso sempre acontece.

Se seu filho substituir um pensamento de cabeça quente por outro, pergunte a ele o que faria caso acreditasse no pensamento novo. Depois que ele responder, pergunte se ele acha que essa seria a melhor forma de lidar com a situação. Por fim, ajude-o a construir um pensamento de cabeça fria, no qual possa manter a mente aberta.

Segundo passo: Colocar-se no lugar do outro. Quando a criança for capaz de pisar no freio e substituir os pensamentos de cabeça quente por pensamentos de cabeça fria, estará pronta para aprender o segundo passo da resolução de problemas: como se colocar no lugar do outro. Explique a ela que funciona assim: antes de decidir como lidar com um problema que estamos tendo com outra pessoa, primeiro precisamos entender o que essa outra pessoa estava pensando ou por que agiu de determinada maneira. Por exemplo, na situação do bebedouro, por que Tommy esbarrou em você? A maioria das pessoas lidaria com a situação de maneira diferente se Tommy tivesse agido de propósito ou se tivesse esbarrado sem querer. Explique ao seu filho que a melhor maneira de compreender por que uma pessoa faz algo é se colocar no lugar dela e enxergar a situação por esse outro ponto de vista. Depois, ele pode fazer como Sherlock Holmes e ir atrás de evidências e pistas. Pergunte que tipo de pistas deve procurar para descobrir por que Tommy esbarrou nele.

Uma forma de descobrir o que as outras pessoas estão pensando e sentindo é olhar para o rosto delas. Se Tommy parecia envergonhado ou amedrontado, por que achar que ele deu o empurrão de propósito? Se ele parece envergonhado, então provavelmente foi sem querer. Mas se Tommy parece irritado, qual seria a razão? Se ele parece bravo, então é possível que tenha feito de propósito.

Explique para a criança que outra maneira de obter essas pistas é questionando a outra pessoa. Peça que ela dê exemplos do que perguntar a Timmy para descobrir o motivo do esbarrão. Ela pode perguntar: "Por que você fez isso?" ou "O que aconteceu?". Perguntas ajudam a obter mais evidências do acontecido.

Agora você pode ajudar seu filho a fazer os exercícios a seguir, sobre como se colocar no lugar dos outros. São três exemplos, e cada um tem uma história envolvendo três pessoas. Leia cada uma em voz alta e peça para ele descobrir o que cada uma das pessoas está pensando.

PROCURE PISTAS, COLOQUE-SE NO LUGAR DO OUTRO

O problema: Kelly vai começar o sexto ano. Ela e sua amiga, Jody, decidem cortar o cabelo curto. Quando estão saindo do salão, encontram-se por acaso com Eric, um amigo. Eric diz a Jody que adorou o corte de cabelo dela. Ao falar com Kelly, ele apenas pergunta como ela está, sem elogiar o corte. Kelly fica irritada e não responde. Jody diz a Kelly que adorou o corte dela, mas Kelly não diz uma só palavra no caminho de volta para casa. Jody havia combinado de ligar para Kelly naquela mesma noite, mas não ligou.

Por que Kelly ficou irritada? No que ela estava pensando?

_____
_____
_____
_____

Por que Eric disse que gostou do corte de cabelo de Jody mas não falou nada sobre o de Kelly? No que ele estava pensando?

_____
_____
_____
_____

Por que Jody não ligou para Kelly? No que ela estava pensando?

_____
_____
_____
_____

O problema: Ellen, Lynn e Carol estudaram na mesma escola no ensino fundamental. Elas passavam os intervalos juntas e almoçavam em grupo. Hoje é o primeiro dia delas no primeiro ano do ensino médio. Ellen entra no refeitório e não vê ninguém conhecido. Depois de um tempo, enxerga Lynn e Carol sentadas com vários outros alunos. Ao vê-las, Ellen se sente melhor, porque ela estava começando a se sentir uma boba ali, parada, segurando a bandeja sem saber onde se sentar. Ela se aproxima da mesa e cumprimenta Lynn e Carol. Lynn responde com um "oi", e Carol sussurra alguma coisa no ouvido da garota sentada a seu lado. Nenhuma das duas a chama para se sentar à mesa. Ellen fica triste e se senta com alguns alunos que não conhece, do outro lado do refeitório. Lynn parece irritada, e Carol parece surpresa.

Por que Ellen se sentiu triste? No que ela estava pensando?

_____

_____

_____

_____

Por que Lynn pareceu irritada? No que ela estava pensando?

_____

_____

_____

_____

Por que Carol pareceu surpresa? No que ela estava pensando?

_____

_____

_____

_____

O problema: Betsy, Robert e Denise moram no mesmo bairro. Betsy é dois anos mais nova que Robert e Denise, mas os três brincam juntos depois da escola. Certa noite cai uma nevasca, e na manhã seguinte várias crianças mais velhas começam a tacar bolas de neve nas mais novas e a jogá-las no chão. Alguns amigos de Robert começam a implicar com Betsy. Betsy vê que Robert e Denise estão rindo e fica furiosa. À tarde, Robert e Denise batem à porta da casa de Betsy para saber se ela quer ir brincar na neve com eles. Betsy responde que não e bate a porta na cara dos dois. Robert fica muito triste, e Denise parece irritada.

Por que Betsy bateu a porta? No que ela estava pensando?

_____

_____

_____

_____

Por que Robert riu junto com Denise? No que ele estava pensando?

_____

_____

_____

Por que Denise ficou irritada? No que ela estava pensando?

_____

_____

_____

_____

Outra maneira de exercitar a tomada de perspectiva e se colocar no lugar do outro é usar os conflitos que surgem. Quando você tiver um desentendimento com seu filho sobre as regras ou tarefas da casa, tentem mudar os papéis por um minuto, para que ambos entendam por que o outro está agindo de determinada maneira. Procure uma ocasião semelhante ao exemplo de Cory, que quer deixar a tarefa de lavar os pratos para depois. Eis como você pode usar uma oportunidade como essa para ensinar ao seu filho a se colocar no lugar do outro e ter outra perspectiva.

Mãe: Cory Sand, é a terceira vez que eu peço para você lavar os pratos. Não vou pedir de novo.

Cory: Ah, mãe. Qual é? Eu lavo mais tarde. Eles não vão sair da pia. Qual o problema?

Mãe: Tá bom, Cory, vamos parar um minutinho. Claramente estamos tendo problemas para resolver essa situação. Vamos tentar uma coisa diferente. Eu vou me colocar no seu lugar, e você vai se colocar no meu, tá?

Cory: Hein? Como assim?

Mãe: Isso mesmo. Vamos trocar de lugar. É sério. Vem aqui e fique de pé, e eu vou me sentar no sofá. (A mãe se joga no sofá e entrega o pegador de panela a Cory.) Eu vou tentar entender sua posição. Vê se está bom:

"Oi, eu sou o Cory. Não quero lavar os pratos porque vai começar meu seriado favorito. E eu passei a tarde toda fazendo a lição de casa, que já está em dia, para poder ver um monte de gente levando tiros sem sangrar e sem sentir dor. Eu sei que é a minha noite de lavar os pratos, mas acho que eu podia fazer isso mais tarde, depois do programa". É isso, Cory? Esqueci alguma coisa?

Cory (revirando os olhos e rindo): É, ficou bom. Mas você esqueceu que eu ajudei meu pai naquele projeto maluco que ele está fazendo. Isso demorou quase uma hora e nem fazia parte das minhas tarefas.

Mãe: Certo. "Ah, e tem mais uma coisa: hoje de manhã eu passei uma hora ajudando meu pai naquele projeto, e nem era minha obrigação." Agora é a sua vez, Cory. Coloque-se no meu lugar e descreva a minha posição.

Cory: Tá bom. (falando em tom agudo) "Agora você e seu irmão têm tarefas de casa, só que muitas vezes vocês não ajudam. Especialmente o Benjamin, aquela peste. Por isso eu fico em cima de vocês, mas não gosto de ter que fazer isso." Que achou?

Mãe: Ficou bom. Mas eu também me chateio porque às vezes eu mesma acabo cumprindo a tarefa.

Cory: Entendi. "E às vezes, quando vocês não cumprem as tarefas, eu faço no lugar de vocês. Isso me deixa muito chateada."

Com o exercício, Cory e a mãe conseguiram acabar com a tensão e entender o comportamento um do outro, e com base nessas informações chegaram a um acordo: às quintas-feiras Cory lavaria os pratos às nove da noite, após o programa, e nas terças lavaria logo após o jantar. Ambos se sentiram compreendidos e satisfeitos com o plano.

Você também pode jogar o Jogo da Perspectiva. Da próxima vez que estiver assistindo a um filme ou a uma série com seu filho e a cena focar num dos protagonistas por alguns minutos, faça uma pausa. Pergunte a todos na sala o que acham que um dos personagens coadjuvantes está sentindo, com base na cena. Depois, assista ao resto do vídeo e veja quem deu a resposta mais próxima. Se alguém acertar em cheio, ganha pontos por criatividade. Esse jogo ajuda as crianças a buscarem pistas para compreender o ponto de vista da outra pessoa.

Terceiro passo: Estabelecer objetivos. O terceiro passo para a resolução de problemas é decidir o que você gostaria que acontecesse, estabelecer o objetivo e depois elaborar uma lista do que fazer para alcançar esse objetivo. Explique para a criança que um objetivo é algo que você deseja que aconteça, portanto você faz de tudo para que se torne realidade. Por exemplo, se você teve uma briga feia com sua amiga e seu objetivo é fazer as pazes, você pode pedir desculpas, fazer algo especial por ela e concordar em mudar o que a incomoda.

Explique ao seu filho que, no caso do bebedouro, cada um pode ter um objetivo ao levar um esbarrão de Tommy. Uma pessoa pode querer garantir que Tommy nunca mais esbarre nela, e outra pode querer garantir que Tommy continue sendo seu amigo. Explique que antes de saber como resolver um problema, primeiro ela precisa decidir qual é seu objetivo. E antes de estabelecer um objetivo, primeiro ela precisa entender a situação a partir do ponto de vista da outra pessoa envolvida. Para isso, precisa se colocar no lugar dela.

Após estabelecer um objetivo, a criança precisa listar o maior número possível de formas de alcançar esse objetivo. Muitas delas acabam presas a um só caminho e não têm para onde ir quando descobrem que esse caminho é um beco sem saída. Seu filho precisa listar todos os caminhos em que conseguir pensar ou os caminhos que imagine que a outra pessoa pode ter. A melhor atmosfera para descobrir soluções é aquela em que ela não é penalizada por ter ideias extravagantes. Mais tarde, parte dessas ideias será descartada porque não é prática, outras porque podem acabar criando um segundo problema e outras porque a criança simplesmente não quer seguir esse caminho.

Para ajudá-la a exercitar o pensamento em objetivos e soluções, complete com ela os exercícios a seguir.

EM BUSCA DO OBJETIVO

Aqui estão três problemas e as crenças da criança sobre a causa de cada problema. Peça para seu filho pensar num objetivo que esteja correlacionado com as crenças, e peça também que ele pense no maior número de ações que podem ajudá-lo a alcançar o objetivo.

O problema: Bobby tirou 8 em matemática. Olhando a prova, percebe que a professora errou na soma, e que ele deveria ter tirado 10.

Caso Bobby pense: "A professora fez isso de propósito. Ela não quer que eu tire 10".

O objetivo de Bobby pode ser:

_____

Bobby pode alcançar esse objetivo se:
1. _____
2. _____
3. _____
4. _____

Caso Bobby pense: "A professora deve ter cometido um erro".

O objetivo de Bobby pode ser:

_____

Bobby pode alcançar esse objetivo se:
1. _____
2. _____
3. _____
4. _____

O problema: Courtney está na fila do refeitório para pegar o almoço, quando alguém fura a fila na frente dela.

Caso Courtney pense: "Vai ver a amiga dela estava guardando lugar enquanto ela ia ao banheiro".

O objetivo de Courtney pode ser:

_____

Courtney pode alcançar esse objetivo se:
1. _____
2. _____
3. _____
4. _____

Caso Courtney pense: "Ela é uma encrenqueira. Acha que pode fazer tudo o que quiser".

O objetivo de Courtney pode ser:

_____

Courtney pode alcançar esse objetivo se:
1. _____
2. _____
3. _____
4. _____

O problema: Billy, Karen e Pat estavam jogando um jogo. Billy venceu, mas Pat começou a gritar e acusou Billy de trapaça.

Caso Billy pense: "Pat só está chateada porque perdeu. Ela não falou de coração".

O objetivo dele pode ser:

_____

Billy pode alcançar esse objetivo se:
1. _____
2. _____
3. _____
4. _____

Caso Billy pense: "Pat é uma mentirosa e está tentando me difamar".

O objetivo dele pode ser:

_____

Billy pode alcançar esse objetivo se:
1. _____
2. _____
3. _____
4. _____

Agora peça a seu filho para descrever dois problemas recentes que teve com outra pessoa e completar as linhas a seguir.

O problema:

_____

Caso eu pense:

_____

Meu objetivo pode ser:

_____

Eu posso alcançar esse objetivo se:
1. _____
2. _____
3. _____
4. _____

Caso eu pense:

_____

Meu objetivo pode ser:

_____

Eu posso alcançar esse objetivo se:
1. _____
2. _____
3. _____
4. _____

O problema:

_____

Caso eu pense:

_____

Meu objetivo pode ser:

_____

Eu posso alcançar esse objetivo se:
1. _____
2. _____
3. _____
4. _____

Caso eu pense:

_____

Meu objetivo pode ser:

_____

Eu posso alcançar esse objetivo se:
1. _____
2. _____
3. _____
4. _____

Quarto passo: Escolher um caminho. O quarto passo na resolução de problemas é selecionar uma forma de agir. Diga a seu filho que após ele estabelecer um objetivo e listar todos os caminhos que puder seguir para atingir esse objetivo, é hora de decidir qual caminho oferece a melhor solução. Parte do processo de decisão é comparar os prós e os contras de cada opção. Explique que os prós são todas as consequências boas que podem surgir da maneira escolhida para resolver o problema, enquanto os contras são as consequências ruins. Uma consequência é qualquer ação ou sentimento que nasce de uma escolha. Ao listar os prós e os contras, pense nas consequências imediatas, mas também nas consequências a longo prazo. Como você vai se sentir daqui a três dias com relação à decisão tomada? O que vai acontecer daqui a uma semana por causa da decisão que você tomou? Considerar os prós e os contras é especialmente importante para alguém que tenha dois objetivos opostos na mesma situação. Por exemplo, quando Pat acusa Billy de trapacear, Billy tem dois objetivos: um é manter a amizade com Pat e o outro, oposto, é deixar claro que Pat está mentindo. Assim, é fundamental comparar os prós e os contras de cada possibilidade: manter a amizade versus expor a mentira. Claro que a melhor solução é a que tem muitos prós e poucos contras.

No próximo exercício, seu filho terá que pensar em dois caminhos distintos para o mesmo objetivo, depois irá listar os prós e os contras de cada caminho e, por fim, decidirá qual é o melhor. Primeiro, formulei um exemplo de uma aluna do sétimo ano que faz parte do nosso programa. Antes de listar os prós e os contras, essa aluna tinha dificuldade para pensar nas consequências, mas depois que colocou tudo no papel, concluiu que os contras da solução 2 não eram tão ruins nem tão prováveis quanto os da solução 1. Assim, decidiu como lidar com o conflito.

PRÓS E CONTRAS

1. Seus pais saem para visitar amigos e só vão voltar à noite. Sua mãe disse que você pode convidar um amigo. Você chama, mas seu amigo quer dar uma festa na sua casa.

   Seu objetivo é: Você quer que seu amigo continue gostando de você, mas não quer que seus pais se chateiem com você.

Solução 1: Eu convido alguns amigos da escola, mas digo a eles que precisam ir embora até dez da noite. Assim, tenho tempo para limpar a casa antes de meus pais chegarem, e eles não vão ficar sabendo.

Prós	Contras
1. Meus amigos vão pensar que eu sou legal.	1. Se eu for pego vou me meter na maior encrenca.
2. Eu vou me divertir muito.	2. Vou me sentir culpado por quebrar as regras.
3. O pessoal vai gostar mais de mim e vai querer andar comigo. Eu vou ficar mais popular.	3. Não vou conseguir fazer todo mundo ir embora até as dez, e eles vão me achar um chato por mandá-los embora tão cedo.
4. Não vou parecer medroso.	4. Vou ficar tão preocupado que não vou conseguir me divertir.

Solução 2: Eu digo ao meu amigo que não posso dar uma festa, mas ligo para meus pais e pergunto se posso dar a festa outro dia. Meu amigo e eu passamos a noite fazendo uma lista de quem convidar e planejando como vai ser a festa.

Prós	Contras
1. Não arranjo problema com meus pais.	1. Meus pais dizem não, eu não posso dar uma festa e perco a chance de dar uma festa escondido.
2. Meu amigo e eu nos divertimos planejando a festa juntos.	2. Meu amigo só aceita vir se for para dar uma festa, então eu acabo passando a noite sozinho.
3. Eu me sinto bem por resolver a questão do jeito certo.	3. Meu amigo diz aos outros garotos da escola que eu sou um criança.
4. Eu posso dar uma festa sem ter que me preocupar em ser pego.	4. Meu amigo vem, mas a gente não se diverte.

Agora peça para seu filho resolver o primeiro problema:

1. É aniversário de sua amiga, e você vai ao shopping comprar um presente para ela. Quando entra na loja, você vê um filme a que quer muito assistir. Você não tem dinheiro para comprar o filme e o presente ao mesmo tempo.
   Seu objetivo é: Você quer comprar o filme.

Solução 1: _____

_____

Prós	**Contras**
1. _____	1. _____
2. _____	2. _____
3. _____	3. _____
4. _____	4. _____

Solução 2: _____

_____

Prós	**Contras**
1. _____	1. _____
2. _____	2. _____
3. _____	3. _____
4. _____	4. _____

A solução _____ é a melhor.

Agora peça para seu filho fazer o exercício com dois problemas reais dele.

2. _____

_____

_____

Seu objetivo é: _____

_____

Solução 1: _____

_____

_____

Prós	**Contras**
1. _____	1. _____
2. _____	2. _____
3. _____	3. _____
4. _____	4. _____

Solução 2: _____

_____

_____

Prós   **Contras**
1. _____   1. _____
2. _____   2. _____
3. _____   3. _____
4. _____   4. _____

A solução _____ é a melhor.

3. _____

_____

_____

Seu objetivo é: _____

_____

Solução 1: _____

_____

_____

Prós   **Contras**
1. _____   1. _____
2. _____   2. _____
3. _____   3. _____
4. _____   4. _____

Solução 2: _____

_____

Prós   **Contras**
1. _____   1. _____
2. _____   2. _____
3. _____   3. _____
4. _____   4. _____

A solução _____ é a melhor.

Quinto passo: Avaliar como se saiu. O quinto e último passo para uma
boa resolução de problemas é verificar se funcionou. Muitas vezes, mesmo
prevendo e planejando cuidadosamente os quatro primeiros passos, as soluções
não funcionam como esperávamos. Diga a seu filho que ele não deve desistir
caso isso aconteça. Se o primeiro plano não deu certo, se as consequências

não foram as desejadas, peça a ele para tentar resolver o problema escolhendo outra solução da lista.

EXERCITE A RESOLUÇÃO DE PROBLEMAS: DO PRIMEIRO AO QUINTO PASSO

Após exercitar os cinco passos com seu filho, use as situações a seguir para trabalhar em voz alta todo o processo de resolução de problemas. A seguir, listo os pontos fundamentais de cada passo. Lembre seu filho de cada passo, caso ele não se recorde.

Primeiro passo — Pise no Freio: Pare e Pense. Use os pensamentos de cabeça fria, não os de cabeça quente.

Segundo passo — Enxergue a situação pelo ponto de vista da outra pessoa. Coloque-se no lugar dela.

Terceiro passo — Vá atrás do objetivo: escolha um objetivo e elabore uma lista de possíveis caminhos para alcançá-lo.

Quarto passo — Siga para o plano de ação: quais são os prós e os contras de cada caminho?

Quinto passo — Avalie o resultado final: Se a solução não funcionou, tente outra.

1. A mãe de Randy entra no quarto dele certa noite e diz: "Seu pai quer que você e seu irmão passem o feriado com ele. Mas eu acho que vocês deviam ficar aqui. Eu neguei o pedido, mas ele quer muito que vocês fiquem com ele, por isso decidimos que você vai ficar com seu pai e seu irmão vai ficar aqui e passar o feriado comigo. Só vim aqui avisar o que ficou decidido".

2. Alguns garotos da turma de Laura implicam com ela todos os dias a caminho da escola. Certo dia, eles pegam o trabalho de casa de Laura e fogem correndo às gargalhadas. Laura está com medo de contar o que aconteceu à professora porque os garotos podem ficar sabendo e passar a implicar ainda mais. Na aula, a professora grita com Laura por não ter feito o trabalho e diz que vai chamar a mãe dela para discutir o problema.

3. Rick está se preparando para apresentar seu projeto de ciências na frente da turma. O projeto é sobre o desenvolvimento das tartarugas. Quando começa a falar, ele percebe que o filhote de tartaruga e sua mãe não estão na caixa. Ele passa os olhos pela sala e não os vê. Do outro lado da sala, o professor diz: "Vamos, Rick, não temos o dia todo".

4. Katrina está voltando a pé da escola para casa quando vê duas garotas legais da turma dela num beco. Katrina as cumprimenta e vê que elas estão fumando cigarro. Não sabe ao certo o que fazer. Quer que as garotas gostem dela, mas não acha legal fumar. Elas dizem: "Oi, Katrina. Quer fumar com a gente? Gostei do seu casaco. Comprou onde?".

5. O professor de Malcolm liga para ele depois da aula e diz que suas notas estão piorando. Acha que Malcolm tem passado tempo demais jogando basquete e que ele devia sair do time da escola e informa que vai pedir para o técnico cortá-lo da equipe, caso ele não saia por vontade própria.

HABILIDADES SOCIAIS

Assertividade. Crianças que correm risco de depressão têm dificuldade para dizer o que querem de maneira clara e convincente. Isso vale especialmente para crianças que estão se sentindo deprimidas e afastadas de outras pessoas, ou irritadas e raivosas. Em vez de agirem de forma assertiva, elas se mostram passivas ou hostis. Mesmo que seu filho tenha trabalhado muito bem do primeiro ao quinto passo da resolução de problemas, se ele é passivo ou agressivo demais na hora de pôr a solução em prática, a solução não funcionará da maneira correta. A assertividade é o meio-termo ideal entre passividade e agressividade, e em geral é a estratégia que funciona melhor.

Carla era uma aluna do sexto ano que fazia parte do nosso programa. A seguir, ela descreve como usou a assertividade.

Eu tive um problema sério com uma amiga. Foi assim: Darlene deveria ter viajado comigo e com a minha família para fazer rafting. Havíamos combinado de passar a noite acampando e depois descer um rio bravo. Minha mãe até foi ao supermercado e comprou coisas que Darlene gostava de comer. Mas um dia antes da viagem, Darlene me liga e diz que não pode ir porque está doente. Fiquei muito chateada porque teria sido muito mais divertido com ela lá. Mas esse não foi o problema. O problema foi que quando voltei Gina me disse que viu Darlene na festa de Franny. Disse que ela estava dançando e se divertindo e que não parecia nada doente. Fiquei *furiosa*. Queria falar umas verdades para ela.

Mas aí eu me lembrei de tudo o que a gente aprendeu no Projeto na escola, então disse a mim mesma para me acalmar e pisar no freio. Lisa nos ensinou a falar de forma assertiva. Então, em vez de sair gritando com Darlene, eu tentei ficar calma. Parei, pensei e liguei para ela. Disse que estava chateada com uma coisa e queria conversar com ela. Depois, expliquei que fiquei muito chateada porque ela não viajou com a gente, mas que não fiquei irritada, porque ela disse que estava doente, e não havia nada que pudesse fazer. Em seguida, falei o que Gina me contou, e disse que fiquei furiosa quando soube. Expliquei que estava muito empolgada por ela viajar com a gente e que meus pais fizeram de tudo para garantir que ela se divertiria na viagem. Depois, falei que fiquei magoada e perguntei por que ela disse que estava doente, quando na verdade não estava. Falar tudo isso foi muito difícil, porque eu queria gritar com ela, brigar, mas não fiz isso. Acho que correu tudo bem. No começo ela ficou calada, mas depois começou a se desculpar. Disse que não queria mentir, mas que se me contasse o motivo real se sentiria idiota demais. Por fim, confessou que sentiu medo. Ela nunca fez rafting antes e estava com medo de cair do bote e dar de cara numa pedra ou coisa assim. Eu compreendo, especialmente porque meu irmão vive dizendo a Darlene que o rio é muito bravo e perigoso. Eu me senti muito melhor depois de falar com ela e disse que não teria ficado tão chateada se ela tivesse me contado a verdade. Ela me respondeu falando que vai ser sincera comigo da próxima vez.

Existe uma abordagem simples, de quatro passos, para exercitar a assertividade.[4] Primeiro, explique ao seu filho que vocês vão ler juntos algumas histórias, e cada um vai interpretar um papel. São três historinhas, e a situação nelas é a mesma. Uma garota quer ir ao shopping com um amigo, mas o amigo desiste na última hora. A garota se chateia, mas em cada história lida com a chateação de forma diferente. Leia as histórias em voz alta.

Historinha da Brenda Briguenta (agressividade)

Situação: Brenda Briguenta tinha planejado ir ao shopping com o amigo Joe depois da escola. Muitas vezes, quando fazem planos, Joe muda de ideia no último minuto.

Brenda: E aí? Vamos pegar o ônibus para o shopping?

Joe: Foi mal, Brenda, mas é que Tony me ligou uns dias atrás e eu marquei de ir na casa dele. A gente vai jogar video game. Desculpa, mas tenho que ir lá.

Brenda: Sabia. Você sempre faz isso comigo. Não dá para contar com você para nada. Da próxima vez espere sentado, porque eu vou chamar um amigo que mantenha a palavra! Você é uma pessoa horrível e um péssimo amigo! Você vai ver só. Vou me vingar disso.

Joe: Faz o que quiser. Não estou nem aí.

Após ler a primeira história, pergunte ao seu filho o que ele acha da forma como Brenda lidou com a decepção. Faça-o notar que foi Brenda quem começou a briga. Pergunte se essa atitude vai melhorar ou piorar a situação.

Agora leia a historinha de Pete Molenga.

Historinha do Pete Molenga (passividade)

Mesma situação: Pete Molenga tinha planejado ir ao shopping com o amigo Joe depois da escola. Muitas vezes, quando fazem planos, Joe muda de ideia no último minuto.

Pete: E aí? Vamos pegar o ônibus para o shopping?

Joe: Foi mal, Pete, mas é que Tony me ligou uns dias atrás e eu marquei de ir na casa dele. A gente vai jogar video game. Desculpa, estou com pressa.

Pete: Ah...

Joe: Divirta-se no shopping!

Pete: Uhum... tudo bem.

Pergunte ao seu filho o que ele achou da história. O que Pete Molenga fez quando Joe disse que tinha outros planos? Será que um simples "tudo bem" vai melhorar a situação? O que acontecerá da próxima vez que eles planejarem algo? Joe provavelmente será tão insensível quanto antes e acabará fazendo outros planos.

Pergunte o que ele acha que poderia fazer em vez de agir como Brenda Briguenta ou Pete Molenga. Depois, avise que há mais uma história por ler.

História da Samantha Firme (assertividade)

Mesma situação: Samantha tinha planejado ir ao shopping com o amigo Joe depois da escola. Muitas vezes, quando fazem planos, Joe muda de ideia no último minuto.

Samantha: E aí? Vamos pegar o ônibus para o shopping?

Joe: Foi mal, Samantha, mas é que Tony me ligou uns dias atrás e eu marquei de ir na casa dele. A gente vai jogar video game. Desculpa, estou com pressa.

Samantha: Joe, estou muito frustrada. Ultimamente você vive mudando de planos. Isso me chateia porque fico pensando que você não gosta de passar tempo comigo.

Joe: Desculpa, acho que não tinha pensado por esse ponto de vista.

Samantha: Da próxima vez, eu me sentiria muito melhor se você não furasse os planos que faz ou me avisasse com antecedência caso precisasse mudá-los.

Joe: Tá bom, vou tentar evitar que isso volte a acontecer. Quer ir ao shopping no fim de semana, então?

Samantha: Pode ser.

Pergunte ao seu filho o que ele acha da abordagem de Samantha Firme. O que Samantha fez quando Joe disse que tinha outros planos? Quem vai se sentir melhor no fim das contas: Brenda Briguenta, Pete Molenga ou Samantha Firme? Qual dos três lidou melhor com a situação?

Samantha fez quatro coisas que definem a assertividade, e é importante ensinar à criança cada um desses passos. Primeiro, *Samantha descreveu a situação* que a incomodava. Disse a Joe que ele vinha mudando de planos com muita frequência nos últimos tempos. Perceba a forma como ela falou. Ela não gritou nem chorou. Também não culpou Joe. Tudo o que fez foi descrever a situação da maneira mais clara possível. Foi exatamente assim que seu filho aprendeu a descrever um evento no modelo CCC. Ele deve descrever apenas os fatos da situação, evitando mencionar as crenças sobre os motivos do ocorrido ou os próprios sentimentos.

Em seguida, *Samantha disse a Joe como se sentia*. Ela comentou que a situação a deixou frustrada. Novamente, ela não culpou Joe. Em vez disso, limitou-se a descrever como estava se sentindo da maneira mais clara possível. Se apontasse o dedo para Joe, ele entraria na defensiva.

Depois, *Samantha disse a Joe o que queria que ele mudasse*. Explicou que queria que ele mantivesse os planos que faz ou avisasse antes caso precisasse mudá-los. Novamente, ela foi bastante específica. Desse modo, Joe sabe exatamente o que Samantha quer que ele faça.

Por fim, *Samantha disse como a mudança de Joe a deixava*. Disse que se sentiria melhor se Joe fizesse o que ela pediu. Se quiser que ela se sinta melhor, Joe saberá o que fazer.

Situações de assertividade. Agora você está pronto para exercitar esses quatro passos com seu filho. Diga que você tem mais algumas historinhas, mas que elas não têm nenhuma resposta escrita para ele. Explique que você vai ler a situação e depois quer que ele aja como Samantha Firme, passando pelos quatro passos.

Lembre a ele quais são os quatro passos:

Primeiro passo: Descreva a situação: apenas os fatos.
Segundo passo: Diga como se sente. Não culpe a outra pessoa pelo que você está sentindo.
Terceiro passo: Peça uma mudança pequena e específica.
Quarto passo: Diga como essa mudança fará você se sentir.

1. Às vezes seu pai chama você de apelidos bobos na frente dos seus amigos, e isso te incomoda.
2. Nos últimos tempos sua mãe tem gritado com você o tempo todo por coisinhas pequenas que você tem feito de errado. Você fica triste quando ela grita e gostaria que ela apontasse seus erros sem gritar.
3. É noite de sexta-feira, e você e seu amigo Jon marcaram de ir ao cinema. Jon quer ver um filme que você já viu, e geralmente ele diz que só vai se você fizer o que ele quiser. Você acha que o certo seria cada um escolher uma vez alternadamente.

4. Você vai fazer uma prova, e uma aluna da sua turma pede para colar. Você não quer que ela cole da sua prova. Você estudou muito e tem medo de tirar nota baixa porque o professor pode pensar que foi você quem colou.
5. Um garoto do ensino médio pergunta se você quer experimentar maconha e o chama de covarde. Você não quer experimentar e está incomodado por ele lhe oferecer a droga.
6. Sua professora lhe deu nota 4 numa prova. Você acha que a prova foi injusta porque cobrou matéria que a professora disse que não cairia. Você quer dizer a ela como se sente.
7. Tem um garoto que implica com você todos os dias durante o intervalo das aulas. Você quer que ele pare.
8. Um garoto pegou seu trabalho de casa e entregou para a professora como se fosse dele. Confronte esse aluno.
9. Você está vendo TV quando seu pai chega e muda o canal sem perguntar se tem problema.

Poucas crianças (e poucos adultos) são capazes de executar bem os quatro passos logo de cara. A prática constante ao longo de várias semanas melhora substancialmente a capacidade da criança de agir de maneira assertiva.

Se seu filho é muito tímido ou muito impulsivo, vale a pena fazer esses exercícios com ele, mas mudando-os para que vocês possam interpretar papéis. Use qualquer situação que seu filho esteja enfrentando na vida real e peça que ele treine o que diria na situação. Por exemplo, veja a situação que Carl está enfrentando.

Carl tem tirado notas altas no quarto ano, mas certo dia chega em casa muito frustrado com sua professora. Ele é um garoto inteligente, mas calado, tímido. Ele conta a história à avó.

Carl: A professora Reider está sendo injusta. Agora ela deixa a Jill fazer um monte de coisas divertidas na aula, como decorar o quadro de anúncios ou fazer os murais. Jill não precisa mais fazer quase nenhuma tarefa obrigatória. Antes eu costumava fazer essas coisas legais, mas a professora Reider não deixa mais, porque eu tirei 5. Odeio a escola!

Avó: Você odeia tudo na escola? Fique calmo, Carl. Estou vendo que você está chateado, então talvez seja melhor conversar com a professora Reider. Consegue falar com ela amanhã?

Carl: Não quero falar com ela... acho que ela não vai ter tempo para falar comigo.

Avó: Mas caso ela tenha tempo, vamos treinar o que você poderia falar. Vou fazer o papel da professora Reider, e você me diz qual é o problema.

Carl: Tá bom. Professora Reider, eu quero voltar a fazer os murais.

Avó (no papel da professora Reider): Sinto muito, Carl, mas Jill está fazendo os murais agora. Talvez na próxima vez.

Carl: Viu? É isso que ela vai dizer. Melhor deixar para lá.

Avó: Não, Carl, não desista ainda. Você ainda não disse o que está te incomodando. Pode fazer isso? É só dizer a ela o que você me disse agora há pouco.

Carl: Tá bom. Professora Reider, por que eu não posso mais pintar os murais? Você sempre pede pra Jill fazer isso, e eu acho injusto.

Avó (no papel da professora Reider): Bom, Carl, Como você tirou nota baixa na minha matéria, achei que talvez precisasse passar mais tempo em sala de aula.

Carl: Mas isso foi porque eu estava doente semana passada. Não tenho dificuldade na sua matéria.

Avó (no papel da professora Reider): Hmmm, não sei. Vamos fazer um trato, Carl. Se você tirar pelo menos 8,5 nos próximos dois testes, você pode ajudar a fazer os quadros e murais. Assim, vou saber que você não precisa se dedicar mais à minha matéria.

Carl: Tá bem. Mas, vovó, e se ela não disser isso?

Avó: Ela não vai falar exatamente o que eu disse, Carl, mas você explicou muito bem. Por que não tenta falar assim com ela para ver o que acontece?

Se tiver coragem, estimule a assertividade do seu filho. Para isso, faça o seguinte: peça para ele pensar numa mudança que gostaria de ver em casa e depois pedir a você. Avise que você não necessariamente vai aceitar, mas você vai escutar o que ele tem a dizer sem se irritar. Primeiro revise os passos anteriores com seu filho, depois peça que ele pratique diretamente com você.

* * *

Negociação. Até agora você ensinou seu filho a expressar os pontos de vista de maneira assertiva, porém inofensiva. Mas e se a outra pessoa com quem ele estiver conversando não pensar que as ideias dele estão corretas? Por exemplo, digamos que sua filha e uma amiga estejam passando o dia juntas. O que acontece se ela quiser ir ao cinema e a amiga quiser ir ao shopping? Nesses casos, ela precisa ser capaz de chegar a um acordo que pareça bom para ambas as partes. Leia para ela a seguinte história, sobre duas pessoas tentando chegar a um acordo.

O toque de recolher de Jeffrey

Jeffrey: Mãe, o Danny acabou de me ligar e perguntou se posso ir para a casa dele ver *Tartarugas Ninja* e *O vingador do futuro*. Posso ir?

Mãe: Claro, meu amor. Só peço que você me ligue às oito da noite para eu poder ir pegar você. Marcamos de tomar café da manhã com sua avó amanhã cedo, então não podemos dormir tarde.

Jeffrey: Oito da noite? Ninguém da minha idade precisa estar em casa às oito! A gente não vai conseguir ver os dois filmes até as oito, e o Danny vai ficar achando que eu sou um bebezinho! Pô, mãe, deixa eu me divertir.

(Jeffrey sai correndo para o quarto.)

Mãe (parecendo frustrada, caminha lentamente até o quarto de Jeffrey e bate à porta): Jeffrey, acho que a gente precisa conversar sobre isso.

Jeffrey: Não tenho nada para conversar. Você é a pior mãe do mundo.

Mãe: Jeffrey Scott! Se é assim que você prefere agir, tudo bem. Pode ficar aí sentado a noite toda e perder os dois filmes. Ou você pode abrir a porta e a gente resolve o assunto... podemos negociar.

(Jeffrey abre a porta.)

Mãe: Quanto tempo acha que vai demorar para ver os dois filmes?

Jeffrey: Cada filme tem umas duas horas, e se a gente fizer pipoca também, acho que vamos acabar pelo menos meia-noite.

Mãe: Meia-noite? Você só pode estar brincando. Se ficar acordado até tão tarde você vai ficar de mau humor com sua vó amanhã, e o café da manhã com ela vai ser um fiasco. Isso não é justo nem com sua avó nem comigo, é? Que tal dez da noite? E se você não acabar de assistir aos dois filmes, pode ir amanhã para terminar.

Jeffrey: Tá bom. Além do mais, Danny nunca fica acordado até meia-noite.

Diga a seu filho que o processo de chegar a um acordo é chamado de negociação. Explique que a primeira coisa que ele precisa fazer é *descobrir o que deseja, contanto que seja algo razoável*. Como ninguém consegue tudo o que quer sempre, explique que ele terá que descobrir o que está a seu alcance. Por exemplo, Jeffrey queria ficar na casa do amigo até meia-noite, mas tinha que acordar cedo no dia seguinte. E como o amigo dele não costuma ficar acordado até tarde, provavelmente Jeffrey não conseguiria tudo o que queria de qualquer modo. Pergunte a seu filho qual proposta mais razoável Jeffrey poderia ter feito.

Diga a seu filho que depois de descobrir o que quer, ele precisa *pedir*. Lembre-o que agora ele é um especialista nisso, pois tem exercitado a assertividade.

O passo seguinte é *escutar o que a outra pessoa deseja*. Diga a seu filho que ele precisa escutar com atenção, pois mesmo que não concorde com tudo o que a outra pessoa disser, talvez ele concorde com uma parte. Caso isso aconteça, seu filho deve deixar claro. Peça a ele para descrever em que ponto a mãe de Jeffrey concordou com o pedido do filho. Explique que a mãe concordou que ele poderia ver os dois filmes, mas não concordou que ele poderia ficar acordado até tão tarde. Ela escutou o que ele disse e deixou claro com qual parte do pedido estava de acordo.

Explique que após ambas as partes dizerem o que querem, você está pronto para *fazer um acordo*. Para isso, precisa se perguntar: o que estou disposto a ceder para chegar a uma solução e conseguir algo que me satisfaça? Peça a seu filho para descrever o acordo sugerido pela mãe de Jeffrey.

Explique a seu filho que uma boa forma propor um acordo é: "Eu estou disposto a _____ se você _____". Isso deixa claro que ele está se dispondo a fazer um acordo. Depois, é hora de escutar de novo. Talvez a outra pessoa concorde de primeira, mas também é possível que diga "sem chance" ou que ofereça um acordo diferente. Peça a seu filho para descrever o que aconteceu na história de Jeffrey com a mãe.

Deixe claro que se ele não for capaz de chegar a um acordo de primeira, ele pode *fazer outra oferta*. Encoraje seu filho a refletir sobre outras ofertas que podem funcionar. No entanto, é importante explicitar para o seu filho que às vezes, sobretudo ao negociar com pais e professores, talvez ele não consiga chegar a um acordo aceitável para a outra parte. Quando isso acontecer, pelo menos ele poderá se sentir bem pelo fato de a outra pessoa saber que ele está disposto a falar o que deseja e a tentar fazer um acordo.

Seja esperto: chegue a um acordo! Faça os exercícios de negociação a seguir com seu filho. Leia a situação em voz alta, depois peça a ele para começar a negociação. Após cada exercício, dê feedback. Ele foi muito agressivo? Muito passivo? As sugestões dele eram razoáveis? Ele foi um bom ouvinte?

Os pontos-chave da negociação são:

Primeiro passo: Descubra o que você deseja e que esteja a seu alcance.
Segundo passo: Peça o que deseja.
Terceiro passo: Escute o que a outra pessoa quer.
Quarto passo: Seja esperto: chegue a um acordo. Faça uma oferta.
Quinto passo: Continue buscando um acordo justo, satisfatório para ambas as partes.

1. Bill e Kim são namorados. Bill quer ir a uma festa hoje à noite, pois alguns amigos dele estarão lá. Kim não quer ir porque não conhece ninguém e não quer sair com um monte de garotos.
2. Sandra começa a assistir a um filme na TV. Sua irmã mais velha aparece em casa com uma amiga e explica que elas alugaram um filme e querem assistir agora.
3. Os pais de Scott pedem que ele cuide da irmã mais nova hoje à noite porque eles vão sair para jantar. Scott já tinha sido convidado para passar a noite na casa de um amigo.
4. A mãe de Darlene a leva para comprar roupas para ir à escola. Quando chegam à loja, Darlene encontra uma roupa que adora. A mãe diz que não vai comprar porque a saia é curta demais, e não seria legal usá-la na escola.
5. Sally quer pegar a bola de seu irmão Ted emprestada para jogar no quintal com as amigas. Ted não quer emprestar porque da última vez ela deixou a bola ao relento, tomando chuva.

6. Darion precisa cumprir cinco tarefas de casa toda semana, e os pais dele pagam uma pequena mesada por isso. Nevou quatro vezes ao longo do inverno, e Darion limpou a entrada da garagem todas as vezes sozinho, embora essa tarefa não fosse dele. Darion quer comprar um CD novo, mas os pais dizem que ele precisa esperar até ter dinheiro suficiente.

7. Josie tem ensaiado todas as noites da semana para a peça da escola. No sábado, quer ir ao shopping com uma amiga, mas seu pai a proíbe porque tem medo de Josie estar gripada e também porque ela passou a semana toda acordada até tarde fazendo os deveres de casa.

CONFLITOS ENTRE PAIS

Até agora eu foquei em como as crianças podem resolver problemas, falar por si mesmas e negociar. Mas mesmo que elas dominem essas habilidades os conflitos aparecerão. Pais brigam. Irmãos brigam. Conflitos são inevitáveis, por isso quero terminar este capítulo com alguns conselhos só para os pais.

Embora seu filho precise vivenciar conflitos para aprender a lidar com eles, conflitos em excesso — ou muito destrutivos — são prejudiciais ao seu filho.[5] Pesquisas mostram que até crianças muito pequenas são fortemente afetadas por conflitos entre os pais. Crianças em idade pré-escolar apresentam reações fisiológicas, comportamentais e emocionais adversas a demonstrações de raiva entre os pais. Até vídeos que mostram dois adultos numa discordância não verbal prejudicam crianças pequenas. Apesar disso, evitar o conflito não é a solução. As pessoas discordam umas das outras, mesmo que sejam melhores amigas ou que se amem muito. A discordância faz parte da vida, e as crianças precisam crescer com bons modelos de como lidar com conflitos. Pesquisas também sugerem que é possível reduzir os efeitos nocivos da briga.[6] Para isso, siga as orientações.

- Não utilize agressões físicas na frente do seu filho. Isso inclui atirar coisas ou bater portas. Ações do tipo são muito assustadoras para crianças.
- Não critique seu marido ou sua esposa na frente do seu filho com adjetivos permanentes e universais (por exemplo: "Seu pai sempre será um imprestável" ou "Sua mãe é uma megera egoísta".)

- Não dê um gelo no seu marido ou sua mulher pensando que seu filho não vai notar. É quase tão provável que ele perceba quanto se vocês estivessem gritando um com o outro.
- Não peça para seu filho escolher um lado.
- Só comece uma discussão na frente do seu filho caso planeje terminá-la ali, na hora, na mesma conversa. Expresse seus sentimentos com palavras sempre que possível. Seja assertivo, não agressivo.
- Controle a raiva. Pise no freio e reserve um tempo para esfriar a cabeça.
- Resolva os conflitos e se reconcilie na frente do seu filho. Isso o ensinará que o conflito é parte natural do amor e pode ser resolvido.
- Se for criticar seu marido ou sua esposa na frente do filho, critique comportamentos específicos, e não a personalidade geral (por exemplo: "Seu pai fica muito mal-humorado quando trabalha demais" ou "Eu fico muito chateado com a sua mãe quando ela demora desse jeito".)
- Deixe seu filho fora de certos assuntos. Faça um acordo com seu marido ou sua esposa para proteger seu filho de certos temas. Quando brigarem por algo que não querem que seu filho ouça, afastem-se e continuem a discussão longe dos ouvidos dele.

Parte V

As crianças do século XXI

14. A Pirâmide do Otimismo: bebês e crianças em idade pré-escolar

Num sábado escaldante em Filadélfia, com a temperatura perto dos 40°C no quintal de casa, eu resolvi pegar a mangueira e ligar o aspersor giratório. Pouco tempo depois, minha mulher, Mandy, e nossos três filhos pequenos saíram de dentro de casa. Lara, de cinco anos, e Nikki, de três, tiraram o vestido e correram empolgadas, gritando de alegria, para ficar debaixo da água fria. Darryl, que tinha apenas onze meses na época, foi engatinhando na direção da farra e se sentou, de fralda, perto da área onde a água caía.

Quando o primeiro jato d'água caiu em Darryl, ele tomou um susto. Vinte segundos depois, quando caiu outro, pareceu confuso. No terceiro, começou a choramingar, e no quarto abriu o berreiro. Vale dizer que Darryl é uma criança curiosa e decidida, por isso a angústia dele fez Mandy agir. A primeira coisa que ela fez foi reduzir a pressão da água.

Depois, ela se agachou ao lado de Darryl e começou a imitar o barulho da água, "tshhhHHH", aumentando o volume conforme o jato seguinte se aproximava. Darryl parou de chorar. Quando o jato d'água se aproximou de Darryl novamente, ela voltou a imitar o barulho da água, aumentando o tom quando passava por ele. Após fazer isso algumas vezes, Darryl sorriu. Vendo que o bom humor costumeiro do filho estava de volta, Mandy o colocou de pé, continuou fazendo "tshhhHHH", e ergueu a mão dele para fazê-lo roçar os dedos no jato d'água. No "tshhh" seguinte, Darryl esticou o braço por conta própria e sorriu ao sentir a água bater na mão. Na vez subsequente, ele tentou usar as mãos para segurar o jato d'água e ficou rindo das mãos molhadas. Depois, foi engatinhando na direção do aspersor e, em menos de um minuto, já tinha se juntado às irmãs mais velhas, também empolgado, se molhando todo, numa bagunça que terminou com ele próprio segurando o aspersor giratório no ar.

Ao agir dessa maneira, Mandy estava estabelecendo as bases de um otimismo duradouro na vida de Darryl. Mas fazer isso com bebês e crianças em idade pré-escolar é muito diferente das técnicas utilizadas no Programa de Prevenção da Universidade da Pensilvânia. O motivo é óbvio: crianças muito pequenas ainda não têm as habilidades cognitivas para reconhecer e contestar os próprios pensamentos. Apesar disso, existem três princípios fundamentais para consolidar o otimismo em crianças pequenas, princípios que vêm de pesquisas básicas sobre o desamparo aprendido. São eles: a maestria, a positividade e o estilo explicativo.

Antes de tudo, uma advertência: este livro difere da maioria dos outros sobre educação infantil. Resumindo, ele tem fundamentos mais sólidos. Os treze capítulos anteriores de conselhos se baseiam em estudos cuidadosamente preparados, com uma grande amostragem de crianças. Embora eu tenha apresentado diversos relatos para ilustrar meus pontos de vista básicos, todos esses pontos de vista são firmemente baseados em estudos que utilizam grupos de controle, acompanhamento de longo prazo, modelos prospectivos e longitudinais e métodos estatísticos rigorosos. Meus critérios de evidência são bastante rígidos, e muitos dos conselhos populares, em tese dados por "especialistas", geralmente não alcançam esse padrão. Esses conselhos populares costumam se basear em observações clínicas e paternais, ideologias e relatos sentimentais. Eu, por outro lado, optei por um estilo mais responsável, pois o fato é que existem muitos estudos sobre otimismo de crianças em idade escolar que cumprem meus critérios.

No entanto, no que se refere a crianças muito pequenas, não tenho um corpo de evidências com grupos de controle, estudos prospectivos e acompanhamentos de longo prazo. Portanto, o que tenho a dizer neste capítulo será mais baseado em especulação, mais fundamentado na teoria e mais esquemático do que nos capítulos anteriores. A proporção de "dicas" paternas e "intuições" clínicas aumenta na mesma medida, e a maioria dos exemplos que dou vem da minha própria família. Mesmo assim, posso contar uma história muito coerente, e ela começa com o conceito fundamental de maestria.

MAESTRIA

Nikki tinha dez meses de idade quando ganhou uma caixa especialmente fascinante. Cada lado tinha a imagem de um animal diferente, e quando ela pressionava um lado — digamos, o do cachorro —, o brinquedo anunciava: "Você encontrou o cachorro!". Essa capacidade de controlar o que era dito deixou Nikki em êxtase. Como ela sabia que apertar a imagem do cachorro controlava a voz? Ela usou duas informações para isso. Primeiro, a probabilidade de ouvir a voz toda vez que pressionava a imagem do cachorro (essa probabilidade é alta, mas não é de 100%, tendo em vista que o brinquedo é temperamental e não repete a frase se você apertá-lo do jeito errado). A segunda informação é fundamental, mas facilmente ignorada: o que teria acontecido caso Nikki não tivesse pressionado a imagem do cachorro? Nada. Quando a chance de ouvir "Você encontrou o cachorro!" é maior se Nikki pressionar a imagem do cachorro do que se não pressionar, isso significa que Nikki *controla* a voz. Mas se o brinquedo dissesse a frase mesmo que Nikki não tivesse apertado o botão, Nikki concluiria que não tinha controle algum sobre a voz.

Eu tive esse insight quando o brinquedo pifou e começou a falar "Você encontrou o cachorro!" no meio da noite, acordando toda a família. Dali em diante, ele passou a falar independentemente de Nikki tocá-lo. A voz se tornou *incontrolável*, independente do que Nikki fazia ou deixava de fazer. Com isso, Nikki perdeu o interesse pelo brinquedo.

Essa ausência de contingência ou de controle resulta em passividade e depressão. A conclusão mais importante a se tirar com base em centenas de experimentos sobre desamparo aprendido com animais é que animais e pessoas que vivenciam a ausência de contingência sobre as situações aprendem a desistir. A contingência — ou controle —, por outro lado, produz atividade e combate a depressão. Essas duas probabilidades — a probabilidade de um resultado ligado a uma ação específica em contraste com a probabilidade do mesmo resultado caso nada seja feito — são as características que definem a maestria e o desamparo. O desamparo nasce da ausência de contingência, situação em que a chance de um resultado é a mesma quer o indivíduo faça algo ou não. Quando um camundongo recebe um choque do qual não consegue escapar, nada do que ele faz importa: a descarga é ligada e desligada quer ele faça algo ou não faça nada. Quando a caixa octogonal ficou fora de controle,

Nikki ficou desamparada: nada do que ela fizesse mudaria a probabilidade de ouvir "Você encontrou o cachorro!". A maestria, por outro lado, nasce da contingência entre ação e resultado. Em experimentos com camundongos nos quais o animal pode pressionar um botão para cessar o choque, os roedores têm controle, ou maestria, sobre o choque. Quando pressionava a imagem do cachorro e ouvia "Você encontrou o cachorro!", Nikki tinha controle sobre o brinquedo e experimentava a maestria.

Muito antes de aprenderem a falar, as crianças já compreendem perfeitamente como funciona a contingência — a possibilidade de controle, ou ausência dele. Quando um bebê tem maestria sobre um objeto — quando as ações dele se refletem no resultado —, duas coisas acontecem: o bebê desfruta do objeto e se torna mais ativo. Mas quando um bebê experimenta o desamparo — quando as ações não se refletem no resultado —, ele fica triste ou ansioso e se torna passivo. Não é o som do chocalho que faz o bebê rir, mas, sim, o fato de que é *ele* quem provoca o som.

Um experimento clássico de 25 anos atrás comprova esse fato. John Watson, psicólogo do desenvolvimento da Universidade da Califórnia, em Berkeley, deu a três grupos de bebês de oito semanas um travesseiro muito especial durante dez minutos por dia. Para o grupo de maestria, toda vez que o bebê pressionava o travesseiro com a cabeça, um móbile instalado sobre o berço girava. No grupo do desamparo, o móbile também girava, mas o movimento não dependia de nada que o bebê fizesse. Ou seja, pressionar o travesseiro com a cabeça não surtia qualquer efeito. O terceiro grupo enxergava um objeto parado. Os bebês do grupo da maestria nitidamente se mostraram mais ativos, sorriam e faziam barulho quando o móbile girava. Os bebês do grupo do desamparo permaneceram passivos e não demonstraram emoções positivas quando o móbile girava.[1] Esses experimentos foram repetidos com brinquedos, falando com as crianças e na presença de estranhos, e os resultados foram os mesmos: quando o bebê controla o objeto, a alegria e a atividade aumentam, ao passo que o desamparo produz emoções negativas e passividade.

Quando minha filha Amanda tinha oito meses, eu a levei para um bar, onde comi pizza e tomei cerveja com sete alunos. Ela passou a maior parte do tempo dormindo na cadeirinha, mas acordou na hora da sobremesa. Eu estava falando sobre a importância da contingência quando ela me interrompeu batendo as mãos na mesa. Para ilustrar meu exemplo, respondi batendo minha caneca de cerveja na mesa. Ela se animou a bateu na mesa de novo. Meus alunos responderam batendo os talheres. Amanda bateu de volta. Todos nós batemos em resposta. E assim foi por dez minutos. Os outros fregueses devem ter se espantado ao ver um bebê caindo na gargalhada e controlando as ações de oito adultos.

Ao aumentar pouco a pouco a exposição de Darryl ao aspersor giratório, Mandy permitiu a ele exercer certo controle sobre até que ponto se molhava. Ao fazer "Tshhh", Mandy possibilitou a Darryl prever quando o jato d'água se aproximava. Isso fez com que ele não se sentisse desamparado e lhe permitiu exercer o controle, se aproximando ou se afastando do jato d'água. Várias vezes por dia ocorrem oportunidades semelhantes nas quais os pais podem aumentar a maestria e prevenir o desamparo em crianças pequenas. Para aproveitar essas situações, é preciso utilizar duas estratégias gerais: a gradação e a escolha.

Quando uma criança encara uma nova tarefa, muitas vezes ela parece intimidadora. Divida esses desafios em *passos curtos e realizáveis* sempre que possível, começando num nível que seu filho possa controlar com facilidade. Por exemplo: ligue o aspersor giratório com um jato d'água curto e, quando ele se sentir à vontade, aumente um pouco a pressão. A gradação deve ser apropriada de acordo com a idade. Ao colocar um bebê de oito meses pela primeira vez numa piscina rasa, não o mergulhe de primeira. Deixe-o brincar um pouquinho na água rasa antes, depois aumente a profundidade devagar. Quando for ensinar uma criança de três anos a mergulhar, comece fazendo-a pegar uma moeda reluzente numa profundidade de somente trinta centímetros, de modo que, no início, ela só precise enfiar o rosto debaixo d'água, abrir os olhos e levar a mão ao fundo da piscina. Em seguida, posicione a moeda a sessenta centímetros de profundidade, de modo que ela tenha que tirar os pés do chão para pegar a moeda. Quando ela se sentir à vontade debaixo d'água, posicione a moeda a um metro de profundidade. Agora ela vai precisar tirar os pés do chão e nadar até o fundo.

Maximize a quantidade de *opções*. Assim que seu filho tiver idade suficiente para indicar "sim" ou "não", dê opções sempre que possível. Por exemplo, não saia enfiando comida goela abaixo dele. Mostre a colher e espere até ele mostrar que quer comer. Pergunte se ele quer isso ou aquilo e esteja preparado para receber um não como resposta.

As oportunidades para que os pais desenvolvam a maestria do filho surgem em todos os âmbitos da vida da criança.

* * *

Exploração e jogos. A exploração começa no nascimento e continua por toda a infância. Esse é o aspecto do brincar que possui o maior potencial de maestria, pois contém um círculo virtuoso natural de feedbacks positivos. (Ao mesmo tempo, é o aspecto do brincar que possui o maior potencial de perigo físico.) Quando consegue controlar um novo objeto ou aprende uma nova habilidade, seu filho passa a tentar novas ações e busca expandir esse controle. Isso pode levar a mais êxitos, a um sentimento maior de maestria e a mais explorações. No entanto, a exploração também pode causar um círculo vicioso de feedbacks negativos: quando seu filho fracassa e se sente desamparado, é possível que tente com menos afinco da próxima vez. Isso reduz o sentimento de controle e desestimula a exploração. Portanto, não o deixe preso imóvel por muito tempo no carrinho de bebê ou na cadeirinha de refeições. Quando for dirigir por muito tempo, faça paradas, tire-o da cadeirinha e brinque um pouco com ele. E não prenda o corpo todo dele, pois isso é a antítese da maestria. Sua tarefa é ajudá-lo a entrar num círculo virtuoso de feedbacks positivos.

Seu filho tem um "espaço" de exploração que começa no berço e se expande para o chiqueirinho. Procure sempre ir aumentando esse espaço seguro; permita que ele explore mais a casa, o quintal e os objetos; assim, ele irá adquirir cada vez mais maestria. Só interrompa a exploração se ela se tornar perigosa. Nesse caso, sem fazer alarde, mude para uma alternativa segura. Use travesseiros e almofadas para criar áreas que ele possa escalar. Fora de casa, utilize os desníveis naturais dos terrenos próximos de casa para estabelecer níveis de dificuldade para caminhadas e escaladas. Compre uma caixa de areia e uma piscina infantil. Para crianças mais velhas, compre triciclos, bicicletas com rodinha e escorregadores, e depois bicicletas sem rodinha e patins. Siga meticulosamente as instruções de segurança.

Brinquedos são veículos de exploração, na hora de comprá-los você deve se guiar pelo conceito de maestria. Brinquedos que só funcionam reagindo às ações do seu filho (por exemplo, apertando um botão) promovem a maestria. Blocos de construção, caixas, tapetes, móbiles, livros interativos, caminhões, bonecas de vestir, instrumentos musicais e bonequinhos de madeira são exemplos de brinquedos que promovem a maestria. Desenhar com giz de cera, canetas com tinta removível e lápis — e, no caso de crianças mais novas, até com ketchup e chocolate — é uma atividade que promove a maestria. Por outro lado, bichinhos de pelúcia, móbiles fora do alcance, decorações de parede, rádio e TV não promovem a maestria.

O computador é uma ferramenta revolucionária, pela quantidade e velocidade de informações, mas, sobretudo, porque estimula a maestria. Dizer que computadores favorecem a educação é um exagero, mas, em comparação com TV e rádio, os computadores e video games são interativos e portanto estimulam a maestria. Considerando-se que o computador está cada vez mais ao alcance das mais variadas famílias, vale a pena ter um (é um investimento tão bom quanto se matricular numa faculdade). E há vários aplicativos excelentes que produzem otimismo nas crianças.

Alimentação. Alimente seu bebê em livre demanda, e não em horários predeterminados. Dê a ele a chance de fazer escolhas simples assim que ele tiver idade para indicar sim ou não, mas não dê muitas opções. Dê talheres a ele assim que possível, e procure preparar muitos alimentos que ele possa comer com as mãos. A bagunça e o desperdício são menos importantes que a sensação de controle que ele desenvolverá.

As refeições promovem cada vez mais estímulos de maestria para a criança conforme ela cresce. Lições básicas de culinária podem começar cedo. Uma criança de um ano é capaz de mexer a massa, e uma criança de dois anos pode modelar a massa de biscoito que vai para o forno. Quando nós fazemos bolinhos domingo de manhã em casa, criamos uma linha de montagem. Lara faz a massa, medindo os ingredientes com colheres de farinha e açúcar. Darryl bate a massa. Nikki coloca o recheio. E Mandy finaliza levando os bolinhos à frigideira. O papai come os bolinhos.[2]

Crianças de dois anos são capazes de cultivar e colher alimentos com você na horta. Você se surpreenderá com os resultados. Quando for comer fora, dê preferência a locais onde possa se servir (como restaurantes self-service), em vez de ir a restaurantes com garçons. As crianças podem escolher o que querem, pegar a comida elas mesmas, pagar e usar os utensílios e condimentos corretos. Nosso supermercado favorito tem minicarrinhos de compras, que Lara e Nikki empurram pelos corredores. Cada uma pode escolher até três itens. Nikki escolhe frutas e sucos. Lara prefere queijo, biscoitos para o cachorro e pão. No caixa, o papai vai primeiro, depois Lara e Nikki esvaziam seus carrinhos. As duas pagam separadamente e levam suas sacolas sozinhas até o carro.

É inevitável que os pais imponham limites às escolhas dos filhos, e esses limites são um aspecto importante das escolhas. Não sou um defensor do que se costumava chamar de "permissividade". Quando não nos preocupamos com o que nossos filhos escolhem estamos reproduzindo uma receita que torna as crianças "mimadas" e incapazes de adquirir uma percepção correta do mundo real. Defendo que devemos dar escolhas e controle às crianças, mas isso não significa que você deva chegar atrasado no trabalho só porque seu filho não gostou da cor das meias que você colocou nele mais cedo. A escolha dentro de uma estrutura clara e delimitada é o primeiro passo para a criança aprender a escolher a melhor opção possível, dentro das poucas possibilidades que o mundo nos oferece.

As fraldas e a roupa. Quando for trocar as fraldas de seu bebê, coloque-o de pé. É mais complicado trocar a fralda assim de início, mas você pega o jeito rápido e produz uma sensação menor de desamparo. Só ensine seu filho a usar o penico quando ele estiver pronto. Todas as horas que ele passar se esforçando sem resultado algum são exercícios penosos que levam ao desamparo aprendido. Deixe-o escolher a roupa que vai usar hoje. Talvez você não adore a combinação de cores, mas valerá a pena pela sensação de maestria que ele irá adquirir.

Socialização e atenção. A área mais importante em que seu filho pode sentir desamparo ou maestria é na interação com outras pessoas. Desde cedo você deve imbuir nele o sentimento de que vive numa sociedade. Não deixe seu filho chorando quando estiver com fome ou com a fralda molhada. Pegue-o assim que puder. Um dos blocos de construção de aprendizagem mais importantes para a criança é o ter a noção de que chorar funciona para trazer alívio. Tente não falar com seu filho só quando *você* quer. Em vez disso, sempre que ele vocalizar algo, vocalize algo em *resposta*, criando uma espécie de diálogo, cada um em um momento. Quando seu filho detectar a presença de uma pessoa estranha, aproxime a pessoa desconhecida apenas quando seu filho demonstrar interesse. Ele criará uma relação social melhor com um estranho que é controlável do que com um intruso. Quando ler para o seu filho, estimule-o a apontar o dedo para figuras no livro e converse com ele sobre as coisas para as quais ele apontou.

A partir dos dois anos, estimule no seu filho a capacidade de representar papéis adultos. Deixe-o brincar com cozinhas e bancadas de trabalho de brinquedo, faça teatrinho, permita-o pintar e desenhar. Brincar interpretando o papel de papai ou mamãe, de médico ou outros ofícios proporciona à criança uma sensação de controle, sobretudo quando ela interpreta um conflito. Muitas vezes ouço Lara e Nikki dizendo às bonecas: "Agora fique quieta e vá dormir. Se você não estiver dormindo daqui a cinco minutos, vou ficar irritada!" ou "É sério, não vai doer nada!". Peça ao seu filho mais velho ajuda para cuidar do mais novo. Ele pode auxiliar em várias situações: por exemplo, você pode pedir que ele coloque o vídeo que o irmão mais novo adora ou que leve a pomada quando o mais novo for trocar a fralda.

POSITIVIDADE

A maestria forma a base da pirâmide do otimismo, e a positividade forma a segunda camada. A maestria é comportamental — seu filho tem controle sobre os resultados. Já a positividade diz respeito aos sentimentos — crescer numa atmosfera emocional alegre e carinhosa. Querer que o filho sempre se sinta bem é uma importante motivação para os pais, e hoje em dia, num momento em que tanto valorizamos a forma como nos sentimos, essa motivação alcançou um novo patamar. Meu ponto de vista em relação à forma como nos sentimos é antiquado, e isso ficou claro pelas reservas que manifestei a respeito da autoestima no capítulo 4. Da mesma forma que enxergo a autoestima como um meio para termos uma boa relação com o mundo — e não um fim em si mesmo —, considero os sentimentos positivos um meio para um fim mais importante, que é a maestria.

Durante uma geração inteira, os pais foram instruídos a ter uma "consideração positiva incondicional" em relação aos filhos. Essa noção surgiu como uma recomendação tática dada por alguns terapeutas como Carl Rogers, psicólogo humanista de destaque da década de 1950. Rogers defendia que a "consideração positiva incondicional" e a "compreensão empática" eram os ingredientes fundamentais para toda a psicoterapia de sucesso.[3] Nos anos 1950, essa ideia foi bem recebida por seu caráter desmistificador. Aliás, a natureza universal dos ingredientes de Carl Rogers levou à busca exitosa por psicoterapias específicas que funcionavam contra certos transtornos. Na época, o conselho de Roger ganhou força e em pouco tempo passou a ser aplicado na criação dos filhos. Ao mesmo tempo, B. F. Skinner avisou aos pais que punir os filhos tinha se mostrado uma tática ineficaz na educação infantil. Conforme os Estados Unidos foram se afastado da era do "sair-se" bem e entrando na era do "sentir-se bem", esses dois conselhos se mostraram totalmente compatíveis. Em pouco tempo, "não castigar" e "consideração positiva incondicional" se tornaram os princípios básicos da educação infantil americana.

Mas o que há de certo e o que há de errado nessas máximas? O certo é bem óbvio. Quanto mais seu filho explora, mais maestria vivencia. A criança que tem medo ou é insegura se restringe, se apega ao seu repertório seguro, porém limitado. Não se arrisca. Não explora e não vivencia a maestria. E essa falta de maestria aumenta a disforia, o que o paralisa ainda mais. Por outro lado, quando a criança é feliz e segura, ela se arrisca e explora. Isso a faz se sentir bem, o que, por sua vez, gera mais exploração e mais maestria. Ela se transforma numa verdadeira máquina de maestria.

A consideração positiva facilita a maestria, porque elimina o medo e permite mais exploração. A punição impede a maestria por fazer com que seu filho se torne temeroso e retraído. Assim, sou a favor da consideração positiva e contra punições, mas apenas *na medida em que essas táticas facilitam a maestria*. Infelizmente, porém, essas táticas podem solapar o senso de maestria da criança.

A consideração positiva incondicional é exatamente o que parece — incondicional, ou seja, independe de qualquer coisa que seu filho faça. Essa ideia é totalmente contrastante com a de maestria, que é condicionada, definida como um resultado que depende estritamente do que seu filho faz. Essa distinção não pode ser ignorada. O desamparo aprendido se desenvolve não só quando acontecimentos ruins são incontroláveis, mas também, infelizmente, quando *acontecimentos bons são incontroláveis*. Quando algo de bom acontece com uma pessoa ou um animal independentemente do que tenha feito — moedas que caem de uma máquina de refrigerante por acaso, comida que o cachorro recebe independentemente do que faça, elogios que a criança recebe mesmo que não tenha obtido êxito —, o desamparo aprendido se desenvolve. É o que chamamos de desamparo aprendido "apetitivo", que é o contrário do desamparo aprendido "aversivo", que se dá quando algo ruim acontece independentemente de nós — por exemplo, quando tomamos um choque ou ouvimos um barulho alto que não podemos controlar. O receptor de eventos bons não contingentes não se tornam depressivos como aqueles que sofrem eventos ruins, mas podem se tornar passivos e letárgicos. E pior: têm dificuldade para aprender que são efetivos, para perceber que suas ações funcionam, uma vez que recuperarem a maestria. Por exemplo: um camundongo que aprende que receberá comida qualquer que seja o caminho que escolha no labirinto posteriormente terá grande dificuldade para aprender a escolher o caminho certo quando só receber comida por esse caminho.[4]

Quando um pai premia um filho — digamos, com um elogio — independentemente do que ele faz, surgem dois perigos. Primeiro, a criança pode se tornar passiva, porque aprendeu que será elogiada não importa o que faça. Esse é o primeiro sintoma do desamparo aprendido apetitivo. Segundo, mais tarde a criança pode desenvolver uma dificuldade para entender que se saiu bem em algo e, por isso, recebeu elogios sinceros dos pais. É possível que a criança não aprenda com seus sucessos, porque vem sendo alvo de uma dieta contínua de consideração positiva incondicional, mesmo que bem-intencionada.

Portanto, a consideração positiva incondicional cria um dilema para os pais: por um lado, ela é positiva. Faz com que seu filho se sinta bem, e sentir-se bem afasta o medo e a inação. Portanto, seu filho se arriscará e explorará mais o mundo, o que por sua vez produzirá mais maestria. Desse modo, indiretamente a positividade aumenta a maestria, pois aumenta a exploração. Por outro lado, a consideração positiva incondicional é incondicional, como o próprio nome diz. A criança aprende que receberá algo de bom dos pais, não importa o que faça. Com isso, aprenderá a ser passiva e terá dificuldade para aprender que suas ações funcionam. Assim, o apoio incondicional prejudica diretamente a maestria.

A meu ver, para resolver esse dilema é preciso classificar o tipo de consideração positiva. Amor, afeto, carinho e entusiasmo deveriam ser incondicionais. Quanto mais a criança receber, mais positiva será a atmosfera, e mais segura ela se sentirá. Quanto mais segura se sentir, mais explorará e encontrará a maestria. Mas com relação aos elogios eu penso diferente. *Elogie seu filho apenas caso ele tenha sucesso, e não para fazê-lo se sentir melhor.* Espere que ele termine o quebra-cabeça para aplaudir. Além disso, *dose* o elogio de acordo com o sucesso. Não exagere nos parabéns só porque ele resolveu um quebra--cabeça. Guarde os maiores elogios para os maiores sucessos, como dizer o nome da irmã pela primeira vez ou agarrar uma bola no ar. Elogiar qualquer coisa que seu filho faça e não dosar os elogios de acordo com a importância do feito é estimular o desamparo. Além de tudo, elogios incondicionais minam a confiança dele em você. Foi por isso que o pai de Ian lidou tão mal com o fracasso do filho em construir um foguete espacial no capítulo 2. Se a tarefa é muito difícil e seu filho fracassar de maneira retumbante, tente dividi-la em tarefas menores, com passos mais alcançáveis e factíveis — ou então, de maneira discreta, mude para outra atividade. Seja como for, jamais esconda que ele fracassou e não faça elogios nesse momento.[5]

Já a punição é menos problemática. Skinner estava simplesmente equivocado em sua ideia. O castigo, quando dado em reprimenda a uma ação indesejável, é extremamente eficaz na eliminação do comportamento. Aliás, talvez seja a ferramenta mais eficaz no repertório da modificação de comportamentos, e isso é comprovado por literalmente centenas de experimentos.[6] Mas, na prática, em geral a criança não é capaz de entender por que está sendo punida, por isso acaba criando aversão pela pessoa que está punindo e por toda a situação. Quando isso acontece, a criança geralmente se torna temerosa e retraída, e, além de evitar reagir da maneira que é pretendida pelo castigo, pode passar a evitar o pai que a puniu.

O motivo pelo qual as crianças costumam ter dificuldade para entender por que estão sendo punidas pode ser explicado por experimentos de laboratório sobre "sinais de segurança" realizados com camundongos. Nesses experimentos, um evento aversivo, como um choque elétrico, é sinalizado por um som antes de acontecer. O som sinaliza o perigo, e o camundongo dá sinais de medo ao aprender que o som é perigoso. E o mais importante: quando o som não é emitido, o animal nunca recebe choque. A ausência do som é um sinal confiável de que o camundongo está seguro, e ele relaxa sempre que não ouve o som. Os sinais de perigo são importantes porque significam que existe um sinal de segurança — a ausência do sinal de perigo.

A hipótese é de que quando os sinais de perigo não são usados e o camundongo recebe o choque de maneira imprevisível, o roedor passa a ter medo o tempo inteiro. Quando não há um sinal de perigo confiável, também não há um sinal de segurança confiável. Muitos experimentos demonstram isso. Quando os animais recebem um choque que não é antecedido por nenhum sinal, eles passam a ter medo o tempo todo. Quando o mesmo choque ocorre precedido por um som de um minuto, os animais demonstram medo durante esse minuto, mas no resto do tempo realizam suas atividades normalmente, sem dar nenhum sinal de temor.[7]

Em geral o castigo fracassa porque na maioria das vezes os sinais de segurança não estão claros para a criança. Ao punir seu filho, você precisa ter certeza de que o sinal de perigo — e, portanto, o sinal de segurança — é totalmente claro. Certifique-se de que a criança sabe exatamente por qual ação está sendo punida. Não culpe a criança ou a índole dela; culpe apenas a ação específica. Não é a criança que é má (pessoal, permanente, universal), é a ação que é má (temporária, mutável, específica).

Nikki tem quase três anos e está jogando bolas de neve em Lara, que está encolhida. A reação de Lara estimula Nikki ainda mais.

"Nikki, pare de jogar bolas de neve em Lara", grita Mandy. "Você está machucando a sua irmã."

No entanto, Nikki atira outra bola de neve em Lara.

"Nikki, se você jogar mais uma bola em Lara, eu vou te levar para dentro", avisa Mandy.

Lara é atingida por mais uma bola.

Mandy imediatamente leva Nikki para dentro de casa. Nikki resmunga.

"Eu disse que você ia entrar se não parasse de jogar bolas de neve em Lara. Você não parou, então isso é o que acontece", explica Mandy, num tom gentil e tranquilo.

"Não vou mais fazer isso, não vou mais jogar bola de neve na Lara", responde Nikki, chorosa.

Perceba duas coisas a respeito dos sinais de segurança nessa situação. A punição — ser obrigada a ir para dentro de casa — é "adequada" ao crime. Existe uma conexão natural entre os dois, uma conexão que até uma criança de dois anos entende. Por outro lado, Mandy explica o raciocínio para o castigo — "Você está machucando a sua irmã". Isso proporciona a Nikki os fundamentos para aprender qual é o principal sinal de segurança: é seguro não machucar os outros, em vez de jogar bolas de neve neles.

É importante proporcionar sinais de segurança a seu filho. Coisas ruins acontecem todos os dias, e quando você sabe que algo de ruim está prestes a ocorrer — por exemplo, a mãe vai passar a manhã fora ou a criança precisa ir ao dentista tratar das cáries —, é importante avisá-lo de forma clara e antecipada. Não evite o assunto e não permita que seu filho seja pego de surpresa. Quando sua filha de três anos precisa tomar uma vacina, explique, pouco antes de irem ao médico, que ela vai tomar uma picadinha que dói por alguns segundos. Minutos antes de ela tomar a vacina, explique que o médico vai dar a picadinha e que vai doer um pouco, mas que logo depois ela vai ficar bem novamente. Se sua filha receber avisos claros de que algo ruim está prestes a acontecer, ela aprenderá que *quando não há advertência, ela está segura*, e que nesse caso é improvável que aconteçam coisas ruins. Ela vai aprender que ir ao médico *costuma* ser seguro. Também vai aprender a confiar em você. Sinalizar os perigos não é uma tarefa divertida para os pais, porque a criança ficará com medo e terá uma reação negativa. Muitos pais evitam fazer isso para não ter que encarar o problema a curto prazo. Mas o custo a longo prazo é muito pior.

Quando Amanda tinha mais ou menos um ano de idade, começamos a chamar babás para tomar conta dela quando saíamos à noite. Quando a babá chegava, nós apresentávamos uma à outra e esperávamos Amanda se distrair brincando. Então, saíamos de fininho, sem avisá-la, evitando encarar o problema. Éramos pais de primeira viagem e queríamos evitar o choro e as reclamações. Só que não dava certo. Não só perdíamos as babás como passamos a perceber que a personalidade de Amanda estava mudando. Antes tranquila, ela começou a se mostrar irritadiça. Na época, eu estava conduzindo experimentos sobre sinais de segurança e me dei conta de que estávamos violando o princípio básico de não avisar Amanda que estávamos prestes a sair de casa. Na vez seguinte, fizemos a maior cerimônia quando estávamos prestes a sair: demos abraços, cantamos músicas, saímos de casa junto com a babá, avisamos que voltaríamos em três horas e acenamos para nos despedir. Amanda compreendeu e choramingou, mas nós saímos mesmo assim e mantivemos o ritual nas noites seguintes. Em pouco tempo ela voltou a apresentar a mesma personalidade calma de sempre.

Uma atmosfera de calor humano e entusiasmo, sinais de segurança claros, amor incondicional (mas elogios condicionados) e muitos acontecimentos bons: tudo isso acrescenta positividade à vida do seu filho. No entanto, é incrivelmente comum a criança estar rodeada de coisas boas e ainda assim ter uma vida mental negativa. O que importa, no fim das contas, é quanta positividade há na cabecinha dela. Quantos pensamentos positivos e quantos pensamentos negativos a criança tem no dia? Uma série de estudos iconoclastas surgiu sobre esse tema. Greg Garamoni e Robert Schwartz, dois psicólogos da Universidade de Pittsburgh, decidiram simplesmente contar o número de pensamentos positivos e negativos de diferentes pessoas e calcular a proporção. Estudiosos sofisticados que são, eles contaram os "pensamentos" de diferentes maneiras: lembranças, devaneios, explicações causais etc. Usando 27 estudos, a dupla chegou à conclusão de que pessoas com depressão tinham uma proporção de um para um: um pensamento bom para um ruim. Pessoas sem depressão tinham cerca de dois pensamentos bons para um ruim. Claro que essa é uma ideia bastante simplista, mas ainda assim é poderosa. Além disso, é respaldada pelos resultados da terapia: pacientes com depressão que melhoram passam da proporção de 1:1 para a proporção de 2:1. Os que não melhoram permanecem na proporção de 1:1.[8]

Há algo que você possa fazer para ajudar seu filho a ter uma proporção de dois pensamentos bons para cada pensamento ruim?

Lembranças boas antes de dormir. Os minutos que você tem com seu filho logo antes de ele cair no sono podem ser os mais preciosos do dia. Na nossa casa, usamos esse tempo valioso para fazer uma revisão das coisas boas e ruins que aconteceram no dia. Esse jogo serve para estabelecer uma proporção mental positiva que esperamos que Lara e Nikki internalizem conforme forem crescendo.

As luzes estão apagadas, e Mandy, Lara e Nikki estão deitadas juntas na cama.

Mandy: Lara, o que você gostou de fazer hoje, meu bem?

Lara: Gostei de brincar e gostei de ir ao parquinho com Leah e Andrea. Gostei de comer biscoito na minha casinha. Gostei de ir nadar e mergulhar na parte funda da piscina com o papai. Gostei de ir almoçar e de segurar meu prato.

Nikki: Eu gostei de comer chocolate com morango.

Lara: Eu gostei de brincar com o Darryl. E gostei de tirar o vestido e ficar só de calcinha.

Nikki: Eu também.

Lara: Eu gostei de ler as palavras. Gostei de ver as pessoas remando no rio e andando de patins na calçada. Gostei de ir ao cinema com o papai e pagar o ingresso.

Mandy: O que mais?

Lara: Eu gostei de brincar de "achei" com o Darryl no jantar. Gostei de brincar de sereia com a Nikki na banheira. Gostei de jogar no computador com o papai. Gostei de ver desenho animado do Barney.

Nikki: Eu também. Eu gosto do Barney.

Mandy: Aconteceu alguma coisa de ruim hoje?

Lara: Darryl mordeu minhas costas.

Mandy: Sim, e doeu, não é?

Lara: Muito!

Mandy: Ele ainda é um bebê. Vamos ter que ensiná-lo a não morder. Amanhã de manhã começamos, tá bom?

Lara: Tá. Não gostei de saber que o coelho da Leah morreu e não gostei quando Nikki falou que o nosso cachorro matou e comeu o coelho.

Mandy: É, isso foi nojento.

Lara: Horrível.

Mandy: Também não gostei da história que a Nikki contou, mas ela ainda é muito nova para entender. Ela inventou essa história. É triste saber que o coelho da Leah morreu, mas ele era bem velhinho e estava doente. Talvez o pai da Leah arranje outro para ela.

Lara: Talvez.

Mandy: Então me parece que você teve um dia muito bom, não é?

Lara: Quantas coisas boas, mãe?

Mandy (chutando): Umas quinze, acho.

Lara: E quantas coisas ruins?

Mandy: Duas?

Lara: Quinze coisas boas no mesmo dia! O que a gente vai fazer amanhã?

Nikki ainda não completou três anos e precisa de ajuda, mas Lara tem cinco anos e costuma ter na ponta da língua vários acontecimentos bons que ocorreram ao longo do dia. Os últimos pensamentos que a criança tem antes de dormir à noite são ricos em imagens visuais e se tornam a base para seus sonhos. O tom dos sonhos está ligado à depressão. Adultos e crianças com depressão sonham com perdas, derrotas e rejeição, e é interessante notar que todos os medicamentos que combatem a depressão também bloqueiam os sonhos. Acreditamos que, ao fazer esse jogo com as crianças antes de dormir, estamos proporcionando a elas a base para uma vida mental positiva, isso sem contar que estamos proporcionando "bons sonhos" a elas.[9]

ESTILO EXPLICATIVO

Tendo a maestria como pedra fundamental do desenvolvimento de seu filho e a positividade como a camada seguinte, o estilo explicativo pode se assentar confortavelmente no topo da pirâmide. Com dois anos, as crianças começam a verbalizar explicações causais (Pouco após fazer dois anos, Nikki gritava "Lara foi má comigo" e, quando mexia no computador, reclamava com o pai quando não conseguia fazer algo). Aos três anos fica claro que seu filho está tentando compreender a relação entre causa e consequência. Muitas de suas afirmativas são explicativas, e suas perguntas são para entender os motivos das coisas. Outro dia Nikki me contou que "o Príncipe queria se casar com a Bela de *A bela e a fera*, e não com a Bela Adormecida, porque a Bela estava usando um vestido azul". Quando perguntei por que ela estava de cara feia, ela respondeu: "Porque eu preciso comer alguma coisa". Em dado momento, um estilo — um viés consistente para certas explicações — se forma a partir dessa mescla de diferentes causas, e as explicações passam a ser, em sua maioria, pessimistas ou otimistas. Os pesquisadores ainda não sabem ao certo quando um *estilo* começa a existir, mas, a meu ver, o estilo é inato e se consolida na idade pré-escolar.

Os pais podem ajudar ensinando o filho a ter um estilo otimista nesses anos fundamentais. Ao contrário do que acontece com crianças mais velhas, não é possível ensinar crianças em idade pré-escolar a monitorar e contestar pensamentos automáticos. Crianças em idade escolar não são "metacognitivas" — não são capazes de pensar e falar sobre os próprios pensamentos. No entanto, embora ainda não tenham um estilo próprio essas crianças estão atentas e compreendem o estilo explicativo dos outros. Elas absorvem passivamente o estilo dos pais; como vimos no capítulo 8, a criança aprende a forma como os pais conversam e discutem um com o outro e a forma como a criticam. Também observamos que crianças aprendem o estilo de personagens de livros, filmes e desenhos animados: elas aprendem a falar como a Ariel ou o Jafar.

Mandy e eu usamos essa extraordinária capacidade mimética das crianças para ensinar os fundamentos de um estilo otimista aos nossos filhos. Quando Nikki está chateada, externalizamos a situação utilizando a Flopsy, a coelhinha protagonista das historinhas que ela inventa, para criar explicações otimistas. Meses atrás, Lara começou a fazer aulas de balé. Nikki ficou muito incomodada, porque também queria ir, mas ainda era muito nova para começar as aulas. Ela não concordava com o motivo; a única coisa que entendia era que não podia fazer balé. Ser "muito nova" é uma explicação temporária, porque as crianças envelhecem. Assim, contamos a seguinte historinha sobre Flopsy para consolá-la, e funcionou.

Certo dia, Flopsy acordou muito cedo. O sol estava brilhando, e ela pulou da cama para olhar lá fora. De repente, Flopsy lembrou que dia era — quinta-feira. Nas quintas-feiras a irmã mais velha de Flopsy tinha aulas de balé, e Flopsy tinha que esperar do lado de fora. Flopsy queria muito fazer balé. Parecia divertido, e as outras coelhinhas estavam lindas.

"Hoje é dia de recital", disse a mamãe. "Vamos escolher a roupa para ir."

Flopsy e sua irmã mais velha vestiram tutus muito especiais. Flopsy usou um tutu azul, sua cor favorita.

Quando chegaram à escola, todas as coelhinhas estavam usando tutus especiais. Mamãe e Flopsy se sentaram na plateia e assistiram enquanto a irmã mais velha de Flopsy saltava e girava. Flopsy não aguentou. Começou a chorar, e chorou tanto que saiu correndo da sala.

A mamãe foi atrás de Flopsy para abraçá-la e beijá-la até ela parar de chorar.

"Eu sei que é difícil, Flopsy", disse a mãe. "Você também quer ser bailarina, não é?"

Flopsy fez que sim e perguntou:

"Por que eu não posso ser bailarina, mamãe?"

"Você ainda não tem idade, Flopsy. Precisa ter quatro anos para fazer balé, mas você só tem dois anos e meio", respondeu a mamãe.

Flopsy começou a chorar de novo.

"Já sei!", exclamou a mamãe. "Vamos comprar sapatilhas azuis, e aí você pode treinar com sua irmã depois das aulas. Se a professora Alice ver como você cresceu e como sabe dançar bem, talvez deixe você começar a fazer aulas quando fizer três anos. Aí você não teria que esperar muito tempo, não é?"

Flopsy adorou a ideia. A professora Alice concordou, e Flopsy se sentiu muito melhor.

15. Os limites do otimismo

A essa altura você provavelmente acha que sou defensor ferrenho do otimismo. Não sou, pois sei que ser otimista tem vantagens e desvantagens. Os benefícios para seu filho são claros: o otimismo o ajudará a combater a depressão quando os contratempos e as tragédias inevitáveis se abaterem sobre ele. O otimismo o ajudará a ir mais longe — nos esportes, na escola e, mais tarde, no trabalho — do que se imagina. E o otimismo proporciona uma melhor saúde física — um sistema imunológico mais robusto, menos doenças infecciosas, menos idas a médicos, menor risco de problemas cardíacos e talvez até uma vida mais longa. Esses benefícios são consideráveis, mas não são absolutos, pois há algo em que os pessimistas talvez sejam melhores que os otimistas.

Eles enxergam a realidade de maneira mais clara.

Esse é um dado inquietante, que simplesmente se nega a desaparecer e suscita polêmicas acaloradas. Começou com um experimento inocente no fim dos anos 1970 conduzido por Lauren Alloy e Lyn Abramson, que na época eram alunos iconoclastas na pós-graduação em que eu lecionava. Eles deram a estudantes diferentes níveis de controle sobre a iluminação numa sala. Alguns tinham controle total sobre a luz: ela acendia quando eles apertavam um botão e só apagava quando apertavam de novo. Outros estudantes, porém, não tinham qualquer controle: a luz acendia quer eles apertassem ou não o botão; eles estavam numa situação de desamparo.

Depois disso, os pesquisadores pediram que os alunos julgassem até que ponto eram capazes de controlar a luz da sala, com o máximo de precisão. Os alunos com sintomas de depressão foram bastante precisos. Quando tinham controle diziam que tinham controle, e quando não tinham controle diziam que não tinham. Já os alunos sem sintomas de depressão nos deixaram boquiabertos. Responderam de forma precisa quando tinham controle sobre a luz, mas quando não tinham seguiram achando que tinham bastante controle.

As pessoas com sintomas de depressão sabiam a verdade, ao passo que os não deprimidos apresentavam ilusões benignas de que não estavam em situação de desamparo, quando na verdade estavam. Essas conclusões me incomodaram na época e me incomodam ainda hoje. Quando comecei a trabalhar como terapeuta, há 25 anos, eu acreditava que me tornaria um agente tanto da felicidade quanto da realidade. Mas parece que há um conflito entre realidade e felicidade.

Em seguida surgiu uma avalanche de evidências confirmando que pessoas deprimidas são mais realistas:[1] elas julgam melhor as próprias habilidades, ao passo que indivíduos sem depressão acham que são muito mais habilidosos do que os outros julgam que eles sejam (80% dos americanos acham que sua capacidade de manter relações sociais é acima da média). Pessoas sem depressão se lembram de mais coisas boas do que realmente aconteceram e esquecem mais as ruins. Já os deprimidos são precisos em ambos os casos. Indivíduos não deprimidos são tendenciosos nas crenças a respeito do sucesso e do fracasso: quando são premiados, atribuem o mérito a si mesmos, esse mérito é duradouro e eles são excelentes em tudo; quando fracassam, porém, culpam os outros, minimizam e acham que é uma situação temporária. Já os indivíduos deprimidos são imparciais a respeito de sucessos e fracassos.

Embora essas descobertas sejam impactantes, é preciso fazer uma distinção fundamental: os estudos que lançaram luz no realismo depressivo em geral não comparam pessoas que têm depressão grave com pessoas que não têm. Limitam-se a comparar estudantes que têm alguns sintomas de depressão com outros que têm pouquíssimos sintomas. Esses estudos *não* nos dizem que pessoas que sofrem com depressão grave — ou seja, as pessoas com um nível de depressão que se beneficiaria de uma terapia e o nível de depressão que este livro busca evitar — são mais precisas do que pessoas sem depressão. Na verdade, o motivo pelo qual essas descobertas são tão contestadas é o fato de que a maioria dos terapeutas defende que pessoas com depressão grave geralmente são imprecisas em seus pontos de vista. Elas se culpam em excesso pelos problemas; acreditam que não têm controle quando, na verdade, têm certo controle; só se lembram das críticas mordazes, e não dos elogios. Terapeutas que tratam pacientes suicidas tentam reduzir o risco de suicídio questionando a crença superpessimista de que a situação nunca vai melhorar, de que a vida será sempre tão horrível quanto parece no momento. E o fato é que é possível contestar o desamparo com bastante eficácia, tendo em vista que, no geral, a situação muda para melhor.

O debate a respeito do realismo depressivo continua. É possível que níveis baixos de depressão eliminem nosso viés da autoconveniência e nos force a enxergar as coisas com mais clareza. Mas quando a depressão é grave, os indivíduos se deixam influenciar pelo erro oposto: o viés da autoconveniência dá lugar ao viés do autoflagelo. E uma coisa é clara: os malefícios da inadequação à realidade causados por uma depressão grave são muito maiores do que os provocados pelo viés da autoconveniência, que nos afeta quando não estamos deprimidos.

Otimismo preciso. À luz dessas descobertas, permita-me explicar por que acredito que as habilidades ensinadas neste livro são fundamentais, por que acredito que toda criança deveria aprender as técnicas que apresento. A esta altura já deve estar claro o que quero dizer quando uso o termo "otimismo". Permita-me lembrá-lo do que *não* é otimismo. Otimismo não é ficar repetindo pensamentos felizes para si mesmo. Lemas vazios do tipo "Eu sou especial", "As pessoas me amam" e "Minha vida vai melhorar mais a cada dia" talvez façam você se sentir feliz e animado por um momento, mas não o ajudam a alcançar seus objetivos. Otimismo também não é culpar os outros quando algo dá errado. Esquivar-se das responsabilidades pelos problemas só aumenta os problemas. Otimismo também não é negar ou evitar a tristeza ou a raiva. Emoções negativas fazem parte da riqueza da vida e geralmente são respostas saudáveis que nos estimulam a entender ou mudar o que nos incomoda.

Quando ensina seu filho a ser otimista, você está ensinando-o a se conhecer, a ser curioso a respeito da teoria que ele tem sobre si mesmo e sobre o mundo. Você está ensinando seu filho a ter uma postura ativa diante do mundo e a escolher que tipo de vida terá, em vez de ser um indivíduo passivo que vai simplesmente aceitar o que acontece. Se no passado ele aceitava as próprias crenças e interpretações mais negativas como fatos inquestionáveis, agora ele é capaz de refletir profundamente sobre essas crenças e avaliar a precisão delas. Ele está equipado para perseverar diante da adversidade e para lutar com o objetivo de superar os problemas.

Ciente da tensão que existe entre otimismo e realismo, procurei me ater firmemente ao ensino da precisão em cada um dos pontos deste livro. Existe uma razão fundamental para isso: o otimismo que não é preciso é vazio e se esvai. A vida acaba com esse tipo de otimismo. As habilidades de contestação e descatastrofização só funcionam quando validadas pela realidade.

Ao contrário da autoestima simplista do tipo "você é especial", eu busco ensinar as crianças a adotar uma visão realista de si mesmas. O otimismo preciso pode ser ensinado, mesmo levando-se em conta que o otimismo tem tendência a causar ilusões autoconvenientes. As causas dos acontecimentos ruins são sempre inúmeras e não se resumem ao fato de que seu filho perdeu o gol no fim do jogo e o time dele perdeu. Muitos fatores contribuíram para a derrota — por exemplo, ele recebeu um passe ruim, o goleiro tomou muitos gols, o juiz prejudicou a equipe, começou a chover perto do fim do jogo e, sim, no fim da partida ele chutou a última bola do jogo para fora. No entanto, seu filho foca em apenas uma causa e em seguida catastrofiza, dizendo: "Eu errei o chute, sou péssimo". O otimismo preciso garante que ele também enxergará as outras causas da derrota e que a ideia de que ele é péssimo não se baseia em fatos. Nesse caso, assim como na grande maioria dos casos, ensinar a ser otimista é ensinar a ser preciso.

Devemos temer que a criança otimista não enxergará os problemas reais que surgirem? Não quero ensinar as crianças a fechar os olhos para a pobreza e a criminalidade, para o ódio e a inveja, para a ganância e o sofrimento. Não quero uma geração de crianças que vai olhar para um rio poluído repleto de peixes moribundos e pense automaticamente: "A natureza vai se curar sozinha, não preciso me preocupar". Não quero uma geração de jovens que vai andar pelas áreas pobres da cidade e, em seus carros de luxo, não sejam capazes de entender a gravidade da miséria e do desamparo ao redor e se limitem a pensar: "A situação certamente vai melhorar".

O otimismo preciso não cai nessas armadilhas. "A natureza vai se curar sozinha" é uma afirmação que não reflete a realidade. "Às vezes acontece. Por exemplo, os Estados Unidos testaram armas nucleares no atol de Bikini, no oceano Pacífico, e poucos anos depois a vida já tinha voltado a florescer no local. Mas não é isso que ocorre quando a radiação tem uma meia-vida de cem anos. Nem quando uma espécie inteira é extinta. Nesses casos, a intervenção humana é necessária e tem um papel a cumprir." O otimismo preciso certamente equipa o indivíduo contra o exagero, o alarmismo e o niilismo que substituíram o diálogo racional na nossa vida política. "A economia do país nunca vai se recuperar", "Nunca haverá paz no Oriente Médio", "Crianças estão passando fome por todo o país". "As minorias nunca prosperarão": nenhuma dessas frases reflete a realidade. "A economia do país cresceu nos últimos três anos, e não houve inflação nesse período", "A Jordânia recentemente assinou um tratado de paz com Israel, e talvez a Síria também assine", "Existe desnutrição no país, mas fome é algo bem raro", "A taxa de emprego para negros e hispano-americanos com ensino superior é tão alta quanto a de brancos na mesma situação". O otimismo preciso não é uma receita para a inação diante do sofrimento e da injustiça. "A situação certamente vai melhorar" é uma afirmação que não reflete a realidade. O otimista preciso pensa: "Quando há oportunidades que podem ser aproveitadas e quando há esperança, então a situação melhora. Quando não há esperança, não melhora. O que eu posso fazer para proporcionar oportunidades e esperança?".

O otimismo, portanto, não é uma panaceia. Não substitui uma boa criação por parte dos pais. Não substitui o desenvolvimento de valores morais sólidos na criança. Não substitui a ambição e o senso de justiça. O otimismo é só uma ferramenta, mas uma ferramenta poderosa. Na presença de valores sólidos e da ambição, é a ferramenta que possibilita tanto as realizações individuais quanto a justiça social.

Posfácio à edição original: Um relatório de progresso do otimismo

Martin E. P. Seligman

A primeira edição de A criança otimista, de 1995, e do livro que foi seu progenitor intelectual, *Aprenda a ser otimista*, de 1990, deu origem a um movimento hoje chamado de "psicologia positiva". No ano seguinte ao da publicação de A criança otimista eu fui eleito presidente da Associação Americana de Psicologia. Os presidentes da AAP supostamente têm um tema, e achei que o meu seria a prevenção de transtornos mentais, esforço no qual estes dois livros se encaixam perfeitamente. Assim, entrei em contato com os maiores especialistas em prevenção para discutir a possibilidade de uma grande iniciativa presidencial focada na prevenção.

Confesso que tenho o nível de concentração mental de uma criança de dez anos, mas essa reunião durou um dia inteiro e foi extremamente entediante. Todos os especialistas sugeriram que utilizássemos nas crianças sob risco de depressão as mesmas terapias que funcionam para adultos. Valia a pena tentar, mas era chaaaaato! E sem nenhuma base intelectual.

Eu não sabia o que fazer, e foi minha filha de cinco anos, Nikki, quem, cerca de um mês depois, me deu uma luz (Seligman, 2002). Eis o que aconteceu:

Eu estava tirando as ervas daninhas do nosso jardim com ela, e com algumas poucas palavras ela virou do avesso a visão que eu tinha da psicologia e de mim mesmo. Outra confissão: embora eu tenha escrito um livro e muitos artigos sobre crianças, a verdade é que não sou muito bom com elas. Sou uma pessoa focada nos objetivos e sempre de olho no relógio, por isso, quando me disponho a cuidar do jardim, realmente estou cuidando do jardim, sem distrações. Nikki, porém, estava jogando as ervas daninhas para o alto, dançando e cantando. Eu briguei com ela. Ela fez uma cara de quem não tinha entendido a bronca e foi embora. Segundos depois, voltou e disse:

"Pai, quero conversar com você."

"Fale, Nikki."

"Lembra quando eu tinha de três a cinco anos? Eu vivia resmungando. Reclamava de tudo o dia todo. Mas quando fiz cinco anos, decidi que ia parar de resmungar. Foi a coisa mais difícil que eu já fiz. E se eu consigo parar de resmungar, você pode parar de ser tão azedo."

Aquilo foi nada menos que uma epifania para mim. Eu me dei conta de uma coisa sobre Nikki, sobre a educação infantil, sobre mim mesmo e sobre muita coisa a respeito da minha profissão. Primeiro, percebi que educar Nikki não era corrigir suas falhas. Ela própria fazia isso. O que eu percebi naquele momento foi que educar Nikki tinha a ver com essa força precoce que ela havia demonstrado, dando um nome a isso — chamo de "enxergar dentro da alma" ou, no jargão da psicologia, "inteligência social" —, estimulando e ajudando-a a moldar sua vida ao redor dessa força. Essa força, quando totalmente desenvolvida, a protegerá de seus pontos fracos e das tempestades que a vida certamente colocará em seu caminho. Eu me dei conta de que criar os filhos é mais do que simplesmente consertar seus erros. É identificar e amplificar seus pontos fortes e suas virtudes, ajudando-as a encontrar o nicho no qual podem viver esses traços positivos da maneira mais plena possível.

Com relação à minha própria vida, Nikki acertou em cheio. Eu era um azedo. Havia passado a maior parte de cinquenta anos suportando um tempo chuvoso na minha alma, e os últimos dez anos vivendo como uma nuvem carregada ambulante numa casa ensolarada. Tudo de bom que me aconteceu provavelmente não foi por causa do mau humor, mas apesar dele. Naquele momento, resolvi mudar.

A parte final dessa epifania foi colocar meu trabalho sobre o otimismo num contexto mais amplo. O otimismo era parte de quê?

Educar minha filha Nikki não tinha a ver com correção, mas, sim, com construção. A ideia era identificar os pontos fortes dela e ajudá-la a construir o melhor nicho possível para seu conjunto ímpar de pontos fortes. Não seria esse o contexto mais amplo que eu tanto desejava ao ensinar as crianças a serem otimistas? Eu me dei conta de que ensinar as crianças a ser otimistas era mais do que corrigir o pessimismo, mais do que sair do –5 em direção 0. É a criação de uma força positiva, uma visão de futuro feliz e sólida que pode ser empregada em todos os aspectos da vida — não só para combater a depressão e se recuperar dos fracassos, mas para ser a base do sucesso e da vitalidade. É sair do +2 em direção ao +10.

No campo específico dos programas de otimismo infantil detalhados neste livro, houve onze estudos (fora da Universidade da Pensilvânia) buscando replicar os resultados do estudo original, no qual ensinamos o otimismo às crianças para prevenir a depressão. Oito desses onze estudos alcançaram o mesmo resultado, e três não conseguiram. Os três que não conseguiram prevenir a depressão deram um treinamento mínimo aos professores do programa. Seja como for, nas ciências sociais, oito de onze é um resultado, a meu ver, muito bom.

Além disso, fizemos várias novas descobertas sobre o tema na Universidade da Pensilvânia:

- Agora sabemos mais sobre quanto tempo duram os efeitos preventivos. Sem reforço, o programa de otimismo infantil previne a depressão por dois anos. A partir do terceiro ano, os efeitos da prevenção perdem força (Gillham e Reivich, 1999).
- Nos nossos primeiros programas de prevenção, usamos psicólogos no papel de professores. Depois, desenvolvemos um programa de treinamento de duas semanas para professores do ensino médio. Na primeira semana, os professores aprendem a aplicar o otimismo aprendido em suas próprias vidas. Na segunda semana, aprendem a ensinar o otimismo a alunos do ensino médio. Replicamos o programa usando professores e descobrimos que eles eram tão competentes na tarefa quanto os psicólogos.
- Desenvolvemos um programa completo de treinamento de pais, semelhante ao programa de treinamento de professores. Primeiro os pais aprendem a aplicar o otimismo aprendido em suas próprias vidas. Depois, aprendem passo a passo como ensinar o otimismo aos filhos.

- David Yu, um dos meus mais recentes alunos formados no doutorado, levou o programa para Beijing e o ensinou a professores de ensino médio. Concluiu que o programa foi capaz de evitar a depressão lá, assim como havia evitado nos Estados Unidos (Yu e Seligman, 2002).
- Esteban Cardemil, outro aluno recentemente doutorado na Universidade da Pensilvânia, usou o programa nos subúrbios de Filadélfia e descobriu que ele prevenia a depressão em crianças hispânicas, mas não em crianças afro-americanas. Estranhamente, a questão das crianças negras foi que tanto o grupo de controle quanto o grupo de prevenção tiveram índices muito menores de depressão no ano seguinte à intervenção (Cardemil, Reivich e Seligman, 2002).

Quando tivemos certeza de que nossos programas de otimismo infantil eram reproduzíveis, começamos a agir com base na minha ideia de que ensinar o otimismo às crianças era apenas um aspecto da psicologia positiva. Será que podíamos ensinar outros aspectos positivos da personalidade às crianças? Que efeitos esses aspectos fortalecidos teriam quando as crianças se tornassem adolescentes ou adultas? Com um importante financiamento do Departamento de Educação dos Estados Unidos, atualmente estamos no quarto ano da nossa primeira busca por respostas para essas perguntas, na Escola Secundária Strath Haven, nos arredores de Filadélfia.

Nas aulas de inglês no nono ano, todos os alunos leem obras-primas como *Senhor das moscas*, *Romeu e Julieta*, *A letra escarlate*, *A morte do caixeiro--viajante*, *A noite* e *A odisseia*. (Você deve ter percebido que todos os livros são tragédias.) Nos últimos quatro anos em Strath Haven, os alunos são aleatoriamente colocados em turmas de inglês normais ou em turmas de inglês com psicologia positiva.

Os quatro bimestres de inglês com psicologia positiva são reforçados com um curso que dura o ano letivo inteiro e complementa a leitura dos livros com um exame da Vida Agradável, da Vida Boa e da Vida Significativa. E o mais importante: toda semana os alunos recebem como dever de casa um exercício de psicologia positiva no mundo real. Quando leem *Senhor das moscas*, por exemplo, eles assistem a uma palestra de oitenta minutos sobre bondade e depois recebem a tarefa de executar cinco atos de bondade e escrever uma reflexão sobre o que aconteceu. Eis alguns outros exercícios que eles precisam fazer:

- Ter uma experiência sensorial agradável (A Vida Agradável).
- Identificar seus pontos fortes mais marcantes e usar seu maior ponto forte de uma nova maneira (A Vida Boa).
- Fazer uma visita de agradecimento (A Vida Agradável).
- Criar uma árvore familiar de pontos fortes (A Vida Significativa).
- Deixar os rancores de lado (A Vida Significativa).
- Serviço positivo: usar seu ponto forte mais marcante para servir em algo que você considera maior que você (A Vida Significativa).

Além desses exercícios, os alunos analisam personagens da literatura, não só observando as caracterizações da "arrogância" e das "fraquezas" que acompanham a visão trágica da vida, mas também da perspectiva dos pontos fortes: por exemplo, os alunos discutem a coragem e o orgulho de Aquiles.

Como esse curso afeta os estudantes? Por ora só posso dizer que tanto os professores quanto os alunos adoram a literatura ensinada dessa maneira. Publicaremos os resultados deste estudo em 2008.

O que o futuro reserva para o ensino do otimismo e da psicologia positiva para crianças?

Em julho de 2007, no Centro de Psicologia Positiva da Universidade da Pensilvânia, nós treinaremos cerca de cem professores ingleses de ensino médio, para que eles ensinem seus 10 mil alunos segundo os preceitos do programa de otimismo infantil. Essa é uma iniciativa de Richard Layard, professor da London School of Economics. Lord Layard foi conselheiro de assuntos ligados a desemprego do ex-primeiro-ministro britânico Tony Blair, mas transcendeu a "ciência lúgubre" e defende que o principal motivo da existência de um governo é aumentar a felicidade de seus governados, e não o produto interno bruto do país. Layard busca dar um fim à epidemia de depressão entre os jovens britânicos introduzindo o otimismo aprendido no currículo das escolas. Aguardamos os resultados ansiosamente.

Nosso maior desafio até o momento acontecerá no ano de 2008. A Geelong Grammar School, ao sul de Melbourne, Austrália, decidiu infundir todo o seu currículo, do jardim de infância até o fim do ensino médio, com otimismo e psicologia positiva. Cinquenta anos atrás, essa grande instituição criou o Timbertop — programa no qual todo o nono ano do ensino fundamental vai para um campus nas Montanhas Victoria por um ano inteiro, sem iPod ou TV, e lá precisa cortar a própria lenha e treinar para, no fim do ano, correr uma maratona — e revolucionou a educação. A psicologia positiva será o próximo Timbertop deles.

Para tanto, todo o circo itinerante dos maiores pesquisadores e profissionais da psicologia positiva irão à Geelong. Ensinaremos os professores a apresentar o programa de otimismo infantil e o programa de psicologia positiva nas aulas de inglês. E o mais importante: vamos trabalhar com todos os professores para desenvolver novos currículos, de modo que a abordagem da psicologia positiva possa ser aplicada em toda a escola.

Será que é possível ensinar história com ênfase no progresso humano? Será que é possível ensinar matemática com ênfase na beleza das evidências e na ideia de que a matemática é a forma mais impecável de verdade? Será que é possível ensinar biologia com base na ideia de que a evolução humana não resultou só em guerras e armamentos, mas também na cooperação, no sacrifício, no amor e na construção de catedrais?

Minha visão e minha esperança é de que esse trabalho será o início do fim da epidemia mundial de depressão.

Agradecimentos

O Programa de Prevenção da Universidade da Pensilvânia, e portanto este livro, não teria sido possível sem a ajuda de inúmeras pessoas. Primeiro, quero agradecer às minhas colaboradoras e coautoras, Karen Reivich, Lisa Jaycox e Jane Gillham. Este livro é um reflexo do trabalho duro e do forte comprometimento delas com a prevenção à depressão infantil. Nos últimos cinco anos Karen, Lisa e Jane trabalharam em tempo integral para desenvolver, implementar e avaliar o Programa de Prevenção da Universidade da Pensilvânia. Karen e Jane elaboraram o componente cognitivo do programa, ao passo que Lisa desenvolveu o componente direcionado à resolução de problemas sociais. As três foram responsáveis por repensar, revisar e expandir o programa inúmeras vezes ao longo desses anos. Karen adaptou o programa para crianças de bairros pobres em grandes metrópoles, e Jane criou um programa paralelo para ensinar os pais a estimular o desenvolvimento do otimismo nos filhos. Karen, Lisa e Jane deram aula em muitos grupos de intervenção infantil.

Em segundo lugar, tenho uma enorme gratidão para com as crianças e os pais que participaram da nossa pesquisa. Eles dividiram suas vidas conosco, e nós aprendemos muito ao acompanhar essas famílias ao longo dos anos. Sem a lealdade e o comprometimento delas, esse trabalho teria sido impossível.

Pela capacidade de antevisão e pela dedicação, quero agradecer aos diretores de escola, professores e pais dispostos a dedicar uma quantidade extra de energia e recursos ao programa. Nosso primeiro projeto foi conduzido no distrito escolar de Abington; o diretor, dr. Louis Hebert, e a dra. Amy Sichel nos ajudaram a lançar o Programa de Prevenção da Universidade da Pensilvânia. O dr. Hebert faleceu em agosto de 1993. Sempre nos lembraremos dele por sua visão e sua integridade.

No distrito escolar de Wissahickon, o superintendente Bruce Kowalski e a dra. Mary Hornyak nos prestaram uma assistência contínua em diversos projetos. Eles nos permitiram estudar o desenvolvimento emocional das crianças conforme saíam do ensino fundamental e faziam o ensino médio. Isso nos permitiu comparar os efeitos do programa em Abington com o desenvolvimento normal das crianças. Tempos depois, Jane Gillham implementou o Programa de Prevenção da Universidade da Pensilvânia no distrito escolar de Wissahickon, e o programa de intervenção para pais foi testado pela primeira vez lá. Esses projetos não teriam sido possíveis sem o apoio incondicional dos diretores, supervisores e conselheiros escolares do distrito. Sou especialmente grato a Neil Evans, Gary Bundy, Claudia Lyles, dra. Lorraine Atkeison, Dale Stauffer, Austin Snyder e Judy Guiliano. Também quero agradecer a Joanne West pela ajuda na organização das avaliações de acompanhamento com as crianças.

Em 1992, lançamos nosso programa para subúrbios pobres e o testamos na Escola Secundária Dr. John P. Turner, no bairro de Filadélfia Oeste. Esse projeto não teria sido possível sem a ajuda do dr. Ira Harkavy, de Cory Bowman e do Centro para Parcerias Comunitárias da Universidade da Pensilvânia. Charles D'Alfonso, diretor da Escola Secundária Dr. John P. Turner, e Cory Bowman sempre se mostraram capazes de encontrar soluções criativas para os muitos desafios logísticos.

Atualmente estamos testando o programa no distrito escolar de Upper Darby. Várias pessoas possibilitaram essa fase do projeto. Andrew Shatté, um dos nossos doutorandos de maior destaque na Universidade da Pensilvânia, veio da Austrália para pesquisar sobre a depressão e entrou para nossa equipe de pesquisa. Andrew tem dupla especialidade. Sua pesquisa busca entender o que faz com que as terapias de combate à depressão funcionem. Junto com Karen Reivich, ele desenvolveu um programa de quarenta horas para ensinar os professores a aplicar o programa. Andrew deu aula a turmas de professores e ajudou a supervisionar esse grande projeto. O projeto de Upper Darby simplesmente não teria acontecido se ele não tivesse se juntado à equipe de pesquisa. Barbara Shafer, Martha Menz e Joseph Galli entraram em contato conosco após lerem *Aprenda a ser otimista* e insistiram para que levássemos nosso trabalho para o distrito escolar deles. Karen Reivich e Andrew Shatté ensinaram os professores da Escola Secundária Beverly Hills e da Escola Secundária Drexel Hill a implementar os programas de prevenção. Esses professores (alguns dos quais tinham dado aula a Karen quando ela própria era aluna da Beverly Hills) — Cathy Crawford, Holly Farnese, Gay Marshall, Faith Mattison, Barbara Mendell e Brenda Vogel — são os primeiros do país a conduzir o programa nas escolas. Como pioneiros, eles devotaram mais horas ao programa do que qualquer um de nós tinha previsto. A dedicação, o apoio e a energia deles estão fazendo com que o programa seja um sucesso. Também quero agradecer a Mel Brodsky, Ed Speer e Carolyn Felker, que nos deram apoio incondicional em suas respectivas escolas. Por fim, meu muito obrigado aos conselheiros escolares, assistentes sociais e psicólogos escolares, em especial à dra. Carol Roberts, a Pat Ritter e a Dave O'Connell. Esses profissionais garantiram que o programa funcionasse da maneira mais tranquila possível.

Quero agradecer aos meus colegas que nos ajudaram a resolver as questões teóricas e metodológicas. Em particular, sou muito grato aos drs. Jonathan Baron, Tyrone Cannon, Robert DeRubeis e John Sabini, todos da Universidade da Pensilvânia, e a Steve Hollon e Judy Garber, da Universidade Vanderbilt, que nos deram ideias valiosas e nos guiaram ao longo das várias fases da pesquisa. Gregory Buchanan, Emily Buss, Esteban Cardemil, Paul Grant, Melissa Hunt, Eileen Lynch, Andrew Shatté, Deborah Stearns e Audrey Tyrka, todos alunos da pós-graduação da Universidade da Pensilvânia, nos ajudaram lendo os rascunhos dos artigos, discutindo questões de método da pesquisa e coletando dados de acompanhamento.

De 1989 até hoje, tivemos a sorte de contar com um grupo de alunos dedicados e entusiasmados na Universidade da Pensilvânia. Eles se mostraram fundamentais em todas as fases da pesquisa nos distritos escolares de Abington, Wissahickon, Filadélfia e Upper Darby. Nossos quatro artistas — Susan Young, Kevin Colton, Lisa Jacobs e Maiors Koufarios — elaboraram tirinhas para ilustrar até as situações mais complicadas. O trabalho artístico deles fez com que os cadernos e os deveres de casa das crianças fossem muito mais atraentes. Thomas Schiro propôs a versão das ilustrações que apareceriam no livro. Um grande número de assistentes nos ajudou a criar os jogos e incontáveis cenários que fazem com que esse programa seja tão atraente: Petrina Alexander, Judy Atkin, Tara Bandman, Rishona Beck, Monica Bishop, Deborah Brown, Deirdre Byrnes, Barry Carty, Deborah Clark, Kevin Colton, Rick Dagrosa, Darion D'Anjou, Allison Fink, Jed Fishback, Michael Friedman, Valerie Golomb, Heidi Grenke, Karen Grimm, Scott Harris, Amy Joseph-Mosely, Youval Katz, Denel Keister, Kirk Kicklighter, Jayne Klein, Caroline Koffler, Marios Koufarios, Robyn Lesser, Vaughn Mankey, Janet Miller, Kaplan Mobray, Juliet Nawara, Stephanie Newman, Jimmy Platt, Danielle Rabiner, Daniel Richter, Iris Rosenberg, Andrew Rozmiarek, Kim Saperstein, Raqiba Sealy, Helene Stein, Jessica Steitler, Cristine Santos Thompson, Caroline Tisot, Lisa Warren, Stacey Wruble, Susan Young e Josh Zoia.

Peter Schulman, meu coordenador de pesquisa, e minhas assistentes, Elise McMahon e Carol McSorley, foram valiosos de tantas maneiras que sou incapaz de enumerá-las aqui. Também quero enviar meu agradecimento especial à minha antiga assistente, Terry Silver, que trabalhava comigo quando esse projeto nasceu e se voluntariou para me ajudar porque tinha experiência como professora de espanhol para crianças. Terry nos ajudou a criar alguns jogos, exercícios de interpretação de papéis e "personagens" que usamos para transmitir as ideias do otimismo. Ela ajudou a transformar conceitos teóricos áridos numa experiência empolgante para crianças.

Também quero agradecer a uma série de pessoas que chefiaram grupos em vários distritos escolares. A dra. Kimberly Wright Cassidy comandou grupos nos distritos escolares de Wissahickon e Upper Darby. Junto com a dra. Leslie Rescorla, Kim nos encorajou a treinar os alunos de doutorado da Faculdade Bryn Mawr, capacitando-os a comandar grupos em Upper Darby. Ann Marie Borneman, Katherine Dahlsgaard, Rebecca Stetson e Lynn Zubernis implementaram grupos de Uppen Darby. As ideias, a energia e a devoção delas tornaram esse um trabalho prazeroso. Kirk Kicklighter trabalhou com Karen Reivich no distrito escolar de Filadélfia e se mostrou indispensável. Susan Moore dirigiu alguns grupos de crianças, e Janet Miller, Juliet Nawara e Jayne Klein comandaram juntas os grupos de pais no distrito escolar de Wissahickon. A ajuda delas foi extremamente valiosa. Muitos dos universitários listados anteriormente também foram às escolas e ajudaram na implementação dos programas. O profissionalismo, a energia e o amor deles pelas crianças foram fundamentais para o sucesso do programa.

Foi um prazer e uma fonte constante de otimismo trabalhar com o pessoal da Houghton Mifflin — minha meticulosa editora, Gail Winston, assim como John Sterling, Lori Glazer, Tina Pohlman e o perspicaz copidesque do original, Christopher Kean. Meu incansável agente, Richard Pine, deu forma ao livro, leu cada palavra de cada versão, segurou minha mão nos momentos difíceis e berrou de alegria quando as coisas funcionavam. O National Institute of Mental Health deu apoio à minha pesquisa (MH-19604) ao longo dos últimos 25 anos, e muitas das ideias e dos procedimentos descritos neste livro foram extraídos dos projetos do NIMH. Os drs. Peter Muehrer e Jack Maser, do NIMH, têm sido verdadeiros amigos e apoiadores.

Por fim, quero agradecer à minha mulher e às cinco crianças Seligman. Minha mulher, Mandy McCarthy Seligman, me animou, me fez vencer a inércia que sentia por achar que já tinha "escrito tudo o que tinha para escrever" e me estimulou a escrever este livro, o último de uma trilogia. Ela leu todos os capítulos à medida que eu escrevia e, com a mais gentil das canetas vermelhas, fez comentários honestos. O capítulo 14, sobre bebês e crianças em idade pré--escolar, é uma criação mais dela que minha. Mandy é um raio de sol nos dias mais sombrios, e seu amor e seu otimismo estão entranhados nestas páginas. Amanda Seligman, minha filha mais velha, fez comentários sábios num copião do manuscrito, e para isso teve que deixar de lado sua tese de doutorado em História Social na Universidade do Noroeste. David Seligman, que atualmente está terminando sua tese sobre equidade na Faculdade Swarthmore, me surpreendeu no meio deste projeto ao decidir se tornar psicólogo. Meus três filhos mais novos, Lara, Nikki e Darryl, foram uma inspiração para este livro. Lara aprendeu a ler e fazer contas na época em que o livro estava sendo escrito. Nikki revelou habilidades sociais impressionantes. E Darryl nasceu quando o projeto começou e neste exato momento está cantando aos berros atrás de mim enquanto escrevo estas palavras. É a essas crianças — cada uma delas um mundo a se desenvolver — que dedico este livro.

Martin Seligman
Wynnewood, Pensilvânia, 3 de abril de 1995

Notas

1. A NOTA PROMISSÓRIA [pp. 13-21]

1. Um relato mais detalhado, além da bibliografia completa dos experimentos a respeito do desamparo em animais e humanos, pode ser encontrado em Martin Seligman, *Helplessness: On Depression, Development, and Death* (San Francisco: Freeman, 1975) e em Steven F. Maier e Martin Seligman, "Learned Helplessness: Theory and Evidence", *Journal of Experimental Psychology: General*, v. 105, n. 1, pp. 3-46, 1976. Ver também Martin Seligman. *Learned optimism*. Nova York: Knopf, 1990, capítulo 2. [Ed. bras.: *Aprenda a ser otimista*. Rio de Janeiro: Objetiva, 2019.]

Um relato do longo debate entre as visões behaviorista e cognitiva sobre o desamparo aprendido foi publicado em *Behavior Research and Therapy*, v. 18, n. 5, pp. 459-512, 1980.

A edição especial do *Journal of Abnormal Psychology*, v. 87, foi o pontapé inicial para uma vasta literatura sobre o desamparo como modelo de depressão. Desde então foram publicados centenas de artigos em periódicos e inúmeras teses de doutorado sobre o estilo explicativo, o desamparo aprendido e a depressão. Essa literatura maciça causou polêmica, mas emergiu o consenso de que o estilo explicativo pessimista e a depressão possuem forte vínculo, conforme prevê a teoria. Paul Sweeney, Karen Anderson e Scott Bailey, "Attributional Style in Depression: A Meta-analytic Review", *Journal of Personality and Social Psychology*, v. 50, n. 5, pp. 974-91, 1986; Clive Robins, "Attributions and Depression: Why Is the Literature So Inconsistent?", *Journal of Personality and Social Psychology*, v. 54, n. 5, pp. 880-9, 1988; H. Tenen e S. Herzberger, "Attributional Style Questionnaire", em Daniel J. Keyser e Richard C. Sweetland (Orgs.), *Test Critiques*, v. 4, pp. 20-30, 1986.

Para revisões sobre o trabalho de pesquisa a respeito do câncer e de outras doenças, leia o capítulo 10 do meu livro *Aprenda a ser otimista*. Para ler sobre o desamparo aprendido como modelo para transtorno de estresse pós-traumático, ver Bessel van der Kolk e José Saporta, "The Biological Response to Psychic Trauma: Mechanisms and Treatment of Intrusion and Numbing", *Anxiety Research*, v. 4, pp. 199-212, 1991.

A cobertura mais completa sobre todo o campo do desamparo e suas várias aplicações em humanos pode ser encontrada em Christopher Peterson, Steven Maier e Martin Seligman, *Learned helplessness* (Nova York: Oxford, 1993).

2. Para revisões da vasta literatura sobre imunização contra o desamparo, ver Seligman, *Helplessness*, e Peterson, Maier e Seligman, *Learned Helplessness*.

2. DO PRIMEIRO PASSO AO PRIMEIRO ENCONTRO [pp. 22-30]

1. Peter Lewinsohn, Paul Rohde, John Seeley e Scott Fischer, "Age-Cohort Changes in the Lifetime Occurrence of Depression and Other Mental Disorders", *Journal of Abnormal Psychology*, v. 102, n. 1, pp. 110-20, 1993; Carol Garrison, Cheryl Addy, Kirby Jackson et al., "Major Depressive Disorder and Dysthymia in Young Adolescents", *American Journal of Epidemiology*, v. 135, n. 7, pp. 792-802, 1992.

3. A CONSTRUÇÃO DA EQUIPE [pp. 31-6]

1. Lisa Jaycox e Rena Repetti, "Conflict in Families and the Psychological Adjustment of Preadolescent Children", *Journal of Family Psychology*, v. 7, n. 3, pp. 344-55, 1993.

4. O MOVIMENTO PELA AUTOESTIMA [pp. 39-48]

1. Ver especialmente o importante trabalho de Lilian Katz, uma crítica incisiva ao movimento pela autoestima. Os exemplos são tirados de seu artigo "All about Me", *American Federation of Teachers*, verão, pp. 18-23, 1993. A citação "a base para *tudo o que fazemos* é a autoestima" provém de Sandy MacDonald, "Political Priority #1: Teaching Kids to Like Themselves", *New Options*, 28 de abril de 1986, p. 27.

2. William James, *Principles of Psychology* (Nova York, Henry Holt, 1890).

3. Resumo as quatro tendências convergentes na introdução à segunda edição de *Helplessness* da seguinte maneira: (1) Em 1959, Noam Chomsky escreveu uma crítica arrasadora ao livro seminal de B. F. Skinner, *O comportamento verbal*. Chomsky argumentou que a linguagem, em particular, e os atos humanos, em geral, não resultavam do fortalecimento de hábitos verbais antigos por meio do reforço. A essência da linguagem, disse ele, está no fato de ser gerativa: mesmo frases que nunca foram ditas ou ouvidas (tais como "Tem um monstro roxo sentado no seu colo") seriam compreendidas imediatamente. (2) Grande pesquisador suíço do desenvolvimento infantil, Jean Piaget convenceu boa parte do mundo — os norte-americanos foram os últimos — de que a mente em expansão de todas as crianças poderia ser estudada cientificamente. (3) Em 1967, o campo da psicologia cognitiva, liderado por Ulric Neisser e George Miller, começou a atrair a imaginação dos jovens psicólogos experimentais que fugiam dos dogmas do behaviorismo. A psicologia cognitiva argumentava que os mecanismos da mente humana podiam ser mensurados, e suas consequências, estudadas, empregando como modelo o processamento de informações de computadores. (4)

Psicólogos behavioristas descobriram que o comportamento animal e o comportamento humano eram inadequadamente explicados por impulsos e necessidades, e começaram a invocar as cognições — os pensamentos — do indivíduo para justificar comportamentos complexos. Nosso trabalho sobre o desamparo encarnou essa tendência.

4. Stanley Coopersmith, *The Antecedents of Self-Esteem* (San Francisco: Freeman, 1967). Um importante estudo paralelo com estudantes do ensino médio foi conduzido por Morris Rosenberg (*Society and the Adolescent Self-Image*. Princeton: Princeton University Press, 1965), e sua origem intelectual pode ser encontrada nas obras de Alfred Adler, George Herbert Mead, Karen Horney, Eric Fromm e Carl Rogers.

5. Nathaniel Branden, *The Power of Self-Esteem* (Deerfield Beach, FL.: Health Communications, 1992).

6. *Toward a State of Esteem* (Sacramento: Departamento de Educação da Califórnia, 1990).

7. Confundir causa com consequência e depois criar políticas com base nesse equívoco não é novidade na área da educação. Na década de 1980 houve uma campanha estimulando os alunos a continuarem na escola. Os educadores perceberam que adolescentes que largavam o ensino médio geralmente ficavam desempregados, dependiam de assistência social e entravam no mundo do crime. Muitos pesquisadores presumiram que o fato de abandonar a escola causava esses resultados adversos e, portanto, se esses jovens pudessem ser persuadidos a terminar o ensino médio, se sairiam melhor no mercado de trabalho e aumentariam suas chances de não serem presos. Anúncios no rádio e na TV e até outdoors nos ônibus estimulavam os alunos a continuar na escola. Centenas de programas de prevenção ao abandono escolar foram criados, ao custo de milhões de dólares. Muitos alunos que sairiam das escolas acabaram permanecendo e terminando os estudos. No entanto, não foram encontradas evidências de que esses jovens, agora diplomados, tiveram mais chances de conseguir emprego e menos chances de depender de assistência social ou de entrar no mundo do crime.

Por quê? Uma possibilidade quase nunca mencionada é que o fato de eles largarem a escola geralmente é um sintoma de outros problemas mais graves. São esses problemas subjacentes, e não o fato de abandonarem os estudos, que causam o desemprego, a dependência de programas de assistência social e o crime. Ficar na escola não ajuda muito, porque sair da escola não é a causa dos problemas, só uma consequência. Apesar disso, a campanha teve outras consequências: provavelmente tornou o ambiente escolar no ensino médio pior para o resto dos estudantes e também para os professores, pois manteve esses alunos lá, em vez de colocá-los em programas que os ajudassem a resolver seus problemas. Provavelmente também baixou os padrões de ensino geral para que esses alunos problemáticos se formassem. E é provável que também tenha frustrado enormemente os próprios alunos que teriam abandonado a escola se não tivessem sido pressionados, por elaboradores de políticas públicas bem-intencionados, a permanecer num ambiente em que não queriam, batendo a cabeça num muro de tijolos.

Sobre esse tema também existe muita literatura especializada. Programas para evitar o abandono escolar são revisados e avaliados em sua eficácia para manter os alunos na escola, mas não se encontra um efeito nítido de que isso os faz conseguir melhores empregos, cometer menos crimes ou depender menos de assistência social. Estudos representativos: Gary Natriello, Aaron Pallas, Edward McDill e James McPartland, "An Examination of the Assumption and Evidence for Alternative Dropout Prevention Programs in High School", *Center for Social Organization of Schools Report*, relatório 365 (Baltimore: Johns Hopkins University, 1988); James Catterall e David

Stern, "The Effects of Alternative School Programs on High School Completion and Labor Market Outcomes", *Educational Evaluation and Policy Analysis*, v. 8, n. 1, pp. 77-86, 1986; Douglas Muha e Christine Cole, "Dropout Prevention and Group Counseling: A Review of the Literature", *High School Journal*, v. 74, n. 2, pp. 76-80, 1990-1; e Carolyn Pearson e Madhabi Banerji, "Effects of a Ninth-Grade Dropout Prevention Program on Student Academic Achievement, School Attendance, and Dropout Rate", *Journal of Experimental Education*, v. 61, n. 3, pp. 247-56, 1993.

8. Esse é um exemplo do método "prospectivo e longitudinal", a maneira mais amplamente aceita de separar causa de correlação num ambiente não laboratorial. Quando em conjunto com técnicas estatísticas poderosas conhecidas como "modelagem causal", esse método é tão eficaz quanto experimentos de laboratório para descobrir causalidades subjacentes. Sua maior vantagem sobre os experimentos de laboratório é que não tem a artificialidade do laboratório. A única vantagem do laboratório sobre o método prospectivo e longitudinal é a designação aleatória dos participantes do estudo aos grupos.

9. A melhor compilação de investigações e pesquisas sobre a autoestima se encontra em Roy Baumeister, *Self-Esteem: The Puzzle of Low Self-Regard* (Nova York: Plenum, 1993). Existe um contraste nítido entre os inúmeros achados sobre coisas que aumentam ou diminuem a autoestima e a ausência de consequências causadas por uma autoestima alta ou baixa. É curioso notar que os pesquisadores não se mostram muito preocupados com isso.

10. Os cientistas têm uma expressão pejorativa para se referir a tentativas como a de reforçar a autoestima diretamente: "manipulação de epifenômenos". Um epifenômeno não passa de um mero reflexo da realidade, sem qualquer impacto real na realidade. A leitura do velocímetro do seu carro é um epifenômeno: ele mostra a velocidade do automóvel, mas mexer no ponteiro não altera a velocidade do carro.

Tendo em vista a minha ênfase em habilidades voltadas para o "sair-se bem" que proporcionam uma boa relação com o mundo e meu ceticismo em relação às campanhas que estimulam os indivíduos a se "sentir bem", talvez você se pergunte se acredito que sentir-se bem é um epifenômeno. Talvez até ache que sou um behaviorista. Mas não sou, e minha diferença básica para os behavioristas é: o behaviorismo defende que toda a vida mental do indivíduo é um epifenômeno — não tem a menor importância, pois a vida mental como um todo não passa de um comentário sobre o mundo, portanto, não muda o mundo. Pensar que o dia está bom, que o nabo está barato no mercado, que a Guerra da Bósnia é uma tragédia ou que os triângulos têm três lados não exerce nenhum efeito no mundo. Aliás, o behaviorismo ignora a vida mental porque defende que ela não possui "eficácia causal". Tendo em vista a ênfase que dou ao ensino das habilidades cognitivas, deve estar claro que acredito que certos aspectos da vida mental têm, sim, grande eficácia causal. A autoestima, porém, não é um deles.

5. A EPIDEMIA DE DEPRESSÃO [pp. 49-57]

1. Em "The Age of Melancholy?" (*Psychology Today*, pp. 37-42, abr. 1979), Gerald Klerman apresenta estatísticas alarmantes acerca da prevalência da depressão e cunhou o termo "A era da melancolia". Os dois primeiros dos quatro maiores estudos que tratam da epidemia de depressão são Lee Robins, John Helzer, Myrna Weissman, Helen Orvaschel, Ernest Gruenberg, Jack Burke

e Darrel Regier, "Lifetime Prevalence of Specific Psychiatric Disorders in Three Sites", *Archives of General Psychiatry*, v. 41, n. 10, pp. 949-58, 1984; e Gerald Klerman, Philip Lavori, John Rice, Theodore Reich, Jean Endicott, Nancy Andreasen, Martin Keller e Robert Hirschfeld, "Birth Cohort Trends in Rates of Major Depressive Disorder Among Relatives of Patients with Affective Disorder", *Archives of General Psychiatry*, v. 42, n. 7, pp. 689-93, 1985. A descoberta de que a depressão agora começa mais cedo vem da elegante matematização dos dados de Theodore Reich, Paul van Eerdewegh, John Rice, Joe Mullaney, Gerald Klerman e Jean Endicott, "The Family Transmission of Primary Depressive Disorder", *Journal of Psychiatric Research*, v. 21, n. 4, pp. 613-24, 1987. O terceiro estudo, que valida a ideia de que há um aumento e um rejuvenescimento da depressão é Lewinsohn, Rohde, Seeley e Fischer, "Age-Cohort Changes" (ver capítulo 2, nota 1). O quarto estudo é Garrison, Addy, Jackson et al., "Major Depressive Disorder".

2. Lewinsohn, Rohde, Seeley e Fischer, "Age-Cohort Changes"; Garrison, Addy, Jackson et al., "Major Depressive Disorder".

3. Recentemente, minha aluna Sheena Sethi e eu descobrimos que envolvimento, esperança e fundamentalismo religiosos estão associados a um aumento no otimismo; ver Sheen Sethi e Martin Seligman, "Optimism and Fundamentalism", *Psychological Science*, v. 4, n. 4, pp. 256-9, 1993.

4. O estudo do flow é o avanço mais interessante da psicologia positiva nos últimos anos. A noção de flow vai além das categorias de felicidade, bem-estar, alegria e autoestima, que estão cada vez mais vazias de conteúdo. Qualquer um interessado em estudar a boa vida e como alcançá-la deve ler Mihaly Csikszentmihalyi, *Flow: The Psychology of Optimal Experience* (Nova York: Harper and Row, 1990) [Ed. bras.: *Flow: A psicologia do alto desempenho e da felicidade*. Rio de Janeiro: Objetiva, 2020.]

6. OS FUNDAMENTOS DO OTIMISMO [pp. 61-78]

1. O discurso de Jackson é citado no importante livro de Alice Felt Tyler: *Freedom's Ferment* (Minneapolis: University of Minnesota Press, 1944). Tyler retrata a primeira metade do século XIX como sendo orientada acima de tudo pela ideia de aperfeiçoamento da humanidade.

2. Sobre os efeitos do pessimismo, leia o capítulo 5 de *Aprenda a ser otimista*; sobre os efeitos nas conquistas pessoais, leia o capítulo 6; sobre os efeitos na saúde, leia o capítulo 10. Para um estudo longitudinal de 52 anos sobre a estabilidade do pessimismo, ver Melanie Burns e Martin Seligman, "Explanatory Style Across the Lifespan: Evidence for Stability Over 52 years", *Journal of Personality and Social Psychology*, v. 56, n. 3, pp. 118-24, 1989. As notas de *Aprenda a ser otimista* fazem referência a muitos outros artigos originais.

Embora a falta de conquistas pessoais, a depressão e uma saúde fragilizada possam causar o pessimismo, é importante notar que muitos dos estudos documentam o fato de que é o próprio pessimismo que causa a depressão, a falta de conquistas e a saúde fragilizada. Os estudos usam um método experimental, os métodos longitudinais discutidos no capítulo 4 (algo que não é feito nos estudos sobre autoestima), além dos métodos estatísticos sofisticados da modelagem causal.

7. COMO MEDIR O OTIMISMO [pp. 79-103]

1. O Questionário sobre Estilo de Atribuição Infantil (QEAI) é o teste mais utilizado de medida do estilo explicativo de crianças entre oito e doze anos (Martin Seligman, Nadine J. Kaslow, Lauren B. Alloy, Christopher Peterson, Richard Tanenbaum e Lyn Y. Abramson, "Attributional Style and Depressive Symptoms Among Children", *Journal of Abnormal Psychology*, v. 93, n. 2, pp. 235-8, 1984.)

2. Essa tabela é baseada num projeto que durou cinco anos e envolveu 508 crianças de oito a doze anos que fizeram o QEAI a cada seis meses (ver Susan Nolen-Hoeksema, Joan Girgus e Martin Seligman, "Predictors and Consequences of Depression in Children", *Journal of Abnormal Psychology*, v. 101, n. 3, pp. 405-22, 1992).

3. Nolen-Hoeksema, Girgus e Seligman, "Predictors and Consequences".

4. A escala de classificação da depressão do seu filho é minha versão ligeiramente modificada do teste CES-DC. O teste foi elaborado por Myrna Weissman, Helen Orvaschel e Nancy Padian, "Children's Symptom and Social Functioning: Self-Report Scales", *Journal of Nervous and Mental Disease*, v. 168, n. 12, pp. 736-40, 1980.

5. P. Rosenthal e S. Rosenthal, "Suicidal Behavior by Preschool Children", *American Journal of Psychiatry*, v. 141, n. 4, p. 520-25, 1984.

8. DE ONDE VEM O OTIMISMO? [pp. 104-21]

1. Algumas pessoas ainda têm a ideia preconcebida de que o QI não tem nenhum componente genético. Estão erradas. Se alguém lhe diz isso, ou é um analfabeto científico ou tem cegueira ideológica. Os dados que temos de gêmeos idênticos e filhos adotivos (comparação de filhos adotados com pais biológicos e pais adotivos) são convincentes: pelo menos metade da variância do QI é genética — e esse percentual é de 75% no estudo clássico de Bouchard (Thomas Bouchard, David Lykken, Matt McGue, Nancy Segal e Auke Tellegen, "Sources of Human Psychological Differences: The Minnesota Study of Twins Reared Apart", *Science*, v. 250, n. 4978, pp. 223-8, 1990). No entanto, não está claro o significado do termo "inteligência" e em que medida ela é capaz de prever o nível de sucesso do indivíduo na vida.

O estudo sobre a quantidade de horas dedicadas a assistir TV é: Robert Plomin, Robin Corley, John DeFries e David Fulker, "Individual Differences in Television Viewing in Early Childhood: Nature as Well as Nurture", *Psychological Science*, v. 1, n. 6, pp. 371-7, 1990. O estudo sobre religiosidade é: Niels Waller, Brian Kojetin, Thomas Bouchard, David Lykken, e Auke Tellegen, "Genetic and Environmental Influences on Religious Interests, Attitudes, and Values", *Psychological Science*, v. 1, n. 2, pp. 138-42, 1990. O estudo sobre divórcio é: Matt McGue e David Lykken, "Genetic Influence on Risk of Divorce", *Psychological Science*, v. 3, n. 6, pp. 368-73, 1992. Os outros fatores da personalidade provêm da análise do California Personality Inventory, realizado por Thomas Bouchard e Matt McGue, "Genetic and Rearing Environmental Influences on Adult Personality: An Analysis of Adopted Twins Reared Apart", *Journal of Personality*, v. 58, n. 1, pp. 263-92, 1990.

2. Peter Schulman, Donald Keith e Martin Seligman, "Is Optimism Heritable? A Study of Twins", *Behaviour Research and Therapy*, v. 31, n. 6, pp. 569-74, 1993.

3. N. Pedersen, G. McClearn, R. Plomin, J. Nesselroade, J. Berg e U. DeFaire, "The Swedish Adoption/Twin Study of Aging: An Update", *Acta Geneticae Medicae et Gemellologiae*, v. 40, n. 1, pp. 7-20, 1991; Robert Plomin, Michael Scheier, Cindy Bergeman, Nancy Pedersen, John Nesselroade e Gerald McClearn, "Optimism, Pessimism and Mental Health: A Twin/Adoption Analysis", *Personality and Individual Differences*, v. 13, n. 8, pp. 921-30, 1992. Como o estudo de Plomin usa uma medida, uma cultura e uma metodologia de avaliação do otimismo diferentes da do estudo de Twinsburg e ainda assim conclui que grande parte do QI é herdado, tenho ainda mais convicção de que o otimismo é um componente hereditário.

4. Além de ser um experimento clássico, o estudo "Sources of Human Psychological Differences", de Bouchard, Lykken, McGue, Segal e Tellegen é bastante convincente nesse ponto. Esses caminhos alternativos são exemplos de "covariação genético-ambiental". O ambiente é o meio causal aqui — não os genes —, e uma intervenção para romper a covariação genético-ambiental comprovaria isso.

Grande parte dos futuros tratamentos ambientais de problemas biológicos pode provocar a descoberta de maneiras novas de interromper a covariação genético-ambiental. E vou mais longe: acredito que no começo do século XXI surgirá um campo da psicologia chamado "interrupção da covariação genético-ambiental".

5. Seligman, Kaslow, Alloy, Peterson, Tanenbaum e Abramson, "Attributional Style". Embora a correlação das mães com filhos de ambos os sexos seja forte, não foi encontrada nenhuma correlação entre os níveis de otimismo ou pessimismo do pai tanto com o dos filhos quanto com o das esposas. Mas, na amostra, quase sempre a mãe era quem tinha o papel principal na criação dos filhos. Assim, é possível supor que a criança aprende o estilo explicativo da pessoa que assume o papel de protagonista em sua criação.

6. Carol Dweck é a maior pesquisadora das diferenças de sexo no estilo explicativo e do desamparo aprendido em sala de aula. Carol Dweck e Barbara Licht, "Learned Helplessness and Intellectual Achievement", em Judy Garber e Martin Seligman (Orgs.), *Human helplessness: Theory and applications* (Nova York: Academic Press, pp. 197-222, 1980).

7. J. Barber, P. Badgio, S. Auerbach-Barber, P. Crits-Cristoph, M. Seligman, S. Nolen-Hoeksema, P. Schulman e H. Zullow, "Gender Differences in Explanatory Style: Achievement versus Affiliation Situations", artigo não publicado, Universidade da Pensilvânia, 1995.

8. Karen Arnold, "Values and Vocations: The Career Aspirations of Academically Gifted Females in the First Five Years After High School", artigo apresentado no encontro anual da Associação Americana de Pesquisas Educacionais", Washington, 24 de abril de 1987.

9. A história da transformação de Hoving na adolescência é contada no livro de John McPhee, *A Roomful of Hovings and Other Profiles* (Nova York: Farrar, Straus, and Giroux, 1968).

10. George Brown e Tirril Harris, *Social Origins of Depression* (Londres: Tavistock, 1978). Uma volumosa literatura especializada confirma a conclusão de que a morte da mãe na infância aumenta o risco de depressão na vida adulta. No entanto, surpreendentemente o aumento não é grande, e a morte do pai não provoca um aumento semelhante.

11. Vicky Wolfe, Carole Gentile e David Wolfe, "The Impact of Sexual Abuse on Children: A PTSD Formulation", *Behavior Therapy*, v. 20, pp. 215-28, 1989; G. Stern, "The Effect of Childhood Sexual Abuse on Adult Attributional Style", *Dissertation Abstracts International*, v. 51, p. 1007, 1990.

12. Seligman, *Aprenda a ser otimista*, pp. 186-91; Deanna Pledge, "Marital Separation/Divorce: A Review of Individual Responses to a Major Life Stressor", *Journal of Divorce and Remarriage*, v.

17, n. 3-4, pp. 151-81, 1992; Lawrence Siegel e Nora Griffin, "Correlates of Depressive Symptoms in Adolescents", *Journal of Youth and Adolescence*, v. 13, n. 6, pp. 475-87, 1984.

13. Warren Sloat, "About Men: Snakeskin", *New York Times Magazine*, 25 jan. 1987, p. 60.

10. COMO MUDAR O PESSIMISMO AUTOMÁTICO DO SEU FILHO [pp. 143-71]

1. O capítulo 8 do meu livro *What You Can Change and What You Can't* (Nova York: Knopf, 1994) faz uma revisão da ampla literatura sobre terapia medicamentosa e psicoterapia no combate à depressão.

A referência básica é o estudo colaborativo de Irene Elkin, M. Tracie Shea, John Watkins, Stanley Imber et al., "National Institute of Mental Health Treatment of Depression Collaborative Research Program: General Effectiveness of Treatments", *Archives of General Psychiatry*, v. 46, n. 11, pp. 971-82, 1989. Atente para o fato de que esse ainda é um assunto controverso, e até hoje os dados são contestados e reanalisados, tendo em vista que tanto o lobby dos remédios quanto o lobby da psicoterapia alegam que seu tratamento é melhor que o outro. A meu ver, medicamentos, terapia interpessoal e terapia cognitiva são igualmente eficazes no alívio *imediato* dos sintomas. No entanto, a terapia cognitiva é muito mais eficaz na prevenção à depressão que os medicamentos, caso ambos sejam abandonados. Steve Hollon, Rob DeRubeis e Mark Evans, "Combined Cognitive Therapy and Pharmacotherapy in the Treatment of Depression", em D. Manning e A. Frances (Orgs.), *Combination Drug and Psychotherapy in Depression* (Washington: American Psychiatric Press, 1990).

As descobertas mais recentes são sobre recorrência: M. Tracy Shea, Irene Elkin, Stanley Imber et al., "Course of Depressive Symptoms over Follow-Up", *Archives of General Psychiatry*, v. 49, n. 10, pp. 782-7, 1992; M. D. Evans, S. D. Hollon, R. J. DeRubeis, J. M. Piasecki, M. J. Garvey, W. M. Grove e V. B. Tuason, "Differential Relapse Following Cognitive Therapy, Pharmacotherapy, and Combined Cognitive-Pharmacotherapy for Depression", *Archives of General Psychiatry*, v. 49, n. 10, pp. 802-8, 1992. Esses dois grandes estudos chegaram à conclusão de que a terapia cognitiva é mais eficaz do que o tratamento medicamentoso (que vai sendo reduzido durante o acompanhamento) para evitar a recorrência da depressão. Apesar disso, ainda há uma recorrência considerável mesmo nos grupos de terapia cognitiva — 50% dos que tomam medicamentos e 30% que fazem terapia cognitiva voltam a ter depressão em dois anos. Num estudo que ganhou fama, onze pacientes que reagiram bem à imipramina (um antidepressivo tricíclico) tomaram o medicamento continuamente ao longo de cinco anos e apenas um teve depressão. De nove pacientes que receberam placebo, cinco tiveram depressão (D. Kupfer, E. Frank, J. Perel, et al., "Five-Year Outcome for Maintenance Therapies for Recurrent Depression", *Archives of General Psychiatry*, v. 49, n. 10, pp. 769-73, 1992). Essa descoberta sugere que se os antidepressivos funcionam para você e reduzem sua chance de voltar a ter depressão, é melhor mantê-los mesmo quando estiver se sentindo bem.

2. Albert Ellis, *Reason and Emotion in Psychotherapy* (Nova York: Lyle Stuart, 1962). Junto com o clássico *Depression* (Nova York: Hoeber, 1967 [Ed. bras.: *Depressão: causas e tratamento*. Porto Alegre: Artmed, 2011]), de Aaron T. Beck, este livro é a referência geral mais esclarecedora que conheço sobre a psicologia da depressão. Um excelente guia de tratamento é Aaron T. Beck, John Rush, Brian Shaw e Gary Emery, *Cognitive Therapy of Depression: A Treatment Manual* (Nova York: Guilford, 1979).

Os exercícios que apresentamos neste e nos dois capítulos seguintes têm origem nas obras seminais de Aaron Beck e Albert Ellis. Eles formularam as primeiras versões de nossas técnicas no intuito de aliviar a depressão entre aqueles que já padeciam dela. Em 1987, a seguradora Metropolitan Life me pediu que adaptasse as técnicas para uma população *normal* e com uma *orientação preventiva*, de modo que pudesse usá-las em sua força de vendas — um grupo que realmente não tinha nada de deprimido. Entrei em contato com Steve Hollon, professor na Universidade Vanderbilt, e com Art Freeman, que na época era professor da Faculdade de Medicina e Odontologia de Nova Jersey e um dos maiores nomes da terapia cognitiva, para me ajudar a mudar as técnicas básicas de terapia nesses dois sentidos mencionados. Dan Oran, da Foresight, Inc., e Dick Calogero, da Metropolitan Life, conduziram o projeto do seminário, enquanto Karen Reivich se encarregou de elaborar os manuais.

Depois disso, Karen Reivich, Jane Gillham e Lisa Jaycox adaptaram as técnicas para crianças normais e as testaram amplamente, conforme descrito no capítulo 9. Leia os Agradecimentos para saber mais detalhadamente quem fez o quê. Nos capítulos 10, 11 e 12, eu me baseei acima de tudo no trabalho duro de todas essas pessoas.

11. COMO MUDAR O ESTILO EXPLICATIVO DO SEU FILHO [pp. 172-202]

1. Nós descobrimos que a dimensão da universalidade, que ensinamos rotineiramente a adultos, não é tão fácil de ensinar a crianças. Desse modo, tanto no Programa de Prevenção da Universidade da Pensilvânia quanto neste capítulo ensinamos apenas a permanência e a personalização.

13. COMO REFORÇAR AS HABILIDADES SOCIAIS DO SEU FILHO [pp. 239-79]

1. Para se aprofundar na relação cíclica entre comportamento agressivo, rejeição pelos pares e depressão, ver William F. Panak e Judy Garber, "Role of Aggression, Rejection, and Attributions in the Prediction of Depression in Children", *Development and Psychopathology*, v. 4, n. 1, pp. 145-65, 1992.

2. Existe um grande corpo de pesquisa sobre a semelhança dos mediadores cognitivos na depressão e na agressão. Kenneth Dodge é o líder neste campo e escreveu estudos extensos com foco no viés de atribuição hostil visto em muitos meninos agressivos: Kenneth Dodge, "A Social Information Processing Model of Social Competence in Children", em Marion Perlmutter (Org.), *Cognitive Perspectives on Children's Social and Behavioral Development* (Hillsdale, N.J.: Erlbaum, 1986); Kenneth A. Dodge e Cynthia L. Frame, "Social Cognitive Biases and Deficits in Aggressive Boys", *Child Development*, v. 53, n. 3, pp. 620-35, 1982; Kenneth Dodge, Gregory Pettit, Cynthia McClaskey e Melissa Brown, "Social Competence in Children", *Monographs of the Society for Research in Child Development*, v. 51, 1986; Beverly A. Richard e Kenneth A. Dodge, "Social Maladjustment and Problem-Solving in School-Aged Children", *Journal of Consulting and Clinical Psychology*, v. 50, n. 2, p. 226-33, 1982.

Recentemente, Dodge ampliou seu trabalho com os colegas Judy Garber e outros no intuito de observar os vieses de hostilidade e de atribuição em crianças com depressão: Nancy L. Quiggle, Judy Garber, William F. Panak e Kenneth A. Dodge, "Social Information Processing in Aggressive and Depressed Children", *Child Development*, v. 63, n. 6, pp. 1305-20, 1992.

3. Os pioneiros no estudo da resolução de problemas são Spivack e Shure, que estudaram a relação do raciocínio correlacionando meios e fins com a adaptação psicológica e a adaptação social. Ver, por exemplo, George Spivack, Jerome Platt e Myrna Shure, *The Problem Solving Approach to Adjustment* (San Francisco: Jossey-Bass, 1976). Meichenbaum estudou a autoinstrução como meio de pôr um freio nos comportamentos impulsivos. Donald H. Meichenbaum e Joseph Goodman, "Training Impulsive Children to Talk to Themselves", *Journal of Abnormal Psychology*, v. 77, n. 2, pp. 115-26, 1971. A partir desses conceitos básicos, foram desenvolvidos diversos programas voltados para a resolução de problemas, programas esses parecidos com o esquema dos cinco passos. Por exemplo, em populações clínicas: Bonnie W. Camp, Gaston E. Blom, Frederick Hebert e William J. van Doorninck, "Think Aloud: A Program for Developing Self-Control in Young Aggressive Boys", *Journal of Abnormal Child Psychology*, v. 5, n. 2, pp. 157-69, 1977; Alan E. Kazdin, Todd C. Siegel e Debra Bass, "Cognitive Problem-Solving Skills Training and Parent Management Training in the Treatment of Antisocial Behavior in Children", *Journal of Consulting and Clinical Psychology*, v. 60, n. 5, pp. 733-47, 1992; John E. Lochman e John F. Curry, "Effects of Social Problem-Solving Training and Self-Instruction Training with Aggressive Boys", *Journal of Consulting and Clinical Psychology*, v. 15, n. 2, pp. 159-64, 1986; John E. Lochman, Peter R. Burch, John F. Curry e Louise B. Lampron, "Treatment and Generalization Effects of Cognitive-Behavioral and Goal-Setting Interventions with Aggressive Boys", *Journal of Consulting and Clinical Psychology*, v. 52, n. 5, pp. 915-6, 1984; Pamela Yu, Gerald E. Harris, Brenda L. Solovitz, e Jack L. Franklin, "A Social Problem-Solving Intervention for Children at High Risk for Later Psychopathology", *Journal of Child Clinical Psychology*, v. 15, n. 1, pp. 30-40, 1986.

Também foram utilizados vários outros programas com crianças normais em idade escolar, em caráter preventivo: Maurice J. Elias, Michael Gara, Michael Ubriaco, Peggy A. Rothbaum, John F. Clabby e Thomas Schuyler, "Impact of a Preventive Social Problem Solving Intervention on Children's Coping with Middle-School Stressors", *American Journal of Community Psychology*, v. 14, n. 3, pp. 259-75, 1986; Ellis L. Gesten, Mark H. Rains, Bruce D. Rapkin, Roger P. Weissberg, Roberto Flores de Apodaca, Emory L. Cowen e Robert Bowen, "Training Children in Social Problem-Solving Competencies: A First and Second Look", *American Journal of Community Psychology*, v. 10, n. 1, pp. 95-115, 1982; Roger P. Weissberg, Ellis L. Gesten, Bruce D. Rapkin, Emory L. Cowen, Edward Davidson, Roberto Flores de Apodaca e Barbara J. McKim, "Evaluation of a Social Problem-Solving Training Program for Suburban and Inner-City Third Grade Children", *Journal of Consulting and Clinical Psychology*, v. 49, n. 2, pp. 251-61, 1981.

4. Essas técnicas de assertividade se baseiam, com modificações, no modelo de assertividade para adultos de Sharon Bower: Sharon A. Bower e Gordon H. Bower, *Asserting Yourself: A Practical Guide for Positive Change* (Reading, Mass.: Addison-Wesley, 1976).

5. Dois artigos úteis sobre os efeitos dos conflitos entre os pais na adaptação dos filhos: Robert E. Emery, "Interparental Conflict and the Children of Discord and Divorce", *Psychology Bulletin*, v. 92, n. 2, pp. 310-30, 1982; John H. Grych e Frank D. Fincham, "Marital Conflict and Children's Adjustment: A Cognitive-Contextual Framework", *Psychology Bulletin*, v. 108, n. 2, pp. 267-90, 1990.

6. E. Mark Cummings estudou as diferentes formas como as crianças reagem aos conflitos naturais entre adultos e investigou a importância da resolução de conflitos. E. Mark Cummings, Dena Vogel, Jennifer S. Cummings e Mona El-Sheikh, "Children's Responses to Different Forms of Expression of Anger Between Adults", *Child Development*, v. 60, n. 6, pp. 1392-1404, 1989; E.

Mark Cummings, Kelly S. Simpson e Amy Wilson, "Children's Responses to Interadult Anger as a Function of Information About Resolution", *Developmental Psychology*, v. 29, n. 6, pp. 978-85, 1993; E. Mark Cummings, Mary Ballard, Mona El-Sheikh e Margaret Lake, "Resolution and Children's Responses to Interadult Anger", *Developmental Psychology*, v. 27, n. 3, pp. 462-70, 1991.

14. A PIRÂMIDE DO OTIMISMO: BEBÊS E CRIANÇAS EM IDADE PRÉ-ESCOLAR [pp. 283-301]

1. John Watson, "Memory and 'Contingency Analysis' in Infant Learning", *Merrill-Palmer Quarterly*, v. 13, n. 1, pp. 55-76, 1967. Ver também o capítulo 7 de *Helplessness*, de minha autoria. Os experimentos clássicos de Watson foram repetidos de diversas maneiras com crianças, usando brinquedos, pessoas estranhas e vocalizações da mãe. O resultado em todos é que a não contingência faz com que a criança fique irrequieta e se torne passiva, enquanto a maestria provoca sorrisos e envolvimento. Michael Lewis, Margaret Sullivan e Jeanne Brooks-Gunn, "Emotional Behaviour During the Learning of a Contingency in Early Infancy", *British Journal of Developmental Psychology*, v. 3, n. 3, pp. 307-16, 1985; Megan Gunnar, Kelly Leighton e Raymond Peleaux, "Effects of Temporal Predictability on the Reactions of One-Year-Olds to Potentially Frightening Toys", *Developmental Psychology*, v. 20, n. 3, pp. 449-58, 1984; Mary Levitt, "Contingent Feedback, Familiarization, and Infant Affect: How a Stranger Becomes a Friend", *Developmental Psychology*, v. 16, n. 5, pp. 425-32, 1980.

Dois estudos representativos sobre a importância da maestria nas aptidões futuras e no afeto positivo: David Messer, Mary McCarthy, Susan McQuiston et al., "Relation Between Mastery Behavior in Infancy and Competence in Early Childhood", *Developmental Psychology*, v. 22, n. 3, pp. 366-72, 1986; Linda Mayes e Edward Zigler, "An Observational Study of the Affective Concomitants of Mastery in Infants", *Child Psychology and Psychiatry*, v. 33, n. 4, pp. 659-67, 1992.

2. Angela Wilkes, *My First Cook Book* (Nova York: Knopf, 1989), oferece um excelente ponto de partida.

3. Carl Rogers, "The Necessary and Sufficient Conditions of Therapeutic Personality Change", *Journal of Consulting Psychology*, v. 21, n. 2, pp. 95-103, 1957. Dois artigos representativos em defesa da mesma abordagem com crianças: Charlotte Ellinwood, "The Young Child in Person-Centered Family Therapy", *Person-Centered Review*, v. 4, n. 3, pp. 256-62, 1989; Stephen Magura, "Clients View Outcomes of Child Protective Services", *Social Casework*, v. 63, n. 9, pp. 522-31, 1982.

4. A literatura sobre desamparo aprendido apetitivo é discutida em Peterson, Maier e Seligman, *Learned Helplessness*, e em Seligman, *Helplessness*. Ambos os livros contêm bibliografias extensas sobre pesquisas nesse âmbito.

5. Deborah Stipek, *Motivation to Learn: From Theory to Practice* (Boston: Allyn and Bacon, 1993), contém, na página 55, uma lista valiosa de diretrizes para elogios eficazes.

6. Para uma grande quantidade de evidências da eficácia do castigo, ver o livro organizado por Byron Campbell e Russell Church, *Punishment and Aversive Behavior* (Nova York: Appleton--Century-Crofts, 1969).

7. Minha tese de doutorado foi o primeiro de muitos estudos a demonstrar isso (Martin Seligman, "Chronic Fear Produced by Unpredictable Shock", *Journal of Comparative and Physiological*

Psychology, v. 66, pp. 402-11, 1968). Para uma revisão, ver o capítulo 6, "Unpredictability and Anxiety", de Seligman, *Helplessness*.

8. Robert Schwartz e Greg Garamoni, "Cognitive Balance and Psychopathology: Evaluation of an Information Processing Model of Positive and Negative States of Mind", *Clinical Psychology Review*, v. 9, n. 3, pp. 271-94, 1989; Greg Garamoni, Charles Reynolds, Michael Thase e Ellen Frank, "Shifts in Affective Balance During Cognitive Therapy of Major Depression", *Journal of Consulting and Clinical Psychology*, v. 60, n. 2, pp. 260-6, 1992.

9. Acredito que uma alta frequência de sonhos intensamente negativos seja mais do que uma simples correlação com a depressão. A privação dos sonhos em pessoas deprimidas, seja pelo uso de medicamentos ou pela interrupção do sono REM, é um tratamento antidepressivo eficaz. Assim como vivenciar diversos acontecimentos ruins durante o dia provoca depressão, vivenciá-los durante o sono também pode causar depressão. Gerald Vogel, "A Review of REM Sleep Deprivation", *Archives of General Psychiatry*, v. 32, n. 6, pp. 749-61, 1975.

15. OS LIMITES DO OTIMISMO [pp. 302-6]

1. O trabalho clássico de Lauren B. Alloy e Lyn Y. Abramson, "Judgment of Contingency in Depressed and Nondepressed Students: Sadder but Wiser", *Journal of Experimental Psychology: General*, v. 108, n. 4, pp. 441-85, 1979, foi o primeiro a demonstrar o realismo depressivo. Peter Lewinsohn, Walter Mischel, William Chaplin e Russell Barton, "Social Competence and Depression: The Role of Illusory Self-Perceptions". *Journal of Abnormal Psychology*, v. 89, n. 2, pp. 203-12, 1980, demonstrou o realismo depressivo na medição das habilidades sociais. O realismo depressivo também parece afetar a memória, mas nesse caso as evidências são conflituosas. Ver, por exemplo, Robert DeMonbreun e Edward Craighead, "Distortion of Perception and Recall of Positive and Neutral Feedback in Depression", *Cognitive Therapy and Research*, v. 1, n. 4, pp. 311-29, 1977. A parcialidade em pessoas sem depressão é analisada por Christopher Peterson e Martin Seligman, "Causal Explanations as a Risk Factor for Depression: Theory and Evidence". *Psychological Review*, v. 91, n. 3, pp. 347-74, 1984. Ver o capítulo 6 de *Aprenda a ser otimista* para uma análise das evidências dessa fascinante e robusta ilusão de controle. O trabalho mais recente que mostra que o realismo é um fator de risco para a depressão é Lauren Alloy e Caroline Clements, "Illusion of Control: Invulnerability to Negative Effect and Depressive Symptoms after Laboratory and Natural Stressors". *Journal of Abnormal Psychology*, v. 101, n. 2, pp. 234-45, 1992.

Para terminar esse assunto, acredito que o realismo não se limita a *coexistir* com a depressão: ele parece ser um fator de risco para a depressão, assim como fumar é fator de risco para câncer de pulmão. Pessoas sem depressão e realistas se tornam depressivas numa proporção maior que pessoas sem depressão que têm ilusões de controle.

Apesar de tudo, a veracidade de todos esses resultados é alvo de debates até hoje, e esse é o motivo pelo qual eu modalizo meu discurso e sou cauteloso ao fazer alegações sobre o tema. Várias pesquisas fracassaram na tentativa de reproduzir esses resultados, e, quando divididas pelo tipo de tarefa avaliada, as pessoas com depressão parecem ser mais precisas ao julgar o controle, porém menos precisas na hora de se lembrar das informações usadas em suas autoavaliações (ver Ruby Ackermann e Robert DeRubeis, "Is Depressive Realism Real?". *Clinical Psychology Review*, v. 11, n. 5, pp. 365-84, 1991).

POSFÁCIO À EDIÇÃO ORIGINAL: UM RELATÓRIO DE PROGRESSO DO OTIMISMO [pp. 307-12]

Esteban V. Cardemil, Karen J. Reivich e Martin E. P. Seligman, "The Prevention of Depressive Symptoms in Low-Income Minority Middle-School Students". *Prevention & Treatment*, v. 5, n. 1, artigo 8, 2002. Disponível em: <https://psycnet.apa.org/record/2002-14077-001>.

Sheldon Cohen, William J. Doyle, Ronald B. Turner, Cuneyt M. Alper e David P. Skoner, "Sociability and Susceptibility to the Common Cold". *Psychological Science*, v. 14, n. 5, pp. 389-95, 2003.

Mihaly Csikszentmihalyi. "If We Are So Rich, Why Aren't We Happy?". *American Psychologist*, v. 54, n. 10, pp. 821-7, 1999.

Deborah Danner, David Snowdon e Wallace Friesen, "Positive Emotions in Early Life and Longevity: Findings from the Nun Study". *Journal of Personality and Social Psychology*, v. 80, n. 5, pp. 804-13, 2001.

Ed Diener e Martin E. P. Seligman, "Beyond Money: Toward an Economy of Well-Being". *Psychological Science in the Public Interest*, v. 5, pp. 1-31, 2004. Disponível em: <https://www.researchgate.net/journal/Psychological-Science-in-the-Public-Interest-1529-1006>.

Barbara Fredrickson, "The Role of Positive Emotions in Positive Psychology". *American Psychologist*, v. 56, n. 3, pp. 218-26, 2001.

Jane E. Gillham e Karen J. Reivich, "Prevention of Depressive Symptoms in School Children: A Research Update". *Psychological Science*, v. 10, n. 5, pp. 461-2, 1999.

Erik Giltay, Marjolein Kamphuis, Sandra Kalmijn et al., "Dispositional Optimism and the Risk of Cardiovascular Death". *Archives of Internal Medicine*, v. 166, n. 4, pp. 431-6, 2006.

T. Maruta, R. Colligan, M. Malinchoc e K. Offord, "Optimists vs. Pessimists: Survival Rate Among Medical Patients over a Thirty-Year Period". *Mayo Clinic Proceedings*, v. 75, n. 2, pp. 140-3, 2000.

Christopher Peterson. *A Primer of Positive Psychology*. Nova York: Oxford, 2006.

Christopher Peterson e Martin E. P. Seligman. *Character Strengths and Virtues: A Handbook and Classification*. Washington: APA Press e Oxford University Press, 2004.

Martin E. P. Seligman, *Learned Optimism*. Nova York: Knopf, 1990. [Ed. bras.: *Aprenda a ser otimista*. Rio de Janeiro: Objetiva, 2019.]

Martin E. P. Seligman, *Authentic Happiness: Using the New Positive Psychology to Realize Your Potential for Lasting fulfillment*. Nova York: Free Press/Simon and Schuster, 2002. [Ed. bras.: *Felicidade autêntica: Use a psicologia positiva para alcançar todo o seu potencial*. Rio de Janeiro: Objetiva, 2019.]

David L. Yu, e Martin E. P. Seligman, "Preventing Depressive Symptoms in Chinese Children". *Prevention & Treatment*, v. 5, n. 1, artigo 9, 2002. Disponível em: <https://psycnet.apa.org/record/2002-14077-002>.

Índice remissivo

abandono escolar, 321n7

Abington, Pensilvânia, Programa de Prevenção da Universidade da Pensilvânia em, 125-40; *ver também* Programa de Prevenção da Universidade da Pensilvânia

Abramson, Lyn Y., 302, 324n1, 325n5, 330n1

abrangência, 173; específica *versus* universal, 66-70

abuso sexual, 325n11

ação: caminho da, na resolução de problemas, 263-6; movimento pela autoestima e, 39; otimismo e, 24

Ackermann, Ruby, 330n1

acontecimentos bons: abrangência e, 70; permanência e, 65-6

acontecimentos ruins: abrangência e, 69; permanência e, 64-5

acontecimentos transformadores, 118-21

acontecimentos, estilo explicativo e, 173-5

acusadores, contestadores e, 203

Addy, Cheryl, 320n1

Adler, Alfred, 321n4

adoção na Suécia/ estudo de envelhecimento de gêmeos, 106

adultos: contestação rápida para, 213-7; época de nascimento e depressão em, 50; exercícios de contestação para, 210-3; *ver também* pais

adversidade, 147-9

alimentação, maestria e, 289

Alloy, Lauren B., 302, 324n1, 325n5, 330n1

alternativas, criação de, 207

amizades: habilidades sociais e, 239-40; problemáticas, 241-3

amortecimento da disforia, 54-5

Anderson, Karen, 319n1

Andreasen, Nancy, 323n1

ansiedade: como sintoma de depressão, 98; flow e, 55; valor da, 55

apetite, 102

Arnold, Karen, 325n8

às vezes *versus* sempre, permanência e, 64-6

aspirações na carreira, mulheres, 325n8

assertividade: abordagem de quatro passos para, 269; como habilidade social, 268-74; situações para, 272-4; técnicas de, 328n4

atenção, maestria e, 290-1

Auerbach-Barber, S., 325n7

ausência de controle, 285

autocontestação, 203

autoculpa, 187-8; estilos de culpa, 73-5; *ver também* culpa autoculpa comportamental, 187

autoestima: como objetivo dos pais, 53; desenvolvimento da, 42-5; epidemia de depressão e, 49; movimento pela, 52; pesquisas sobre, 322n9; práticas na criação dos filhos e, 44; psicólogos da inspiração e, 44; reforço direto, 322n10; sair-se bem *versus* sentir-se bem, 43; sentimentos e a, 46; sentir-se bem *versus* sair-se bem, 45-8; testando o lado do sentir-se bem da, 44

autoestima do sair-se bem, 45-8

autoestima do sentir-se bem, 43-5, 322n9; autoestima do sair-se bem e, 45-8, 322n9

autoimagem otimista, 27-8

autopercepção ilusória, 330n1

avaliação dos pensamentos automáticos, 145

baby-boomers, criação dos filhos e, 36

Badgio, P., 325n7

Bailey, Scott, 319n1

bajulação no movimento pela autoestima, 40

Banerji, Madhabi, 322n7

Barber, Jacques, 117, 325n7

Barton, Russell, 330n1

Bass, Debra, 328n3

Baumeister, Roy, 322n9

bebês: contingência, controlabilidade e, 286; maestria adquirida por, 284-91; *ver também* crianças; pais

Beck, Aaron T., 33, 149, 326n2

behavioristas *ver* psicologia behaviorista

Berg, J., 325n3

Bergeman, Cindy, 325n3

Blom, Gaston E., 328n3

Bouchard, Thomas, 324n1

Bowen, Robert, 328n3

Bower, Gordon H., 328n4

Bower, Sharon A., 328n4

Branden, Nathaniel, 321n5; autoestima e, 44

briga entre os pais, 278-9

brigas físicas, depressão e, 241-2

brincadeiras, maestria e, 288-9, 291

brinquedos, exploração e, 288

Brooks-Gunn, Jeanne, 329n1

Brown, George, 119, 325n10

Brown, Melissa, 327n2

Burch, Peter R., 328n3

Burke, Jack, 322n1

Burns, Melanie, 323n2

cães *ver* experimentos com animais

Califórnia: ensino da autoestima na, 44-5; recomendações na, 44-6

Calogero, Dick, 327n2

caminho da ação na resolução de problemas, 263-6

Camp, Bonnie W., 328n3

Campbell, Byron, 329n6

câncer e estresse, 16

capacitação no modelo ccccc, 204, 220-5; *ver também* contestação

Catterall, James, 321n7

Center for Epidemiolial Studies — Depression Child (ces-dc), teste do, 92, 324n4

ceticismo, 62-3; em relação a si mesmo, 203

Chaplin, William, 330n1

Chomsky, Noam, 320n3

Church, Russell, 329n6

ciência: imunologia, 14; psiconeuroimunologia (pni), 14; vacina de Salk e, 13-4; *ver também* psicologia

Clabby, John F., 328n3

Clements, Caroline, 330n1

Cole, Christine, 322n7

coleta de evidências e contestação, 207

competição, e movimento pela autoestima, 40

componente cognitivo do Programa de Prevenção da Universidade da Pensilvânia, 129-32

componente social da resolução de problemas do Programa de Prevenção da Universidade da Pensilvânia, 129, 132-3

comportamento adaptativo, 14; *ver também* desamparo aprendido

comportamento agressivo, 243, 327nn1, 2

comportamento impulsivo, 243; resolução de problemas e, 249

comportamento(s): como grupos de sintomas, 99-102; pais como fonte de, 108-14; questionário sobre, 244-5; *ver também* estilo explicativo; herança; maestria

compromisso, negociação e, 275-8

computador, maestria e, 289

concentração e depressão, 128

condicionamento pavloviano, 14

conduta imprópria, foco na, 243

conflito(s): entre os pais, 278-9, 328n5; nas famílias, 320n1; resolução de, 328n6; tomada de perspectiva e, 257-8

conquistas, movimento de afastamento das, 52

consequências: advindas das crenças, 184-5; modelo CCC e, 149-54

consideração positiva, 195-6

consideração positiva incondicional, 291-3

contestação: coleta de evidências e, 206-7; como ensinar ao filho, 217-38; descatastrofização e, 203-38; exercícios para adultos, 210-3; geração de alternativas e, 207; jogo do cérebro e, 235-7; plano de ataque e, 208-9

contestação rápida: com a criança, 236-7; feita pelo pai, 213-7

contingência, 285-6

contratempos: como acontecimentos transformadores, 118-9; sentimentos a respeito de, 173

controle: ação humana e, 43; em crianças pequenas, 22; sensações de, 303

Coopersmith, Stanley, 43-4, 321n4

Corley, Robin, 324n1

covariação genético-ambiental, 325n4

Cowen, Emory L., 328n3

Craighead, Edward, 330n1

crenças: exercícios de, 154-9; modelo CCC e, 149-54, 184-5; precisão e, 177-9

crianças: como ensinar a contestação às, 237-8; como medir o otimismo nas, 79-103; conflitos parentais e, 278-9; críticas às, 75-8; depressão em, 51-2; desenvolvimento precoce das, 22-30; hora de dormir das, 297-9; necessidade do fracasso, 57; *ver também* bebês; pais

crianças em idade pré-escolar, críticas a, 76

críticas: aos esforços para a resolução de problemas, 247-8; às crianças, 75-8; por parte dos professores, 116, 118

Crits-Cristoph, P., 325n7

Csikszentmihalyi, Mihaly, 323n4

culpa: amizades e, 243; autoestima e, 47; estilos de, 73-5; jogo da torta e, 196-8; personalização e, 186-8; responsabilidade e, 70-2

Cummings, E. Mark, 328n6

Cummings, Jennifer S., 328n6

curiosidade como atmosfera, 159

Curry, John F., 328n3

curso de habilidades de enfrentamento, Programa de Prevenção da Universidade da Pensilvânia e *ver* Programa de Prevenção da Universidade da Pensilvânia; habilidades

Davidson, Edward, 328n3

DeFaire, U., 325n3

DeFries, John, 324n1

DeMonbreun, Robert, 330n1

depressão: amizades problemáticas e, 241-3; antecedentes da, 119; autoestima e, 46; avaliação da, 92-103; cessação da, 31; desamparo aprendido e, 15-6, 319n1; entre mulheres, 49; epidemia de, 18, 49-57, 322n1; idade do surgimento, 50-1; impacto do Programa de Prevenção da Universidade da Pensilvânia na, 138-42; pensamentos bons e ruins na, 297; pessoas hospitalizadas por, 50; prevalência da, ao longo da vida, 50; Programa de Prevenção da Universidade da Pensilvânia e, 125-42; puberdade e, 28-30; realismo e, 203, 330n1; técnicas para aliviar a, 326n1, 327n2; teorias sobre a, 31; terapia cognitiva e, 33-4, 144; *ver também* assertividade; autoestima; movimento pela autoestima

depressão, puberdade e, 138-9

derrota, depressão e, 34

DeRubeis, Robert, 326n1, 330n1

desafios, 24; persistência e, 57

desamparo, 15, 293, 319n1; desenvolvimento infantil e, 22; experiências de, 119, 121;

superando o, 56-7; *ver também* desamparo aprendido

desamparo aprendido, 15-6, 285, 319n1, 329n4; diferenças entre os sexos no, 325n6; apetitivo, 293; aversivo, 293

descatastrofização: como habilidade dos pais, 146-7; ensinando a criança, 226-30; *ver também* pensamento catastrófico; contestação

desenvolvimento infantil, 22-30

desistência, 48

detecção de pensamentos, 145

diálogo interno, 160-2; modelo CCC e, 160-2

disforia, 54-5

distorção da percepção, 330n1

divórcio, 35, 328n5

Dodge, Kenneth A., 327n2

doença, 319n1; em oposição à saúde, 32; problemas emocionais e, 16-7

doenças físicas, imunização psicológica e, 17

Dweck, Carol, 116, 325n6

"e ses", 208

educação, 321n7; ceticismo e, 62-3

Efeito Hoving, 118-21

eficácia causal, 322n10

Ehrlich, Paul, 56

Elias, Maurice J., 328n3

Elkin, Irene, 326n1

Ellinwood, Charlotte, 329n3

Ellis, Albert, 149, 326n2

elogios eficazes, 294, 329n5

El-Sheikh, Mona, 328n6

Emery, Gary, 326n2

Emery, Robert E., 328n5

emoções: estresse e, 147-54; função das, 54-5

emoções positivas, flow e, 55-6

enaltecimento, 62-3; fracasso do, 205

ensino da contestação, 237; *ver também* pais

epidemia: de depressão, 49-57, 322n1; de pessimismo, 18-21

era do sentir-se bem, crescimento da depressão na, 50

escala de classificação da depressão, 92-4

escolas: movimento pela autoestima e, 36, 39-48; prevenção nas, 328n3; Programa de Prevenção da Universidade da Pensilvânia nas, 125-42; *ver também* educação

escolas públicas, movimento pela autoestima, 36, 39-48

escolha: ação humana e, 43; limites na, 290; maximização da, 287

esforço, fracasso e, 117

estabelecimento de objetivos, resolução de problemas e, 259-62

Estados Unidos como uma nação de otimistas, 61-2

estilo de atribuição na depressão, 319n1

estilo de pensar *ver* estilo explicativo

estilo explicativo: abrangência como, 66-70; como ensinar ao filho, 175-9; de crianças vítimas de abuso, 119; de professores e treinadores, 114-8; estado mental do, 47; fundamentação do, 284; mudando as crianças, 173-202; na pirâmide do otimismo, 299-300; otimismo e, 64; pais e, 108; permanência como, 64-6, 179-85; personalização como, 70-5, 186-99; *ver também* medição; pensamento

estilo explicativo pessimista, 319n1

estratégia flexível de resolução de problemas, 248-9

estresse: adversidade e, 147-54; câncer e, 16; pós-traumático, 15

estressores do ensino médio, 328n3

estudo ECA (Área de Captação Epidemiológica), 49

Estudo Longitudinal sobre Depressão Infantil entre as Universidades de Princeton e da Pensilvânia, 35

Evans, Mark D., 326n1

experimentos com animais, 14-5; punição e, 294-5

exploração, maestria e, 288-9

falando consigo mesmo *ver* diálogo interno, modelo CCC e

famílias: conflito nas, 35, 320n1; de crianças no Programa de Prevenção da Universidade da Pensilvânia, 134-7

farmacoterapia, 326n1

felicidade, 45, 52

Flores de Apodaca, Roberto, 328n3

flow, 55-6, 323n4

fracasso: ato de tentar e, 117; autoestima e, 46-7; interpretação do, 26, 28; interpretação específica *versus* interpretação universal do, 67-9; persistência e, 56-7; *ver também* pessimismo

fracasso da conversa motivacional, 205-6

fraldas, maestria e, 290

Frame, Cynthia L., 327n2

Frances, A., 326n1

Frank, Ellen, 326n1, 330n8

Franklin, Jack L., 328n3

Freeman, Art, 327n2

freudianos, autoestima e, 43

Fromm, Eric, 321n4

frustração, flow e, 55

Fulker, David, 324n1

Fundação MacArthur, psiconeuroimunologia e, 16

fundamentalismo religioso, 323n3

Gara, Michael, 328n3

Garamoni, Greg, 297, 330n8

Garber, Judy, 325n6, 327n2

garotos, depressão e, 241-3; *ver também* homens

Garvey, M. J., 326n1

gêmeos, estudos sobre, 105-8, 325n3

gênero, críticas e, 116-8

genética e QI: estudos sobre gêmeos, 104-8, 324n1

Gentile, Carole, 325n11

Gesten, Ellis L., 328n3

Gillham, Jane, 33, 36, 327n2

Girgus, Joan, 35, 324n2

Good Luck Pony, The (Koda-Callan), 57

Grande Depressão, pessimismo e a, 62

Griffin, Nora, 326n12

Grove, W. M., 326n1

Gruenberg, Ernest, 322n1

grupo de controle do Programa de Prevenção da Universidade da Pensilvânia, 126-7

grupos de sintomas: comportamentos como, 99; físicos, 102; humor como, 98-9; pensamentos como, 95-8

Grych, John H., 328n5

guerra, pessimismo e, 62

Gunnar, Megan, 329n1

habilidades: avaliação de pensamentos automáticos, 145; contestação, 237; de detecção de pensamentos, 145; descatastrofização, 146-7, 217; geração de explicações precisas, 146; maestria e ensino de habilidades à criança, 143-4; para reduzir o risco de depressão *ver* Programa de Prevenção da Universidade da Pensilvânia; resolução de problemas, 244-58; sociais *ver* habilidades sociais; *ver também* contestação; otimismo; pais

habilidades cognitivas do otimismo, 143; *ver também* habilidades

habilidades sociais: assertividade, 268-74; avaliação das, 245; enaltecimento, 239-79, 328n3; ensino das, 244-9; negociação como, 275-8; *ver também* resolução de problemas; habilidades

Harris, Gerald E., 328n3

Harris, Tirril, 325n10

Hebert, Frederick, 328n3

Hebert, Louis, 125

Helzer, John, 322n1

herança, 104-8

Herzberger, S., 319n1

Hirschfeld, Robert, 323n1

Hollon, Steve, 326n1, 327n2

homens: depressão em, 50; explicações dos fracassos por, 117

hora de dormir das crianças, 297-9

horário das refeições, maestria e, 289-90

Horney, Karen, 321n4

hospitalização por depressão, 50

hostilidade, assertividade e, 268

Hoving, Thomas, 118, 325n9
Hull, Clark, autoestima e, 43
humor, como conjunto de sintomas, 98

idades do surgimento da depressão, 50-1
Imber, Stanley, 326n1
imigração, otimismo e, 61
imperador do sorvete e outros poemas, O (Stevens), 9
implicações da adversidade, 208
imunização: componente cognitivo da, 36; componente de habilidades sociais da, 36; contra a depressão, 26-30; contra o desamparo, 320n2; psicológica, 17, 19-20
imunologia, 14
indecisão, 99-100
inteligência, 324n1; *ver também* QI
interpretação de papéis: assertividade e, 269-72; tomada de perspectiva e, 257-8
interpretação e maturidade, 92
intervenção, 328n3; dos pais, 245-7
irmãos, resolução de problemas e, 277
irritabilidade como sintoma de depressão, 98

Jackson, Andrew, 61
Jackson, Kirby, 320n1, 323n2
James, William, 320n2; autoestima e, 42-3
Jaycox, Lisa, 34, 320n1, 327n2
jogo da torta, culpa e, 196-8
jogo do cérebro, 235-7

Kaslow, Nadine, 80, 324n1, 325n5
Katz, Lilian, 320n1
Kazdin, Alan E., 328n3
Keith, Donald, 324n2
Keller, Martin, 323n1
Keyser, Daniel J., 319n1
Klerman, Gerald, 322n1
Koda-Callan, Elizabeth, 39, 57
Kojetin, Brian, 324n1
Kupfer, D., 326n1

Lake, Margaret, 329n6

Lampron, Louise B., 328n3
Lavori, Philip, 323n1
Leighton, Kelly, 329n1
Levitt, Mary, 329n1
Lewinsohn, Peter, 51, 320n1, 323nn1,2, 330n1
Lewis, Michael, 329n1
Licht, Barbara, 325n6
linguagem, 320n3
Lykken, David, 324n1

MacDonald, Sandy, 320n1
MacLaine, Shirley, autoestima e, 45
maestria: autoestima e, 48; experiências de, 119-21; exploração, jogos e, 288-9; fracasso e, 56; fundamentação na, 285-91; passos para a, 287; positividade e, 292; *ver também* pirâmide do otimismo
Magic Locket, The (Koda-Callan), 39
Maier, Steve, 15
maturidade, interpretação e, 92
McCarthy, Mandy, 329n1
McClaskey, Cynthia, 327n2
McClearn, Gerald, 325n3
McDill, Edward, 321n7
McGue, Matt, 324n1
McKim, Barbara J., 328n3
McPartland, James, 321n7
McPhee, John, 325n9
McQuiston, Susan, 329 n1
Mead, George Herbert, 321n4
mediadores cognitivos, 327n2
medição: da autoconfiança da criança, 244-5; da depressão, 92-4; do otimismo, 79-103; Questionário sobre Estilo de Atribuição Infantil (QEAI) e, 79-92
medo e comportamento adaptativo, 14
Meichenbaum, Donald H., 328n3
meninas, depressão e, 241; *ver também* mulheres
Messer, David, 329n1
metacognição, 80
Metropolitan Life Insurance Company, projeto da, 32
Miller, George, 320n3

Mischel, Walter, 330n1
modelagem causal, 322n8
modelo CCC (contrariedade, crenças, consequências), 149-54; apresentando o, 162-7;
contestação e, 204-6; diário para, 156-8;
ensino a crianças, 159-71; prática do, 154-9;
situações da vida real e, 171, 184-5, 194-5;
uso da terminologia, 164
modelo CCCCC (contrariedade, crenças, consequências, contestação, capacitação), 204,
220-34; fazer os exercícios do, com o filho,
232-3; vida real, 224-5
modelo de processamento de informações,
330n8
movimento pela autoestima, 36, 39-48, 320n1,
321n5; efeitos do, 40
mudança duradoura, causa de, 138-9
Muha, Douglas, 322n7
mulheres: aspirações profissionais de, 325n8;
depressão e, 49-50; explicações para o fracasso dadas por, 117; *ver também* meninas,
depressão e
Mullaney, Joe, 323n1

não contingência, 285-6
National Institute of Mental Health, 32, 92
Natriello, Gary, 321n7
negociação como habilidade social, 275-8
Neisser, Ulric, 320n3
Nesselroade, John, 325n3
Nolen-Hoeksema, Susan, 35, 324n2, 325n7

"o que vai acontecer daqui para a frente?":
exemplos de, 228-30; vida real, 230, 232
obstáculos como desafios, 24
Oran, Dan, 327n2
Orvaschel, Helen, 92, 322n1, 324n4
otimismo: ação e, 24; autoestima e, 48; avaliação
da realidade e, 302-4; baseado na realidade,
21; características do, 175-7; críticas à criança
e, 75-8; definição de, 64; em crianças, 19; ensino do, 36; estilo explicativo e, 47; estudos
genéticos e, 104-8; fundamentos do, 61-78;

habilidades básicas do, 145-7; ligação do
modelo CCC com o, 154-9; limites do, 302-6;
maestria e, 119-20, 284-91; medição do,
79-103; pirâmide do, 283-301; positividade
e, 291-9; preciso, 304-6; princípios da fundamentação do, 284; Programa de Prevenção
da Universidade da Pensilvânia e, 139-40;
vazio, 178; *ver também* depressão; pessimismo

Padian, Nancy, 324n4
pais: alteração do estilo explicativo conduzida
pelos, 172-202; alteração do pessimismo
automático conduzida pelos, 143-71; aumento
das habilidades sociais provocado pelos,
239-79; comportamento aprendido dos,
108-14; conflitos entre os, 278-9, 328n5;
contestação e descatastrofização conduzida
pelos, 203-38; ensino do estilo otimista a
filhos pequenos, 300; filhos pessimistas
e, 18-9; modelo CCC e, 149-59; modelo
CCCCC e, 204, 220-34; *ver também* crianças;
habilidades
Pallas, Aaron, 321n7
passividade, 99-100; adaptação e, 15; assertividade e, 268; criação de, 285
pavloviano, condicionamento, 14
Peale, Norman Vincent, 62
Pearson, Carolyn, 322n7
Pedersen, Nancy, 325n3
Peleaux, Raymond, 329n1
pensamento: como grupo de sintomas de depressão, 95-102; mudança de hábitos de, 34; otimismo, pessimismo e, 24-6; reações emocionais e, 143-71; sentimento e, 173; *ver também*
estilo explicativo; habilidades
pensamento catastrófico, 34, 68-9, 178; *ver*
também descatastrofização
pensamento positivo, 62, 64
"pensamentos de cabeça fria", 250-3
"pensamentos de cabeça quente", 250-3
pensamentos e sentimentos no modelo CCC, 164
Pensilvânia, Universidade da, 31; como obter
informações sobre, 95; *ver também* Programa

de Prevenção da Universidade da Pensilvânia;
terapia cognitiva

Perel, J., 326n1

Perlmutter, Marion, 327n2

permanência, 64-6, 173, 179-85; dimensão
da, 198

perseverança, 28

persistência, 56-7

personalidade: estilo explicativo e traços de, 64;
influências genéticas na, 104-8

personalização, 173, 186-202; dimensão da,
198; explicação da, 188-9; interna *versus*
externa, 70-5

pesquisa: sobre autoestima, 47; *ver também*
Programa de Prevenção da Universidade da
Pensilvânia

pessimismo: características do, 175-7; como
atitude da moda, 62; conformação ao, 120;
contestação e (*ver também* contestação),
203-7; críticas à criança e, 75-8; depressão
e, 16; efeitos do, 323n2; epidemia de, 18-21;
impacto no indivíduo, 63-4; jogo do cérebro
para combater o, 235-8; mudando o, 26;
mudando o, automático da criança, 143-71;
nos anos 1960 e 1970, 63; origens do, 121

Peterson, Christopher, 320n1, 320n2, 324n1,
325n5, 329n4, 330n1

Pettit, Gregory, 327n2

Piaget, Jean, 320n3

Piasecki, J. M., 326n1

pior cenário, 179

pirâmide do otimismo, 283-301; estilo explicativo na (*ver também* estilo explicativo),
299-300; maestria na (*ver também* maestria),
285-91; positividade na (*ver também* positividade), 291-9; *ver também* otimismo

pisar no freio para a resolução de problemas,
249-54

pistas, para o comportamento de outra pessoa,
254-7

plano de ataque na contestação, 208-9

Platt, Jerome, 328n3

Pledge, Deanna, 325n12

Plomin, Robert, 324n1

PNI *ver* psiconeuroimunologia

poder do pensamento positivo, O (Peale), 62

poliomielite, vacina contra a, 13

popularidade e depressão, 91

positividade: fundamentação na, 284; na pirâmide do otimismo, 291-9

práticas na criação dos filhos, autoestima elevada nas crianças e, 44; *ver também* pais;
pirâmide do otimismo

pré-adolescentes, depressão e, 35; *ver também*
puberdade

precisão: contestação e, 217-20; das crenças,
177-9; do otimismo, 304-6

prevalência da depressão ao longo da vida, 50

prevenção da depressão, 328n3; *ver também*
otimismo; Programa de Prevenção da Universidade da Pensilvânia; pirâmide do otimismo

Princeton, faculdade de psicologia de, 35

problemas emocionais e doenças, 16

problemas sociais, pessimismo e, 35

processo de triagem de crianças sob risco de
depressão, 133

profecia autorrealizável, 151-4

professores, impacto do estilo explicativo, 114-8

Programa de Prevenção da Universidade da
Pensilvânia: componentes do, 129; disseminação do, 140-2; ensino do modelo CCC
no, 159-71; grupo de controle do, 126-7;
progresso do, 133-7; projeto do, 128-33;
resultados do, 138-42; treinamento de pais
e professores, 140, 142; *ver também* pais;
habilidades

programa de treinamento para o ensino das
habilidades cognitivas, 34

programas de computador, maestria e, 289

psicologia behaviorista, 319n1, 321n3; desamparo aprendido e, 15

psicologia cognitiva, 320n3; mudando o pessimismo com a, 26

psicologia experimental, 14; *ver também* autoestima

psicólogos clínicos, desamparo aprendido e, 15

psicólogos da aprendizagem, desamparo aprendido e, 15
psicólogos da inspiração, 44
psiconeuroimunologia (PNI), 14, 16
psicoterapia, depressão e, 326n1
puberdade, depressão e, 28-30, 138-9; *ver também* pré-adolescentes
punição, eficácia da, 292, 294, 329n6

QEAI *ver* questionários
QI: herança do, 105, 324n1
questionários: Questionário sobre Estilo de Atribuição Infantil (QEAI), 79-92, 324nn1,2; sobre a confiança social das crianças, 244-5; sobre depressão, 92-4
Quiggle, Nancy L., 327n2

Rains, Mark H., 328n3
raiva: depressão e, 242-3; personalização e, 70; valor da, 55
Rand, Ayn, 44
Rapkin, Bruce D., 328n3
reações emocionais, pensamentos e, 143-71
realidade: explicações catastróficas e, 178; pessimistas e, 302-4; *ver também* precisão
realismo: autocontestação e, 203; depressão e, 330n1
realismo depressivo, 302-4, 330n1
recorrência da depressão, 326n1
Regier, Darrel, 323n1
Reich, Theodore, 323n1
Reivich, Karen, 32, 327n2
relacionamentos sociais, 239
religião, 323n3
Repetti, Rena, 34, 320n1
resolução de problemas, 328n3; cinco passos para a, 249-68; eficácia da, 266; ensino da, 244-9; entre pais, 278-9; escolha de um caminho na, 263-6; estabelecimento de objetivos e, 259-62; habilidades para a, 239, 244-5; moldagem de uma estratégia flexível de, 248-9; pelos pais para os filhos, 245-7; pisar no freio para a, 249-54; tomada

de perspectiva para a, 254-8; *ver também* componente social da resolução de problemas
responsabilidade: culpa e, 70-2, 191; otimismo e, 177-9
Reynolds, Charles, 330n8
Rice, John, 323n1
Richard, Beverly A., 327n2
risco: fatores para a depressão e, 91; identificação de crianças em situação de, 133
Robins, Clive, 319n1
Robins, Lee, 322n1
Rogers, Carl, 292, 321n4, 329n3
Rohde, Paul, 320n1, 323n1
Rosenberg, Morris, 321n4
Rosenthal, P., 324n5
Rosenthal, S., 324n5
Rothbaum, Peggy A., 328n3
Rush, John, 326n2

Salk, Jonas, 13-4, 16; apoio à imunização psicológica dado por, 17
Saporta, José, 319n1
satisfação individual *versus* satisfação maior, 52
Scheier, Michael, 325n3
Schulman, Peter, 324n2, 325n7
Schuyler, Thomas, 328n3
Schwartz, Robert, 297, 330n8
Seeley, John, 320n1, 323n1
Segal, Nancy, 324n1
Segunda Guerra Mundial, pessimismo e, 62
Seligman, Martin, 319n1, 320n2, 323nn2,3, 324nn2,3, 325nn6,12, 329nn4,7, 330n1
sempre, permanência e, 64-6
sentimentos: autoestima como, 42-3; curiosidade sobre, 159; diálogo interno e, 162; movimento pela autoestima e, 39; no modelo CCC, 164; pensamento e, 164, 173; tirinhas sobre, 162-7; utilidade dos sentimentos ruins, 54-7; *ver também* autoestima
sentimentos negativos, proteção contra, 54-5
sentimentos ruins, bons usos dos, 54-7
separação dos pais, 35
Sethi, Sheena, 323n3

Shaw, Brian F., 326n2
Shea, M. Tracy, 326n1
Shure, Myrna, 328n3
Sichel, Amy, 125
Siegel, Lawrence, 326n12
Siegel, Todd C., 328n3
sífilis, busca da cura para a, 56
significado da vida, 54
sinais de perigo, 294-5
sinais de segurança, punição e, 294-6
sintomas de depressão, 92-103
sintomas físicos, 102
sistema imunológico: câncer e, 16-7; estados emocionais e, 16
Skinner, B. F., 292, 294, 320n3
Sloat, Warren, 326n13
socialização, maestria e, 290-1
Solomon, Richard L., 14
Solovitz, Brenda L., 328n3
sonhos: depressão e, 299; negativos, 330n9
sono, 102, 330n9
Spivack, George, 328n3
Stern, David, 321-2n7
Stern, G., 325n11
Stevens, Wallace, 9
Stipek, Deborah, 329n5
sucesso, autoestima e, 47-8; ver também otimismo; autoestima
suicídio, 99-102; pessimismo e, 304
Sullivan, Margaret, 329n1
Sweeney, Paul, 319n1
Sweetland, Richard C., 319n1

Tanenbaum, Richard, 80, 324n1, 325n5
técnicas ver habilidades
Tellegen, Auke, 324n1, 325n3
tendências de coorte de nascimentos, 323n1
Tenen, H., 319n1
tentativa, fracasso e, 117
teoria biomédica da depressão, 31
teoria cognitiva da depressão, 31, 319n1
teoria da aprendizagem, Richard L. Solomon e, 14

teoria psicanalítica da depressão, 31
terapia: depressão e, 326n1; ver também psicoterapia
terapia cognitiva, 144, 149, 326n1, 327n2; pensamento catastrófico e, 33-4
terapia familiar centrada na pessoa, 329n3
terminologia do modelo CCC, 164
Thase, Michael, 330n8
timidez ver assertividade
tirinhas: pensamentos temporários versus permanentes, 182-4; personalização e, 192-4; sentimentos e, 162-7
tomada de perspectiva para a resolução de problemas, 254-8
traços ver genética; personalidade
transtorno de estresse pós-traumático, 15, 319n1
transtorno, depressão como, 51
transtornos mentais: estudo dos, 49-50; imunização psicológica e, 17
tratamentos psicológicos, enfraquecimento dos efeitos dos, 138-9
tristeza: como sintoma de depressão, 98; valor da, 55
Tuason, V. B., 326n1
Twinsburg, Ohio, convenção de gêmeos em, 104
Tyler, Alice Felt, 323n1

Ubriaco, Michael, 328n3
Universidade da Pensilvânia ver Pensilvânia, Universidade da
Upper Darby, distrito escolar de, 141
utopias, otimismo e, 61

vacina de Salk, 13-4
valor, autoestima e, 43
valores, depressão e, 52
Van der Kolk, Bessel, 319n1
Van Doorninck, William J., 328n3
Van Eerdewegh, Paul, 323n1
vestir roupas, maestria e, 290
vida, sentido na, 54
viés de confirmação, 151, 153-4

vieses de atribuição, 327n2
vieses de hostilidade, 327n2
vocalização com crianças, 290
Vogel, Dena, 328n6
Vogel, Gerald, 330n9

Waller, Niels, 324n1
Watkins, John, 326n1, 329n1
Weissberg, Roger P., 328n3
Weissman, Myrna, 92, 322n1

Wilkes, Angela, 329n2
Wissahickon, Pensilvânia, Programa de Prevenção da Universidade da Pensilvânia em, 140-1
Wolfe, David, 325n11
Wolfe, Vicky, 325n11

Yu, Pamela, 328n3

Zigler, Edward, 329n1
Zullow, H., 325n7

ESTA OBRA FOI COMPOSTA PELA ABREU'S SYSTEM EM INES LIGHT
E IMPRESSA EM OFSETE PELA GEOGRÁFICA SOBRE PAPEL PÓLEN SOFT
DA SUZANO S.A. PARA A EDITORA SCHWARCZ EM ABRIL DE 2022

A marca FSC® é a garantia de que a madeira utilizada na fabricação do papel deste livro provém de florestas que foram gerenciadas de maneira ambientalmente correta, socialmente justa e economicamente viável, além de outras fontes de origem controlada.